城市绿色发展机制与政策研究
兼顾财政和金融的视角

CHENGSHI LÜSE FAZHAN JIZHI YU ZHENGCE YANJIU
JIANGU CAIZHENG HE JINRONG DE SHIJIAO

张腾飞／著

西南财经大学出版社

中国·成都

图书在版编目(CIP)数据

城市绿色发展机制与政策研究:兼顾财政和金融的视角/张腾飞著.—成都:
西南财经大学出版社,2022.6
ISBN 978-7-5504-5192-6

Ⅰ.①城… Ⅱ.①张… Ⅲ.①城市经济—绿色经济—经济发展—研究—成
都 Ⅳ.①F299.21

中国版本图书馆 CIP 数据核字(2021)第 240881 号

城市绿色发展机制与政策研究:兼顾财政和金融的视角
张腾飞 著

责任编辑:刘佳庆
责任校对:植苗
封面设计:墨创文化
责任印制:朱曼丽

出版发行	西南财经大学出版社(四川省成都市光华村街55号)
网 址	http://cbs.swufe.edu.cn
电子邮件	bookcj@swufe.edu.cn
邮政编码	610074
电 话	028-87353785
照 排	四川胜翔数码印务设计有限公司
印 刷	郫县犀浦印刷厂
成品尺寸	170mm×240mm
印 张	12
字 数	305 千字
版 次	2022 年 6 月第 1 版
印 次	2022 年 6 月第 1 次印刷
书 号	ISBN 978-7-5504-5192-6
定 价	78.00 元

前言

中国政府的"双碳"目标是经济绿色发展的重要推动力,中国城市绿色发展是生态文明建设和经济高质量发展的关键内容。城市绿色发展的关键要素包括绿色资源配置能力、城市创新能力和可持续发展能力。中国城市绿色发展需要寻求一条经济结构转型和环境治理协调的发展路径。各级地方政府均在积极探索城市绿色发展转型之路,长期以来,城市绿色发展呈现政府动员,企业和公众被动参与的格局,城市绿色发展任重道远。为降低城市环境问题的负外部性,城市绿色发展亟须构建"政府、企业和公众"多元主体参与的协调监管机制和环境治理体系。绿色金融与绿色财税政策是城市绿色发展的重要支持政策,环境保护财政支出、环境保护税、绿色金融政策对中国城市绿色发展和生态环境建设的促进效应还有待系统研讨。

本书首先从中国城市绿色发展的时代背景出发,对城市绿色发展的协调监管理论、绩效理论、绿色财税理论、绿色金融理论和公众参与等内容进行综述,深入剖析"政府—企业—公众"多元主体协调监管理论模式。以四川省为例,计算地区经济发展和绿色发展协调性指数,对中国城市绿色发展的案例进行总结分析。其次,本书论证了城镇化对绿色发展绩效的影响和作用机制,评估环境保护财政支出和环境保护税的绿色经济效应;基于行为金融理论,检验城市空气质量变化对公众绿色借贷行为的影响。最后,本书从城市绿色发展财税金融支撑体系、促进城市绿色发展的绿色生产和绿色消费政策、城市绿色发展协调监管体系运作流程和城市绿色发展科学评价与政府考核体系建设等方面提出针对性的政策建议。

本书使用 TOPSIS 方法构建四川省经济发展效率和生态环境效率的协调度指标，构建多元主体下城市绿色发展协调监管机制，收集整理中国地级及以上城市的常住人口城镇化率，使用互联网借贷数据与城市空气质量日度数据，检验城市空气质量变动对公众绿色信贷行为的影响。本书的理论研究、实证检验和政策体系可为我国城市绿色发展监管政策体系构建理论框架，为政府决策部门制定城市绿色发展的财税和金融政策提供理论参考。城乡融合背景下城市绿色发展的理论机制和政策体系还有待深入研究。同时，工业企业绿色生产、城市绿色建筑和城市科技创新也是城市绿色发展问题的研究方向。基于微观的企业数据，对环境保护税的成本效应、智慧城市建设的创新效应的检验都是有待深入研究的课题。

本书是国家社会科学基金（17CJY016）的阶段性研究成果。西南财经大学出版社对本书的编辑、出版做出了重要贡献，对此，我表示衷心感谢。本书难免存在不当之处，敬请批评指正。

张腾飞

2021 年 10 月

目录

1 绪论

1.1 研究背景与意义

1.1.1 城镇化、碳排放与中国经济绿色转型

城镇化是经济社会发展的客观趋势，马克思在100多年前提出了"现代化的历史就是乡村城市化的历史"的著名论断，美国经济学家约瑟夫·斯蒂格利茨把中国的城市化和美国的新技术革命称为21世纪的两大事件。城镇化的内涵是由于生产力的发展促使人口、资本等生产要素向城市集中。中国的城镇化进程对中国经济社会稳定健康发展具有重大意义，中国的城镇化率从1978年的17.92%增长到了2020年的60%，2011年的城镇化率达到51.27%，城镇人口首次超过农村人口。2000年10月11日中共中央发布的《中共中央关于制定国民经济和社会发展第十个五年计划的建议》中，"城镇化"首次被官方采用。长期以来，中国城镇化发展的策略为控制大城市人口，积极发展中小城市和小城镇，强调区域均衡发展。近年来，随着中国经济规模的日益增长，人口向大城市迁移的规模和速度都增长较快，出现了人口城镇化和土地城镇化背离的现象。2018年11月，中共中央、国务院发布了《中共中央 国务院关于建立更加有效的区域协调发展新机制的意见》，提出以城市群推动国家重大区域战略融合发展，建立以中心城市引领城市群发展、城市群带动区域发展的新模式。中国城镇化将以提高城市群和都市圈承载能力、超大特大城市优化发展、城乡融合发展为特征，促使城市可持续发展能力不断提升，以人为核心的新型城镇化战略不断推进。

二氧化碳排放对全球气候变化的影响愈发严重，以二氧化碳为主的温室气体排放逐渐成为21世纪气候变化的主导因素。碳排放问题也已成为中国经济绿色发展的关键影响因素，改革开放以来，中国采取了优先发展重工业的经济

发展战略，能源消费持续增长。中国的能源消费总量从 1978 年的 5.71 亿吨标准煤增长到 2020 年的 49.8 亿吨标准煤，2020 年，煤炭消费总量占能源消费总量的 56.8%。化石能源消费的增长也带来了二氧化碳等污染物的排放量增长。中国面临较为严峻的碳减排压力，碳减排是中国对全球气候变化做出的重大贡献，也促使中国产业结构优化升级和经济绿色发展。2020 年 9 月，习近平总书记提出中国将在 2030 年前实现"碳达峰"、2060 年前实现"碳中和"目标，这彰显了中国坚持绿色发展以积极应对全球气候变化、推动构建人类命运共同体的大国担当。

Poumanyvong 和 Kaneko 论述了城市化影响环境质量的两种理论：生态现代化理论和城市环境转变理论，这两种理论解释了城市发展的绿色转型进程。生态城市化理论认为社会通过技术创新、城市集聚发展和产业结构转变减弱环境恶化的影响。城市环境转变理论认为城市化高阶段的城市采用环境管制、技术改造减弱环境污染的影响，同时居民消费相关的环境问题变得显著①。依据国际城市化发展的经验，城市化率在 50%～70% 的阶段时，经济增长将由产业带动城市发展，转变为依靠技术效应等创新因素带动城市发展。改革开放以来，中国的城镇化进程不仅表现为城镇化率的提升，城镇化的质量也在逐渐提高，城镇化进程中人力资本积累水平不断强化，同时，城镇化进程也伴随着绿色清洁生产技术和政府治理能力的增强，这些因素都是城市绿色发展转型的关键因素。虽然中国城镇化进程中碳排放总量逐年增加，但是碳排放强度却在持续降低，碳排放效率在不断提高。中国城市的绿色发展需要寻求一条经济结构转型和环境治理协调的发展路径，城市绿色发展的关键要素包括绿色资源配置能力、城市创新能力和可持续发展能力。城市绿色发展的机制研究有助于丰富绿色城市化的理论体系，对中国城市绿色低碳发展和城市环境治理具有较强的现实意义。

1.1.2　城市绿色发展亟待构建新机制

城市绿色发展是全面落实国家新型城镇化发展战略的必由之路。改革开放以来，中国快速推进的工业化和城镇化铸就了中国经济增长奇迹，也带来了严重的环境和公众健康问题。全球污染最严重的 100 个城市中有 30 个位于中国②。

---

① POUMANYVONG P, KANEKO S. Does Urbanization Lead to Less Energy Use and Lower CO_2 Emissions? A Cross-country Analysis [J]. Ecological Economics, 2010, 70 (2): 434-444.

② World Health Organization. Global Health Observatory Data Repository. http://apps.who.int/gho/data/.

2015 年中国预计有 429.2 万例新发肿瘤病例和 281.4 万例死亡病例，与空气污染相关的肺癌已位于中国癌症死因之首①。2016 年我国 338 个地级及以上城市中，仅有 84 个城市环境空气质量达标，254 个城市空气质量超标，占75.1%②。虽然中国推行了一系列污染防治政策，各地也在积极探索城市绿色转型发展之路，但当前城市环境治理呈现政府动员、企业和公众被动参与的格局，这种"自上而下"的环境治理模式导致"有法不依、执法不严"的治污现实，城市绿色发展任重道远。

城市绿色发展亟待构建新机制。随着信息可获取性的增强，公众对城市环境问题的关注度和参与热情正在逐渐提升③。全国各级环保系统信访量成倍增长，2011—2014 年环境信访的电话和网络投诉数从 85.27 万件增长到 151.2 万件，年均增长 21.7%。2016 年 7 月环境保护部印发《"十三五"环境影响评价改革实施方案》，强调提高公众参与有效性。"十三五"规划纲要强调，创新环境治理理念和方式，形成政府、企业和公众共治的环境治理体系。为降低城市环境问题负外部性问题，城市绿色发展亟须构建"政府、企业和公众"多元主体参与的协调监管机制和环境治理体系。

多元主体下的城市绿色发展协调监管问题背后的经济学本质是探究城市经济增长与城市环境规制的关系，即研究多元主体参与的环境协调监管机制是否有利于实现城市绿色发展。生态城市化理论认为社会通过技术创新、城市集聚发展和产业结构转变减弱环境恶化的影响，城市环境转变理论认为城市化阶段高的城市采用环境管制、技术改造减弱环境污染的影响，同时居民消费相关的环境问题变得显著。合理的环境规制能够激励被规制企业创新生产技术和生产工艺，产生"创新补偿"效应，部分或完全抵消遵循成本，提升产业竞争力，这些观点被称为环境波特假说④，波特假说也可以支撑城市绿色发展协调监管机制，政府和公众参与的环境规制推动企业技术创新，促进企业向绿色生产转型发展。

---

① CHEN W, ZHENG R, BAADE P D, et al. Cancer Statistics in China, 2015 [J]. CA: A Cancer Journal for Clinicians, 2016, 66 (2): 115-132.

② 国家统计局. 2016 年生态文明建设年度评价结果公报 [EB/OL]. (2017-12-26) [2021-07-10]. http://www.stats.gov.cn/tjsj/zxfb/201712/t20171226_1566827.html.

③ 郑思齐, 万广华, 孙伟增, 罗党论. 公众诉求与城市环境治理 [J]. 管理世界, 2013 (6): 72-84.

④ PORTER M E. America's Green Strategy [J]. Scientific American, 1991, 264, 168; PORTER M E, VAN DER LIND, C. Toward a New Conception of the Environment-Competitiveness Relationship [J]. The Journal of Economic Perspectives, 1995, 9 (4), 97-118.

政府仍然是城市绿色发展协调监管机制中的主导者。政府推行的环境政策和环保法律体系在长期内有利于城市发展向绿色模式转变，短期内将使企业产生较大的绿色转型成本。尽管政府环境政策和环保法律会产生短期成本，相较于环境污染对公众健康的损害及其衍生的劳动生产率下降也是最优选择。公众是城市绿色发展协调监管体系中的核心力量，在城市绿色发展中既是受益者也是推动者，公众通过舆论和媒体报道促使政府对环境治理的改善。中国的环境政策起步于 1972 年联合国人类环境会议之后，充分运用了命令—控制手段，带有"行政命令有余，市场手段不足"的计划经济色彩①。1989 年颁布并经历八次修订的《中华人民共和国环境保护法》（以下简称《环境保护法》）、1987 年颁布并经历三次修订的《中华人民共和国大气污染防治法》（以下简称 APPCL）、2013 年印发的《大气污染防治行动计划》及各地方性法规是推动中国城市绿色发展协调监管的法理依据。中国 APPCL 在 2000 年的修订显著提高了空气污染密集型工业的全要素生产率，促使了环境质量提升和生产率增长的"双赢"结果②。中国分别于 2002 年和 2013 年推行的 SO_2 排放权交易和碳排放权交易政策，已逐渐成为解决环境问题的重要手段，但受限于低效运转的市场，排污权交易机制还不能完美运行③。以碳税为代表的环境税是促进城市绿色发展有效的市场减排手段，开征碳税有利于碳减排，提高能源效率，但最优碳税是一个动态渐进过程④。

1.1.3　城市绿色发展的金融与财税政策优化

绿色金融与绿色财税政策是城市绿色发展的重要政策支撑。2018 年是中国生态环境保护事业发展史上具有重要里程碑意义的一年，全国生态环境保护大会在北京召开，正式确立习近平生态文明思想。中共中央、国务院印发《关于全面加强生态环境保护坚决打好污染防治攻坚战的意见》，明确了打好污染防治攻坚战的路线图、任务书、时间表。2018 年也是环境保护税实施的开局之年，《中华人民共和国环境保护税法》（以下简称《环境保护税法》）

① 张晓.中国环境政策的总体评价 [J].中国社会科学，1999（3）：88-99.

② 李树，陈刚.环境管制与生产率增长：以 APPCL2000 的修订为例 [J].经济研究，2013（1）：17-31.

③ 涂正革，谌仁俊.排污权交易机制在中国能否实现波特效应？[J].经济研究，2015（7）：160-173.

④ 姚昕，刘希颖.基于增长视角的中国最优碳税研究 [J].经济研究，2010（11）：48-58.

是中国第一部专门体现"绿色税制",推进生态文明建设的单行税法。排污收费制度改征环境保护税,是量变到质变的蜕变,标志着中国"谁污染,谁负担"由行政收费上升到税法高度,也是中国绿色税收体系建设的重要一环。排污费改征环境保护税,全国一共有16个省(自治区、直辖市)提高了应税大气污染物的征收标准,进一步加强部门之间分工协作、信息共享机制,执行力度更强,征收管理流程更加规范明确。环境保护税立法时间与实施时间的间隔时期为企业进行绿色生产转型提供了时间窗口,企业可以在环境保护税开征之前更新生产经营战略,比如购买绿色生产设备、开发绿色生产技术、重构企业绿色发展规划等。企业绿色生产转型措施预期会显著降低污染物排放,从而显著改善城市空气质量,环境保护税的开征对中国城市空气质量的影响有待检验。

"碳中和"目标下,中国绿色金融的发展对促进城市生态环境改善的效果值得进一步探究。绿色金融在中国气候变化、污染治理和节能减排领域的应用推广逐渐深化。2017年,中国政府在浙江、江西、广东、贵州和新疆五省区选择部分地方,建设了绿色金融改革创新试验区,加强了绿色投资项目的投入力度和精准施策力度。与此同时,绿色金融产品工具和市场体系也不断完善,中国已初步形成多元绿色金融产品和市场体系,服务绿色低碳发展的效率不断增强。中国城市绿色发展的金融机制和市场化的绿色金融借贷行为与空气质量之间的关联有待进一步检验。

1.1.4 研究意义

本书构建了多元共治下企业绿色生产环境全要素协调监管体系,提出了基于大数据技术的环境全要素协调监管平台建设基本方案,提出构建环境全要素协调监管体系下政府和企业合作关系长效机制以及政府与第三方组织、公众监管协同机制;提出了基于市场交易的企业绿色生产协调激励机制,主要包括工业企业碳排放权差价合约机制、环保税促进企业绿色生产转型机制以及企业绿色生产市场化多元投融资机制;也提出了政府环境政策对公众绿色消费协调激励机制,主要包括新能源汽车接入电网协调机制和公众绿色消费行为培育协调激励机制。这为政府环境监管政策体系构建了理论框架。

本书收集、整理了中国282个地级及以上城市的常住人口城镇化率,检验了区域和重点城市的城镇化与碳排放强度和碳减排效率关系的异质性。常住人口城镇化率的数据能够更准确地反映中国城镇化进程的典型特征。通过构建理论模型验证了城镇化、绿色技术创新和污染强度之间的作用机制，并采用各城市绿色发明专利授权量占比作为中介变量，验证了绿色技术创新对城镇化的碳减排效应机制。一方面，拓展了城镇化与碳排放强度和碳排放效率的理论研究；另一方面，也为提升中国城镇化发展质量提供了一定的决策依据，以实现中国新型城镇化与碳减排均衡协调发展。本书使用断点回归估计检验了环境保护税的减排效应，从城市群、"蓝天保卫战"重点区域和空气污染程度三个角度对估计结果进行异质性分析。本书采用文本筛选方法，将提取的互联网借贷标的数据与借款者所在城市空气质量日度数据进行匹配，检验空气质量对环境保护相关借贷项目的借款成功率和借款利率的影响。这些实证检验实现了对城市绿色发展中的财政和金融政策效应评价，为政府决策部门制定城市绿色发展的财税和金融政策提供了理论依据。

1.2　研究内容与框架

本书从中国城市绿色发展的时代背景要求出发，对城市绿色发展的协调监管理论、绩效理论、财税理论、金融理论和公众参与等内容进行综述；剖析"政府—企业—公众"多元主体协调监管理论模式；以四川省为例，计算了地区经济发展和绿色发展协调性指数；对中国城市绿色发展的案例进行总结分析；检验城镇化对绿色发展绩效的影响和作用机制，评估环境保护财政支出和环境保护税的绿色发展效应；基于行为金融理论，实证分析了城市空气质量变化对公众绿色借贷行为的影响；最后，本书从城市绿色发展的可持续性、城市绿色发展财税金融支撑体系、促进城市绿色发展的绿色生产和绿色消费政策、城市绿色发展协调监管体系运作流程和城市绿色发展科学评价与政府考核体系建设等方面提出了政策建议。本书的具体内容如下：

第 1 章是绪论。从中国城市绿色发展的实际问题出发，描述研究的理论和实践意义，概述本书的主体框架内容。

第 2 章是文献综述部分。从城市绿色发展协调监管理论及综述、城镇化与绿色发展绩效理论与综述、城市绿色发展的金融理论与综述以及城市绿色发展与公众绿色消费行为理论与综述等方面进行概述。

第 3 章是介绍城市绿色发展的相关理论机制，主要包括政府环境政策对企业绿色生产协调监管与激励机制、基于市场交易的企业绿色生产协调激励机制、政府环境政策对公众绿色消费协调激励机制、城市绿色发展的财税理论机制和城市绿色发展的金融理论机制。

第4章是介绍中国城市绿色发展实践，对城市绿色发展的区域规律进行分析，并使用重庆市渝北区城市绿色发展建设和四川省环保类 PPP 项目为案例进行分析概述。

第5章是城市绿色发展协调性检验。采取数据包络分析窗口分析和超效率分析方法测算四川省各地级单位经济发展效率和生态环境效率，使用 TOPSIS 方法构建经济发展效率和生态环境效率之间的协调度测算指标，分别测算出样本区间内各地级单位经济发展效率结果和生态环境效率，同时测算得到各地级单位在样本期间内的协调度指标结果。

第6章首先依托 Yang 和 Heijdra 的多样化产品模型①以及 Fujita 和 Krugman 的城市系统模型②，构建了包括城镇化、绿色技术创新和污染强度的理论模型。其次，基于 2008—2017 年中国 282 个城市的面板数据，使用固定效应模型、中介效应模型和窗口效率分析方法，实证分析城镇化对中国城市碳排放强度和碳减排效率的影响及其作用机制。

第7章是中国城市绿色发展的财税政策效应评价，主要介绍环境保护财政支出对绿色发展绩效的影响；运用中国 166 个城市日均空气质量指数数据（AQI）和气象数据，检验环境保护税的开征对城市空气质量的影响。

第8章使用中国城市空气质量日度数据和人人贷交易数据，对 2013 年 10 月至 2016 年 11 月的借款标的进行筛选，提取企业绿色生产、公众绿色消费等环境保护相关借款标的样本，与借款人所在城市的日度空气质量数据进行匹配，实证检验城市空气质量变动对公众绿色借贷行为的影响。

第9章是本书的政策体系部分，从城市绿色发展可持续性、城市绿色发展财税金融支撑体系、促进城市绿色发展的绿色生产和绿色消费政策、城市绿色发展协调监管体系运作流程和城市绿色发展科学评价与政府考核体系建设等方面提出了相关的政策建议。文章的逻辑框架如图 1.1 所示。

---

① YANG X K, HEIJDRA B J. Monopolistic Competition and Optimum Product Diversity：Comment [J]. The American Economic Review. 1993, 83（1）：295-301.

② FUJITA M, KRUGMAN P. When is the Economy Monocentric?：Von Thünen and Chamberlin Unified [J]. Regional Science and Urban Economics. 1995, 25：505-528.

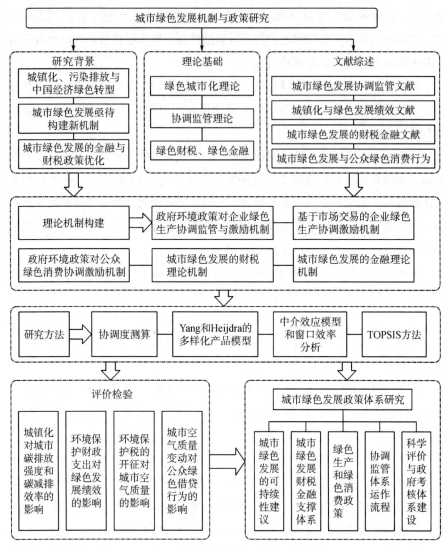

图 1.1 逻辑结构图

1.3 主要创新点

（1）本书以四川省为例，进行区域经济与生态环境协调发展评价检验，采取数据包络分析窗口分析法和超效率分析法测算四川省各地级单位经济发展效率和生态环境效率，使用 TOPSIS 方法构建四川省经济发展效率和生态环境效率之间的协调度测算指标，分别测算出样本区间内四川省各地级单位经济发展效率和生态环境效率结果，同时测算得到各地级单位在样本期间内的协调度指标结果。本书构建多元主体下城市绿色发展协调监管机制，主要包括：政府环境政策对企业绿色生产协调监管与激励机制、环境全要素协调监管体系的模式构建、基于大数据技术的环境全要素协调监管平台建设、环境全要素协调监管体系下政府和企业合作关系长效机制、环境全要素协调监管体系下政府与第三方组织和公众监管协同机制、工业企业碳排放权差价合约机制、环保税促进企业绿色生产转型机制、企业绿色生产市场化多元投融资机制、新能源汽车接入电网协调机制以及公众绿色消费行为培育协调激励机制。城市绿色发展理论机制的构建在学术思想上促进了区域环境治理路径研究，为中国城市绿色发展提供新的监管思路，推动城市环境治理主体微观决策行为调整机制研究，为中国城市绿色发展协调监管提供基础理论支撑。

（2）本书基于生态现代化理论、城市环境转变理论、波特假说和协调监管机制的经济含义，推进多元主体下城市绿色发展的评价检验。收集整理了中国 282 个地级及以上城市的常住人口城镇化率，基于中国城市面板数据，检验了区域和重点城市的城镇化与碳排放强度和碳减排效率关系的异质性。通过构建理论模型验证了城镇化、绿色技术创新和污染强度之间的作用机制，并采用各城市绿色发明专利授权量占比作为中介变量，验证了绿色技术创新对城镇化的碳减排效应机制。同时，本书基于断点回归设计，使用图像分析和回归估计检验了环境保护税的开征对城市空气质量的影响，从城市群、"蓝天保卫战"重点区域和空气污染程度三个角度对估计结果进行异质性分析，研究结论为完善区域环境保护税收体系、提升城市空气质量提供了经验数据佐证。在学术观点上完善城市绿色发展的微观机制和微观评价检验，为城市绿色发展治理体系建设提供微观科学依据。

（3）基于机制运行和评价检验结论，本书完善了城市绿色发展治理体系，在研究方法上推动微观机制设计和微观计量在中国宏观经济管理方面的应用。本书构建了城市绿色发展政策体系，城市绿色发展财税金融支撑体系，主要包括：建立健全绿色财政制度体系、建立绿色财政预算监督体系、构建绿色税收体系；制定促进城市绿色发展的绿色生产和绿色消费政策，主要包括：制定与绿色发展相关的法律法规、政策与标准体系，完善绿色发展社会监督体系、公众参与环境治理的市场化机制政策；推动城市绿色发展协调监管的信息化系统和大数据平台建设，构建"政府—企业—社会公众合作"的双向监管体系，加快推动环保物联网的建设，城市绿色发展科学评价与政府考核体系建设。

2 绿色发展理论和政策研究综述

2.1 绿色发展的特征

西方国家主导的三次工业革命在为人类社会的物质文明发展做出巨大贡献的同时,全球生态环境的恶化也愈演愈烈,自然灾害日益频繁,资源、能源供给日益紧缺,人与自然的矛盾不断地显现出来。21世纪以来,人类社会进入了第四次工业革命即绿色工业革命,发展模式由以牺牲环境为代价换取经济高速发展的"黑色发展模式"全面转向更加可持续的"绿色发展模式"。从此"绿色发展"的概念在中国的建设与发展之中处于至关重要的位置,为中国在传统发展模式下的环境恶化困境提供了一种新的发展思路。但学术界对"绿色发展"的概念和内涵并没有一种统一的说法,王玲玲和张艳国认为,绿色发展这个系统概念是绿色环境发展、绿色经济发展、绿色政治发展、绿色文化发展四个子系统的辩证统一;绿色环境发展是绿色发展的自然前提,绿色经济发展是绿色发展的物质基础,绿色政治发展是绿色发展的制度保障,绿色文化发展是绿色发展内在的精神资源[1]。蒋南平、向仁康提出,绿色发展的实质及内涵,应该定义在"资源能源合理利用,经济社会适度发展,损害补偿互相平衡,人与自然和谐相处"理念的基础上[2]。胡鞍钢、周绍杰认为,绿色发展观是第二代的可持续发展观,既包括传统可持续发展中所关注资源的需求与供给之间的矛盾,也强调气候变化给整个人类社会带来的整体性危机,强调经济系统、社会系统和自然系统间的系统性、整体性和协调性[3]。黄志斌、姚灿、

---

① 王玲玲,张艳国."绿色发展"内涵探微 [J]. 社会主义研究, 2012 (5): 143-146.
② 蒋南平,向仁康. 中国经济绿色发展的若干问题 [J]. 当代经济研究, 2013 (2): 50-54.
③ 胡鞍钢,周绍杰. 绿色发展:功能界定、机制分析与发展战略 [J]. 中国人口·资源与环境, 2014, 24 (1): 14-20.

王新对不同学者关于绿色发展的内涵理论进行了提炼和概括，对绿色发展的概念有如下界定：绿色发展是建立在资源承载力与生态环境容量的约束条件下，通过"绿色化""生态化"的实践，达到人与自然日趋和谐、绿色资产不断增值、人的绿色福利不断提升，实现经济、社会、生态协调发展的过程[①]；冯之浚、周荣认为促进绿色发展的关键环节在于大力发展低碳经济，发展循环经济和节能经济、清洁生产、生态经济以及绿色消费[②]。

绿色发展具有以下特征：

（1）绿色发展强调可持续性

绿色发展理论以可持续发展理论为基础，包含着可持续发展的基本思想，认为所有人使用自然资源的权利都是平等的，体现在两个方面：一方面是代内公平，也就是使有限的自然资源能够满足当下社会成员的生产和生活；另一方面是代际公平，即当代人的生产活动在对生态资源进行消耗时，不能使得生态资源满足后代生产和生活的能力减弱。不仅如此，当代人还应该谋求生态盈余，努力实现绿色增长，促进绿色财富的累积和绿色福利的提升，减少生态资源短缺给后代带来的压力，保障各代人对生态环境资源使用的公平权利。

（2）绿色发展需要全球治理

传统发展观之下的经济发展不断挑战着生态承载能力的界限，这种发展方式将导致经济增长难以持续以及人类福利不断下降，全球经济增长模式亟待改变。基于此，1987年联合国环境和发展委员会在《我们共同的未来》中第一次明确提出了"可持续发展"这一概念。之后可持续发展观逐渐成了全球共识，但这种共识没有转化为全球性的实践行为。一方面，拥有高端技术和市场优势的发达国家在经济全球化的背景下，占领了国际产业链分工的高端部分，而把资源消耗高、污染排放高的低端产业转移到发展中国家，这样既降低了对本国生态环境资源的消耗，又美其名曰实现了可持续发展；另一方面，某些发达国家没有担当起推动可持续发展的大国责任，没有对发展中国家在可持续发展方面遇到的困难提供技术和资金方面的援助。缺乏全球治理的可持续发展难以在实践中有所作为，作为可持续发展的深化的绿色发展也自然无法实现，这就对各国都提出了要求。发达国家应当担当起绿色发展的大国责任，为发展中国家的绿色发展提供技术和资金方面的援助；发展中国家也应努力提升技术，

① 黄志斌，姚灿，王新.绿色发展理论基本概念及其相互关系辨析 [J].自然辩证法研究，2015，31（8）：108-113.

② 冯之浚，周荣.低碳经济：中国实现绿色发展的根本途径 [J].中国人口·资源与环境，2010，20（4）：1-7.

通过先进技术来减少自然资源的消耗、提升能源使用效率，同时立足于本国国情建立绿色发展战略，并通过绿色规划、绿色金融、绿色财政去落实。

（3）绿色发展的核心是绿色增长

绿色增长内涵包含着以下两方面的内容：第一，经济活动具有低能耗、低物耗、低排放的特征，实现经济增长与资源消耗及污染排放的脱钩；第二，绿色增长促进绿色财富的积累和绿色福利的提升，有利于保证当代人与后代人享受绿色福利的平等权利，实现绿色福利的可持续性。传统的生产方式过于强调经济快速增长，为了短期经济利益毫无节制地在自然系统中攫取资源，对自然环境产生了巨大伤害的同时也会影响人类社会发展的可持续性。因此，要实现绿色增长就要加快转变经济发展方式，合理调整对资源环境的需求，使经济增长始终在生态环境承载力范围之内。更重要的是，要鼓励绿色技术创新和制度创新，提高生态资源的利用效率、促进新能源的开发，保持可再生资源的再生产能力，适度消耗不可再生资源，并用替代资源进行补充，扩大生态环境承载力范围，实现经济发展与不可再生资源消耗、污染排放脱钩。

（4）绿色发展强调经济、自然、社会协调发展

经济、自然和社会三个系统无时无刻不在互相影响着。经济系统以绿色增长为基础，受到绿色财富和绿色福利的影响；自然系统以绿色财富为基础，受到绿色增长和绿色福利的影响；社会系统以绿色福利为基础，受到绿色增长和绿色财富的影响。要实现绿色发展，就要尽量促进三大系统之间的正向影响，尽量避免负向的影响。

丰富的自然资源为经济增长提供了物质基础，经济的增长意味着对自然系统的投入能力增加，有利于提升自然系统的承载能力；反之，如果经济增长不顾自然系统承载边界，那么经济系统也会逐渐失去自然系统的支持，甚至会有破坏作用。经济发展有利于提高人力资本以及公共服务的投入，从而促进社会发展，而人力资本的增加有助于经济创新发展，公共服务的完善又能促进社会公平和谐，为经济发展营造良好的社会环境；反之，如果经济增长的结果是扩大了贫富差距，劳苦大众的努力没有得到相应的经济回报，会导致社会不稳定因素增多，不利于社会发展，而社会冲突的增加迫使对其增加经济投入，同时也会对经济发展有限制作用。人力资本的增加会提升公众的环保意识，从而增加对自然系统的保护，而自然环境的改善对提升人力资本也是有益的；反之，人力资本如果没有增加，公众的环保意识不能得到有效提高，会扩大环境恶化的风险，而伤害自然系统就是伤害人类的生存环境，会导致人力资本的下降。

因此，要实现绿色发展就要尽量促进经济、自然、社会三大系统彼此之间的正向影响，促进绿色增长，促进绿色财富的积累和绿色福利的提升。

2.2　城市绿色发展协调监管理论及综述

2.2.1　协调监管理论

自市场经济出现以来，政府的作用始终存在着争议，"肯定"与"否定"双足鼎立，甚至有些人推崇"政府无用论"和"政府万能论"，过分夸大或者削弱政府的作用。亚当·斯密在其《国富论》中阐述，市场这只看不见的手可以自己调节经济的发展，国家干预会妨碍经济的发展；马歇尔认为自由放任、国家不干预的生活是最好的生活，管得最少的政府是最好的政府；而詹姆斯·斯图亚特则认为需要政府保障公民权利的运用，政府必须重视需求并为之提供渠道，政府在发展过程中起重要作用，政府要多干预经济；凯恩斯在《就业、利息和货币通论》中认为，国家应该加强对经济的干预，采取适当的财政和金融等手段，增加公共支出，降低利率，刺激投资和消费，以此来提高需求，带动就业，从而使得经济发展，改善人民生活。

企业生产活动是环境监管体系的主要方向，传统的监管体系仅强调政府的作用，企业的绿色生产活动更多的是一种被动方式，这导致监管效率的低下和监管实施困难。随着宏观经济绿色发展模式、企业绿色生产方式、公众绿色生活方式等观念的普及，企业绿色生产的监管单纯依靠政府和企业本身难以达到较好的效果；随着大数据技术等科技手段的发展，对企业绿色生产的监管也必将逐渐开放共享和多元参与。强调政府、企业、第三方组织、公众等多元主体的环境协调监管模式也将成为环境监管体制的变革方向。环境全要素监管体系参与的主体包括政府、企业、第三方组织和公众，不再局限于传统监管模式下的政府和企业二元主体，多元主体下环境全要素协调监管体系的实施基础是基于环保大数据技术的发展，进而构建环境全要素协调监管运营体系、数据平台、公众参与平台和第三方组织及公众的协同执法平台。对企业向绿色生产方式转型的监管主要包括三种方式：①政府部门的行政监管；②基于市场激励的监管模式，例如排污权交易、环保税等方式；③多元主体参与的环境全要素协调监管。

环境全要素协调监管体系参与主体包括政府、企业、第三方组织（例如新闻媒体、环保 NGO 组织、第三方环保监测组织）、公众，强调环保多元主体共同监管，这种监管模式下的环境监管由传统的环境应急管理方式、企业绿色生产流程再造向产业生态化方向转变，进而形成经济生态化系统，企业的环保管理由最初的被动接受阶段向各主体调控带来的企业主动环境管理、各监管主体协调配合到最终的全要素监管系统整合阶段转变。环境监管由最初的政府环保部门向企业部门、全社会主体转变。环境管理的目标由最初的最低程度污染向产业生态化、经济生态化转变。环境全要素协调监管模式需要政府环保、财政、发改委、卫生检疫、农业、水利等部门的协调，也需要政府部门和第三方组织、公众协同执法、协同监管，依据大数据技术做好环保信息披露平台、公众参与平台、协同执法平台等环保信息化工程建设。

环境全要素协调监管体系离不开基于大数据技术的环境全要素协调监管平台建设，环境信息具有显著的大数据样本特征，环境污染数据体量巨大，环境监测数据多样，环境大数据价值信息需要数据挖掘，环境大数据快速多样化，这些都符合环保信息大数据特征。环保信息大数据特征要求环境监管需要向基于大数据技术的全要素环保监管转变。得益于大数据技术的发展，环保监管由传统的政府对企业的直接行政监管向强调多元主体参与的全要素环境协调监管模式转变，多元环保主体中的政府、企业、环保 NGO 组织、新闻媒体、第三方监测组织、公众之间的关系更为扁平化，多元主体之间协同、配合、补充将使得环保监管效率大幅提升，传统的自上而下监管路径逐渐向上下协同双向监管方向转变。环保信息大数据特征使传统的环保部门的分散化信息得以在大数据平台实现系统整合，有效避免监管重复和监管盲区，实现环境全要素信息的开放共享，有利于环保监管策略、执法行动更有效实施。环保大数据有较强的数据收集、数据分析处理、模拟仿真、动态监测能力，环境监测也将逐渐实现监管部门对环境问题的即时响应机制，为环境监测多元主体提供监测决策参考依据。

基于大数据技术的环境全要素协调监管平台将赋予环境监测部门更高的监管权力，强调环境部门的垂直管理，削弱环保部门对平级地方政府部门的依赖程度，由中央环保部门建立环境监管的专项资金，这些都有助于强化环保监测部门的监管权力。环境全要素协调监管平台主要包括运营体系、数据平台、公众参与平台和第三方组织及公众的协同执法平台。环保部门可以依托于环境信息中心，加强大数据运营中心建设，全面负责环境大数据搜集、整合、分析、预测和维护，强化环保信息全部门、全系统开放共享，及时、直观地向全社会发布动态化环境信息，提升第三方组织和公众对于环保信息披露的满意度。建设第三方组织和公众参与环保协同执法平台，发挥公众对环境信息反馈、监督、检查、建议等方面的关键作用，充分发挥公众对于环境污染数据采集的数量优势，实现环境全要素协调监管平台与第三方环境监测组织有效对接，积极支持公众参与环保部门环境协同执法，最终实现多元共治下的全要素环境协调监管模式。

地方政府和当地工业企业存在不合作、合谋和合作三种关系。

长久以来，由于部分工业企业对环境资源公共品认识不足，导致企业无约束地破坏公共环境资源以换取经济效益，地方政府对污染型工业企业采取罚款、关停等简单极端的处理方式使得两者之间出现政府简单粗暴监管、企业学习规避的不合作关系，这种关系使得地方政府牺牲了部分经济增长的来源。

在以 GDP 为主要绩效目标的考核中，地方政府为了片面追求经济总量的增长，也会采取牺牲生态环境的方式，由此产生地方政府和污染企业之间的合谋关系，污染企业对地方 GDP、财政收入、居民收入和就业具有较强的支持作用，同时，企业采取违规排放的污染成本较低，地方政府环保部门也可以通过简单罚款取得收益，这些都是地方政府和污染企业合谋关系的显著特征。这种合谋关系也表现在地方政府之间的投机动机，由于环境污染较强的负外部性和空间相关性，地区环境污染需要跨区域协同治理，单个地方政府的环境治理行为并不能总体上改善生态环境现状，也会造成自身经济发展利益受损，地方政府环境保护主义的形成是博弈均衡的结果。

上级政府部门和公众的生态环境保护观念日益增强，这促使地方政府绩效考核指标体系和环境问责机制的重建，地方政府主动寻求经济发展新模式，大力发展新兴产业，企业也积极对环保治理设施进行投资，追求绿色生产，减少污染排放，外部条件的改变使得地方政府和企业之间出现可持续的合作关系。

由于环境大数据信息的开放共享，环境全要素协调监管体系也将促使地方政府和企业形成合作伙伴关系。绿色金融制度帮助企业绿色生产转型和融资，基于大数据技术的污染型工业企业环境大数据信息公开，政府参与组建第三方环境治理制度，这些都是促进地方政府和工业企业环境监管合作的有效机制。针对环境污染跨区域的特征，地方政府可以探索环境污染多区域治理模式，实施第三方治理污染模式，区域内污染企业强制性参与污染委托治理，促使污染企业产生绿色生产流程改造的内源动力，企业环境管理行为也将更加主动。这些措施都将积极构建政府和企业之间长效的新型合作激励机制，使得企业的治污成本在可接受的范围内实现环境治理的效益最优。

第三方组织、公众参与环境协调监管具有法律上的正当性，公众对于环境监管自发性较高，是政府引导下的环境监管体制建设的重要内容和补充。政府与第三方组织、公众的环境协调监管需要以环境全要素协调监管平台为基础，在环境大数据信息开放共享的基础上，第三方组织和公众充分参与环境监管，主要包括环境决策协调监管、环境执法协调监管和环境问责协调监管。环境全要素协调监管平台系统可搭建公众互动交流平台，制定公众参与环境决策的方式和方法、程序、环保大数据信息的获取权限和途径、公众参与环保决策的法律保障等要素。公众参与环保执法，对环境执法者的行为和执法水平进行监督，对企业违反环保行为进行协同执法，公众还可以表达环境执法的评价和反馈意见和建议，提升环境执法的公开和透明度以及执法效率。当前，中国已在试行环保问责制度，这主要是政府部门之间的问责机制缺乏公众参与的环境问责，公众参与的环境问责不同于一般的环境问责机制。公众在环境全要素协调监管平台上通过对地方政府环境部门的工作评价、执法不力、环境问题诉讼等方式，促进环境问责机制由主要的"自上而下问责"模式向"双向问责"模式转变，以追求更加公平和高效的环境决策和环境执法效果，最终实现经济发展与生态环境保护的协调发展。

2.2.2　城镇化与政府监管理论及实践

在推进城市绿色发展的过程中，出现了"豪华城市化""被城市化"或"边缘城市化"的严重问题，同时历史文化丧失、各种基础设施建设烂尾、交通越修越堵，这表明并不是所有的城市都能按照我们所希望的美好方向自己发展，所以需要政府予以正确的规则制定和引领，监管各自职能部门和企业等的运作，共同建设绿色发展城市。

纵观国内外城市绿色发展过程可以发现，政府展现了其不可忽视的作用。在大力推进绿色城市的发展的过程中，我们要正确认识和处理政府和市场之间的协调关系，将市场这只"无形的手"与政府的"有形的手"交握，充分发挥二者的作用，高度契合。在城市发展规划、法律法规的制定、准入准出的边界、基础设施的建设以及产业结构的优化升级等方面，都需要政府牵头与协助，为绿色城市的发展提供良好稳定的外部环境，更好地推进城镇化的发展。但是在合作之中，不能出现失衡。在推进城市绿色发展的过程中，始终坚持市场在资源配置中的决定性地位，同时在企业排污管制、企业污染治理、环保立法、淘汰落后的产能以及宏观经济政策的制定上政府能够有所作为。

政府对企业绿色生产监管的四种模式为：行政监管、市场激励的监管、多元主体参与的协调监管和企业的自我监管。长期以来，政府对企业生产的行政命令监管占据主流。由于市场中充满了各种随机的因素和无序的运动，需要有一定的规则使其更好的发挥作用，同时为政府干预提供法律依据。法律可以规范市场基本关系，如民法、商法、社会保障法和投资法等；法律可以规范市场主体行为，如公司法、合同法、证券法等；法律也可以规范市场竞争的秩序，如反倾销法和不正当竞争法。美国在国会通过了谢尔曼法、克雷顿法等反垄断法律后，依法建立了司法部反垄断局，负责调查固定价格协议、垄断性兼并、价格歧视和搭配销售等，对在商业活动中不公平的、欺骗的行为进行管制。政府运用强制权通过行政机构和行政法规对市场进行干预，纠正市场失灵、提高经济效率。政府制定了一系列政策，包括工业政策、农业政策和能源政策等，引导企业将资源分配给高效率或者发展潜能较好的领域，提高整体的经济效率。当然错误和偏颇的产业政策也会带来不可预知的影响，那将是整个国家或者城市的灾难，经济可能停滞不前甚至倒退。所以在政策制定时需要结合实际，综合考虑，通过试点后逐渐普遍施行。政府是企业排污目标的直接确定者，政府采取总量标准和浓度标准控制企业生产行为，企业必须接受政府制定的排污标准，行政监管模式带有显著的强制性，合作型的企业按照政府制定的标准进行环境应急管理、绿色工艺流程再造，以提高企业环保标准，但是也有较多企业对政府直接行政监管模式进行规避，产生各种各样逃避政府行政监管的行为和案例，对环境质量造成严重影响。基于市场激励的监管模式相对于行政直接监管模式更为灵活，政府仍然是企业最高排放标准的制定者，企业确定各自的排放目标，并采取市场交易工具调整自身的排放能力和标准，例如排污费、排污权交易、碳排放权交易、以及 2018 年 1 月 1 日实施的环境保护税法制度，企业会在排放权交易的成本和收益之间进行利弊选择，基于市场激励的环境监管模式约束性仍然较小，企业会为了经济利益扩大自身环保排放支出成本，导致较低的环保监管效率。部分企业依据行业规则、行业标准或者与政府之间的协议会对排放行为进行自我监管，企业自我监管内生动力主要来自行业基本规范、企业自律和道德约束行为。显然，企业的自我监管模式只适用于部分企业，只能作为环境监管体系的补充。

电力行业在城市绿色发展进程中是重要难题，只有通过政府协调监管才能实现减排的目标。政府制定碳排放权，在市场中进行碳排放权的交易，由于碳排放权的出现，会对相关行业和领域产生较大影响。对于电力行业来说，可促进电力企业不断创新，研发新的电力设备，将低碳纳入重要考虑范围，同时也会使得电力企业在竞争市场中改变方法与渠道。碳排放权的出现控制了碳的排放量，这只有政府的介入才会实现，任何一个企业、个人、机构，无论其地位如何，都无法将这种关乎大多企业利益的政策实施到位。当这种数量固定放任权利出现，企业面临两种选择：一是在自己获得的碳排放权内合理排放碳量，并不断创新，研发新的产品或者技术来降低排放量，以求在碳排量范围内获得最大产能；二是通过购买其他企业剩余的排放量，这就加大了原有的生产成本，通过新技术降低排放量的出售方就可以获得额外收益，这就使得碳排放权市场更加活跃。这一政策不仅解决了碳排放量过高、阻碍城市发展的重要问题，同时也给了市场足够的自由，展现了"无形手"与"有形手"的良好配合，使得绿色发展更进一步。

近年来，电动汽车快速进入人们的视野，为了让城市能够更加绿色发展，我们倡导减少燃油汽车的使用量，但电力汽车刚刚步入市场，人们对其认可度较低，对其质量、安全性能还不够了解，同时对价格敏感的众多消费者完全不将高成本带来高定价的电动汽车纳入考虑范围内，也使得最初的电动车市场较为低迷。政府迅速对汽车厂商和消费者予以价格补贴，且补贴额度较大，这一政策的完善迅速降低新能源汽车的成本和售价。不仅如此，购买新能源汽车能够退税和免摇牌照等优惠政策也是吸引消费者的一大因素。在油价大幅上涨、汽车需求量逐年增长、新能源汽车行驶里程延长的影响因素下，新能源汽车的接受度上升，越来越多的厂商加入到生产新能源汽车的领域，不断地创新和研发，慢慢使得新能源汽车的技术走向成熟，国家也渐渐退出对该领域的干涉。

2.2.3　城市绿色发展与政府协调监管文献综述

一般来说，中央政府对地方政府的考核指标是经济增长绩效，这就使得经济的赶超成为政府和人们唯一关注的尺度。地方官员在某地的任职时间较短，为了能够更快地展现其执政能力，往往牺牲环境来追求经济上的发展。近年来，绿色发展也逐渐步入我们的视野，将环境发展纳入考核指标中。陆铭和冯皓认为地方政府对经济增长的非理性追崇会导致地区生态环境的恶化[1]。张华认为中国官员治理体系普遍表现为层级式，下级官员的考核与晋升受到上级官员的思想的影响，普遍五年的晋升考核使得下级官员更加注重短期政绩[2]。为了促进城市绿色发展，政府需要优化对地方官员的考核方式，增加环境治理在考核中的比重，正确引导地方官员的治理方向，监管其任职期间的环境治理，对环境治理具有较大难度的地方予以扶持和帮助，制定合理的经济目标，经济与环境双管齐下，实现城市绿色发展。

汪伟全以北京空气污染治理为案例，阐述了空气污染跨域合作治理基本规律，分析了利益协调不足、碎片化现象和单中心治理等问题症结，建议建立国家层面空气污染防治战略，健全跨域治理的利益协调和补偿机制，强化跨域治理机构的组织结构设计和组织功能，构建政府主导、部门履职、市场协调与社

---

[1]　陆铭，冯皓. 集聚与减排：城市规模差距影响工业污染强度的经验研究 [J]. 世界经济，2014，37（7）：86-114.

[2]　张华. "绿色悖论"之谜：地方政府竞争视角的解读 [J]. 财经研究，2014（12）：115-128.

会参与的跨域合作治理新模式①。中国中东部地区产业重型化、城镇人口密集度高、以煤炭为主的消费结构等结构化因素是雾霾集聚的重要诱因，建议通过引导城市结构、产业结构以及能源生产结构在区域内部和区域之间的主动调整来推行环境治理，实现区域经济与环境协调发展②。范永茂和殷玉敏总结了科层、契约和网络三种元治理机制的特点，提出了三种元机制在不同比例融合形成各自为主导型的合作治理模式：契约主导型合作治理模式、科层主导型合作治理模式、网络主导型合作治理模式，并列举了"APEC 蓝"、珠三角大气污染治理、泛珠三角水污染治理三个案例进行分析，治理者要从合作治理本身的机制和公共问题本身的属性出发，应用特有属性下的最有效的治理模式③。高桂林和姚银银探讨了大气污染联防联治中的立法协调机制问题，认为应构建适应于中国国情及法制现状的立法协调机制，建议全国人大向国务院授权，由国务院实现立法协调机制法律关系中纵向管理和横向协调关系的统一④。

温孝卿和王碧含认为协同环境质量和经济增长质量发展的新型、绿色、创新路径是中国经济发展的目标，有效的措施包括编制自然资源资产负债表和加强资源环境审计，提升自然资源的合理节约使用，严格抑制隐性经济的发生和影响，提倡绿色循环经济和提升绿色经济效率，鼓励社会资本进入环保事业以及发挥环境污染责任保险作用⑤。盛鹏飞等运用 DEA 方法和 TOPSIS 分析方法构建了经济增长效率和碳排放技术效率之间的协调度指标，并基于中国省际面板数据进行研究、分析得出，中国经济增长技术效率在总体上处于下降趋势，而碳减排技术效率相对于经济增长效率还存在较大差距，碳减排总体上滞后于经济增长，但是总体上各省（自治区、直辖市）在逐渐转向碳减排和经济增长协调发展方向，这也表明中国正逐步进入低碳发展、绿色发展之路⑥。

① 汪伟全. 空气污染的跨域合作治理研究：以北京地区为例 [J]. 公共管理学报，2014（1）：60-69.

② 王自力，何小钢. 中国雾霾集聚的空间动态及经济诱因 [J]. 广东商学院学报，2016，31（4）：31-41.

③ 范永茂，殷玉敏. 跨界环境问题的合作治理模式选择：理论讨论和三个案例 [J]. 公共管理学报，2016，13（2）：63-75.

④ 高桂林，姚银银. 大气污染联防联治中的立法协调机制研究 [J]. 法学杂志，2014，35（8）：26-35.

⑤ 温孝卿，王碧含. 绿色、协调发展理念下环境质量与经济增长质量协同研究 [J]. 理论探讨，2018（2）：84-90.

⑥ 盛鹏飞，杨俊，陈怡. 中国区域经济增长效率与碳减排技术效率的测度：兼论其协调性 [J]. 江西财经大学学报，2014（4）：20-29.

2.3 城镇化与绿色发展绩效理论与综述

2.3.1 城镇化与绿色发展绩效理论

2.3.1.1 绿色城镇化理论

城镇化是由"Urbanization"一词翻译而来，又被称为城市化。城镇化是指一个国家或者地区的资本和劳动力等生产要素由农村向城镇流动的过程，城镇化进程伴随着人口流动、产业结构转变和土地等生产要素的变化。不同的学科，如经济学、社会学和地理学对城镇化有着不同的理解，经济学上的城镇化主要强调劳动力和资本等生产要素的流动，社会学上的城镇化主要强调人口的流动过程，地理学上的城镇化主要强调城镇区域和空间布局的调整。

改革开放四十多年来，中国的经济飞速发展，城镇化进程也平稳快速，尤其是近十多年来，城镇化发展速度较快。城镇化的快速发展一方面助力了中国经济的腾飞，改变了中国的社会结构和面貌；另一方面，也给中国带来了资源过度消耗、生态环境污染严重等问题。而持续快速的城镇化进程带来的人口密度过大、交通拥挤、污染排放等问题也在制约着城镇化进程的进一步发展，中国的城镇化面临着巨大的生态环境压力。2015 年中共中央国务院明确指出了要大力推进绿色城镇化，并将绿色城镇化建设作为全面推进中国生态文明建设的重要任务之一。

国外城市化的实践进程远早于中国，英国早在 18 世纪工业革命时期城市化进程就已快速发展，美国的城市化进程在 20 世纪初期也快速发展。20 世纪 60 年代以来，日本和韩国等亚洲国家开始了以"村镇综合建设示范工程""新村运动"为称谓的快速城市化进程[①]。国外在城市化进程中形成了一系列的城市化理论，主要包括区位理论、人口迁移理论、城市结构转化理论和生态学派理论等。这些城市化理论对于中国城镇化进程中的相关问题研究具有重要的参考价值。其中，城市化中的生态学派理论强调人与自然和生态环境的协调发展，这些理论主要包括田园城市理论、古典人类生态学理论和有机疏散论等。田园城市理论是 19 世纪末由英国学者霍华德提出的，他认为城市规划应兼顾城市和乡村优点，该理论为城市生态规划的理论发展和实践探索奠定了基础。

---

① 陈晓华，张小林.边缘化地区特征、形成机制与影响：以安徽省池州市为例 [J].长江流域资源与环境，2004，13（5）：413-418.

绿色城镇化是一个新兴的研究问题，不同的学者对其进行了研究，并提出了不同的观点。董战峰等认为绿色城镇化建设应当包括生态文化、保护自然环境、建设生态型人居环境、推行绿色低碳生活、加速产业生态化、建设运营绿色基础设施六大领域。绿色城镇化应当建成集约、智能、绿色、低碳的有中国特色的新型城镇[①]。高洪贵和汪成认为，绿色城镇化既要实现城镇的绿色发展，也要实现农村地区的绿色发展[②]。辜胜阻、李行、吴华君指出，绿色城镇化是新时代实现绿色发展的重要抓手，绿色城镇化建设要从绿色产业、绿色技术、优化城镇空间布局等方面着手[③]。张贡生认为绿色城镇化是新型城镇化的载体，绿色城镇化的本质是以人为本，应当大力发展绿色产业、建设绿色城市、推动城乡融合、建设绿色制度，主推绿色城镇化建设[④]。

2.3.1.2 绿色发展绩效测度理论

随着全球对可持续和绿色经济发展的意识逐渐提升，如果在一个生产技术集合中，采用较少的投入获得了较多的期望产出和较少的非期望产出，那么经济增长会被认为是有效率的。在测算绿色发展绩效的过程中，一个包含期望产出和非期望产出的联合生产函数就是被需要的。

考虑到一个包含四种要素的生产过程，劳动（L）和资本（K）是投入变量，GDP（Y）和污染物排放（C）分别是期望产出变量和非期望产出变量。环境生产技术集合可以被定义为：

$$P(L, K) = \{(Y, C) : (L, K) \, can produce \, (Y, C)\} \qquad (2-1)$$

（2-1）式显示投入组合（L, K）可以生产出（Y, C）。在生产理论中，产出集合 $P(L, K)$ 被假设为有边界和封闭的，这些假设表明有限的投入仅可以生产有限的产出。另外，投入变量和期望产出被认为是强处置或可自由处置的，也就是说，如果（Y, C）$\in P(L, K)$，并且（K', L'）$\geq$（K, L），（$Y' \leq Y$），则（Y, C）$\in P(L', K')$，（Y', C）$\in P(L, K)$。为了合理地模拟期望产出和非期望产出的联合生产过程，存在如下的两个假设：

①非期望产出是弱可处置的，也就是说，如果（Y, C）$\in P(L, K)$，并且

① 董战峰，杨春玉，吴琼，等.中国新型绿色城镇化战略框架研究 [J].生态经济，2014，30（2）：79-82.

② 高红贵，汪成.生态文明绿色城镇化进程中的困境及对策思考 [J].统计与决策，2014（24）：64-66.

③ 辜胜阻，李行，吴华君.新时代推进绿色城镇化发展的战略思考 [J].北京工商大学学报（社会科学版），2018，33（4）：107-116.

④ 张贡生.中国绿色城镇化：框架及路径选择 [J].哈尔滨工业大学学报（社会科学版），2018，20（3）：123-131.

$0 \leqslant \theta \leqslant 1$，则 $(\theta Y, \theta C) \in P(L, K)$。该假设意味着在固定的投入组合下，降低非期望产出也会带来期望产出的下降，也就是说，经济发展过程中降低碳排放是有代价的，碳减排的过程也会带来经济产出的下降。

②期望产出和非期望产出是有关联性的，也就是说，如果 $(Y, C) \in P(L, K)$，并且 $C = 0$，则 $Y = 0$。该假设意味着期望产出和非期望产出必然是相关联的，非期望产出的生产必然伴随着非期望产出的生产，降低碳排放也必然伴随着生产活动的减少。

可以采取数据包络分析（DEA）窗口分析和超效率分析方法测算绿色发展绩效，将污染物排放（例如，二氧化碳）作为生产过程中的非期望产出纳入生产集合。设定劳动（L）和资本（K）是投入变量，地区生产总值（Y）和污染物排放（C）分别是期望产出变量和非期望产出变量。

普通的 DEA 模型不能满足面板数据绩效评价，Charnes 和 Cooper 引入 DEA 窗口分析方法，目的在于测量截面和时期变化的数据的效率值[①]。DEA 窗口分析采用移动平均法来测算决策单元效率随时间变动的趋势，决策单元的重复利用增加了样本量，同一决策单元在不同的窗口被多次利用，窗口分析的好处是通过决策单元参考集的变化进行多次效率测度，获得的平均效率值更加接近真实的效率评价。

2.3.2　城镇化与绿色发展绩效文献综述

2.3.2.1　绿色发展绩效文献综述

推动实现绿色发展已然成为现阶段中国经济发展转型过程中面临的核心问题之一。绿色发展的关键在于提升绿色发展效率，即在实现经济增长的同时，能够实现资源节约与污染物减排，推动经济增长向低投入、低排放和高产出的绿色发展方式转变。

国内各省（自治区、直辖市）绿色经济增长效率的测度是判断和评价对应地区资源和环境约束下经济发展绩效的重要依据，也是绿色经济增长相关实证研究面临的首要问题。对于绿色效率方面的研究，刘阳和秦曼基于 2006—2015 年的相关数据，采用三阶段 DEA 方法，综合测度了四大沿海城市群绿色效率的时空特征[②]。张泽义和罗雪华运用 SBM 方向性距离函数测算了中国 260

① CHARNES A, COOPER W W. Preface to Topics in Data Envelopment Analysis [J]. Annals of Operation Research，1985（2）：59-94.
② 刘阳，秦曼. 中国东部沿海四大城市群绿色效率的综合测度与比较 [J]. 中国人口·资源与环境，2019, 29（3）：11-20.

个城市的绿色发展效率，并使用空间面板计量模型和门槛面板模型对城市规模与绿色发展效率的关系进行了实证分析①。朱广印和王思敏运用超效率SBM模型和Malmquist生产率指标测算了在资源环境约束下中国31个省份2011—2017年的绿色全要素生产率和生态环境效率，并基于空间杜宾模型和动态空间效应分解模型分析影响绿色生产发展效率因素的空间溢出效应②。俞树毅和田彦平运用超效率SBM模型，按照绿色发展理念演变逻辑对黄河上游城市绿色发展效率进行四种类别测度③。孟望生和邵芳琴以绿色全要素生产率和能源环境效率指数为绿色经济增长效率的衡量指标，采用非径向方向距离函数模型的方法对2003—2016年中国各省（自治区、直辖市）的绿色全要素生产率和能源环境效率指数进行测度与分析④。卢新海和杨喜等基于非期望产出超效率SBM模型，对中国283座地级及以上城市2003—2017年土地绿色利用效率进行测度⑤。王婧和杜广杰通过构建包含非期望产出的全局Bootstrap-DEA模型，在修正传统DEA模型估计偏差的基础上测度2005—2017年中国285个城市的绿色发展效率，利用二阶段嵌套泰尔指数揭示绿色发展效率空间分异及其嵌套结构特征，并最终识别影响城市绿色发展效率空间分异的关键驱动因素⑥。韩洁平和侯惠娜采用网络超效率EBM模型、生态足迹法测度2008—2016年浙江省、江苏省工业综合生态效率和生态承载力，运用耦合协调度模型，测算生态效率-生态承载力耦合协调度，综合研究区域的各项指标，评价区域绿色发展现状⑦。傅春和欧阳欢蕤等运用熵值法、DEA模型和Malmquist指数模型测算了江西省绿色发展效率以及全要素生产率变化指数，并进行分析⑧。刘习平和管可采用2003—2014年湖北长江经济带各城市的统计数据，构建非期望产出

① 张泽义，罗雪华.中国城市绿色发展效率测度 [J].城市问题，2019（2）：12-20.

② 朱广印，王思敏.绿色生产发展效率测度及时空演变分析 [J].金融与经济，2020（9）：68-77.

③ 俞树毅，田彦平.黄河上游城市绿色高质量发展效率测度及对策研究：基于超效率SBM模型 [J].青海民族研究，2020，31（3）：44-52.

④ 孟望生，邵芳琴.中国各省区绿色经济增长效率测度 [J].统计与决策，2020，36（16）：105-109.

⑤ 卢新海，杨喜，陈泽秀.中国城市土地绿色利用效率测度及其时空演变特征 [J].中国人口·资源与环境，2020，30（8）：83-91.

⑥ 王婧，杜广杰.中国城市绿色发展效率的空间分异及驱动因素 [J].经济与管理研究，2020，41（12）：11-27.

⑦ 韩洁平，侯惠娜.基于生态效率及生态承载力的区域绿色发展综合测度研究：以浙江和江苏二省为例 [J].生态经济，2020，36（12）：57-63.

⑧ 傅春，欧阳欢蕤，赵雪茹.基于DEA及Malmquist指数模型的江西省绿色发展效率测度与评价 [J].生态经济，2020，36（6）：51-57.

的 DEA-SBM 模型，从时间和空间的角度测算了绿色发展效率以及演化趋势和特征①。黄磊和吴传清采用考虑非期望产出的全局超效率 SBM 模型及泰尔指数分析长江经济带城市工业绿色发展效率的时空演变规律，采用空间杜宾模型 SDM 探究长江经济带城市工业绿色发展效率提升的空间驱动机制②。高赢结合基于松弛测度的 DDF 与 Luenberger 指数分析法，实证探究"一带一路"沿线 52 国 1995—2016 年的低碳绿色发展现状，并用面板回归分析影响该区域低碳绿色 TFP 增长的社会经济因素③。

对于节能减排方面的研究，郭姣和李健基于京津冀城市群、长三角城市群、珠三角城市群 53 个城市的面板数据，运用考虑非期望产出的超效率 SBM 模型测算了三大城市群的节能减排综合效率、纯技术效率和规模效率，并通过麦奎斯特指数模型分析了节能减排效率的动态特征及内在驱动因素④。欧阳铭珂和李坚飞等基于技术创新效率视角，运用网络 DEA 模型构建中国汽车工业节能减排效率内部影响结构模型，采用非径向非角度 Super-SBM 算法对 2000—2016 年中国汽车工业节能减排效率进行测量⑤。王艳和苏怡基于绿色发展视角，不仅考虑 SO_2、工业烟尘排放量和废水排放量等国家有明确减排目标的指标，还将固体废弃物综合利用量纳入节能减排效率的测算框架内，引入超效率 DEA 模型，测算了中国区域节能减排效率的动态变化趋势，为制定针对性的节能减排政策提供理论依据⑥。李军军和周利梅首次提出了包含非期望投入和非期望产出的扩展型方向性距离函数模型，综合纳入能源消耗和污染排放指标，基于国家和各省份五年规划中的节能减排目标，构建了节能减排效率的综合指数和分项指数，对各省份"十一五"规划到"十三五"规划期间节能减排目标完成效率进行综合测评和动态对比分析⑦。唐晓灵和曹倩研究了

① 刘习平，管可.湖北长江经济带绿色发展效率测度与评价 [J].统计与决策，2018，34 (18)：103-106.

② 黄磊，吴传清.长江经济带城市工业绿色发展效率及其空间驱动机制研究 [J].中国人口·资源与环境，2019，29 (8)：40-49.

③ 高赢."一带一路"沿线国家低碳绿色发展绩效研究 [J].软科学，2019，33 (8)：78-84.

④ 郭姣，李健.中国三大城市群节能减排效率的变化及测度 [J].城市问题，2018 (12)：17-27.

⑤ 欧阳铭珂，李坚飞，张亚斌.技术创新视角下中国汽车工业节能减排效率研究 [J].中国科技论坛，2021 (8)：70-81.

⑥ 王艳，苏怡.绿色发展视角下中国节能减排效率的影响因素：基于超效率 DEA 和 Tobit 模型的实证研究 [J].管理评论，2020，32 (10)：59-71.

⑦ 李军军，周利梅.基于目标导向的区域节能减排效率评价 [J].福建论坛（人文社会科学版），2020 (6)：125-135.

2005—2016年陕西省10个地级市的节能减排效率和经济发展水平，并对两者的耦合关系进行了分析，旨在为陕西省及其他地区环境与经济可持续协调发展提供参考①。

21世纪20年代，世界各国携手合作应对全球气候变化进入了《巴黎气候变化协定》时代。中国承诺到2030年实现"碳达峰"和2060年实现"碳中和"，如此伟大目标必然要落实到国民经济中各产业去实现。为了得到更加准确客观的各产业部门隐含碳排放效率水平，胡剑波和闫烁等基于2002—2017年中国投入产出表，运用非竞争型投入产出模型测算出中国各产业部门的隐含碳排放，并将其引入到碳排放效率测算模型当中，再利用三阶段DEA模型将外部环境和随机干扰因素剔除②。为如期达到"碳达峰、碳中和"目标，中国服务业绿色发展是必然趋势。孟辉和李琳等应用纳入能源投入与CO_2排放的两阶段Bootstrap-DEA模型，核算2004—2018年中国14个服务行业的绿色技术效率，并对其影响因素进行实证分析，探寻服务业绿色发展路径③。程云鹤和程嘉雨运用非参数松弛测度与共同前沿方法，测算了2004—2016年长江经济带物流业CO_2减排效率和上中下游段间的CO_2减排技术差距，分析经济带上中下游段间的差异性与演变趋势，并对CO_2减排无效率进行分解，以探寻长江经济带各省市物流业CO_2排放无效率的根源④。平智毅和吴学兵等基于随机前沿模型对碳排放效率进行测算，首次对碳排放效率核密度估计曲线进行解读，并通过建立空间模型深入分析碳排放效率的影响因素，以期为促进长江经济带高质量发展提供有针对性的政策建议⑤。钱浩祺和吴力波构建了一个将碳排放效率纳入碳排放权分配标准的理论框架，并利用实证分析方法将这一理论框架应用于实际的地区间分配⑥。周迪和吴泽文基于中国工业35个行业2000—2015年的碳排放数据，以Super-SBM模型进行碳排放效率测算，并基于马尔科夫链

① 唐晓灵，曹倩.节能减排效率与经济发展水平的耦合关系研究：以陕西省为例 [J]. 环境污染与防治，2020，42 (2)：249-253.

② 胡剑波，闫烁，韩君.中国产业部门隐含碳排放效率研究：基于三阶段DEA模型与非竞争型I-O模型的实证分析 [J]. 统计研究，2021，38 (6)：30-43.

③ 孟辉，李琳，萧小芬.中国服务业绿色发展的结构性差异及影响因素研究：基于Bootstrap-DEA模型的绿色技术效率测度 [J]. 经济纵横，2021 (6)：100-110.

④ 程云鹤，程嘉雨.长江经济带物流业CO_2减排效率测度与根源分解 [J]. 系统工程，2021，39 (4)：94-102.

⑤ 平智毅，吴学兵，吴雪莲.长江经济带碳排放效率的时空差异及其影响因素分析 [J]. 生态经济，2020，36 (3)：31-37.

⑥ 钱浩祺，吴力波，任飞州.从"鞭打快牛"到效率驱动：中国区域间碳排放权分配机制研究 [J]. 经济研究，2019，54 (3)：86-102.

模型测算碳排放公平及碳排放效率的俱乐部趋同指数，在公平效率协调的视角构造碳减排潜力指数并对 35 个行业进行碳减排潜力测算，并基于公平-效率二维矩阵图以动态的视角设计中国工业碳减排路径[①]。

2.3.2.2　城镇化与绿色发展文献综述

随着城镇化进程的推进，人口城镇化和土地城镇化的弊端逐渐暴露出来，发展新型城镇化推进绿色发展成为城镇化的主要发展方向。张永生提出中国的城镇化与绿色发展是以绿色城镇化作为载体形式存在的。中国的绿色城镇化需要得到逻辑起点的修正，以生态文明的重塑进行涉及城镇、乡村以及人口的各方面的绿色转型的城镇化[②]。李泽众和沈开艳将工业二氧化硫和工业烟尘作为环境规制的衡量指标，以 13 年间的城市面板数据作为切入点，以空间杜宾模型做为主要分析手段，研究了新型城镇化与环境规制的相关问题。两位学者指出，不论是过程型还是效果型环境规制都能显著地提高地区的新型城镇化水平，并产生一定的溢出效应有益周边地区[③]。戴宏伟和回莹两位学者以雾霾污染作为绿色发展的重要衡量指标对城镇化水平进行了空间效应的研究。就两者的关系而言，首先，城镇化对于雾霾污染体现出了两个相反的作用可以抑制亦可促进城镇化发展而并非单一的线性相关关系；其次，就空间溢出效应而言，从根源入手通过对产业结构调整实现雾霾污染处理是重要手段，制定区域性的相关政策才能更有效地解决绿色城镇化的负面问题[④]。许长新和吴骁远则提出以水环境承载力作为基点，以向量模法的综合评价模型作为主要分析工具，对水质、水量及生态环境等具体指标对城镇化速度进行分析。文中提出：为维持城镇化的中速发展必须加大污水治理力度，与此同时城镇化应维持在水环境承载力的较低水平以保障健康稳定的水环境承载力[⑤]。束克东和李影以 STIRPA 模型分析了城镇化与碳排放的关系。其主要结论可表述为以下两点：中国的城镇化进程与 CO_2 排放量整体是负相关的关系；人均收入对两者的弹性系数的影

① 周迪，吴泽文. 中国工业碳减排潜力与路径研究 [J]. 中国环境科学，2019，39（3）：1306-1314.

② 张永生. 基于生态文明推进中国绿色城镇化转型：中国环境与发展国际合作委员会专题政策研究报告 [J]. 中国人口·资源与环境，2020，30（10）：19-27.

③ 李泽众，沈开艳. 环境规制对中国新型城镇化水平的空间溢出效应研究 [J]. 上海经济研究，2019（2）：21-32.

④ 戴宏伟，回莹. 京津冀雾霾污染与产业结构、城镇化水平的空间效应研究 [J]. 经济理论与经济管理，2019（5）：4-19.

⑤ 许长新，吴骁远. 水环境承载力约束下区域城镇化发展合理速度分析 [J]. 中国人口·资源与环境，2020，30（3）：135-142.

响存在极大差异，通过缩小收入差距，改变弹性系数大小也是实现低碳生活，合理城镇化的可靠手段①。谭建立和赵哲以省级面板数据和广义矩阵的估计算法对新型城镇化对碳排放在财政方面的的中介效应进行了分析。研究指出，人口城镇化加速了碳排放，由人口城镇化向新型城镇化模式的转变是实现绿色环保，低碳发展的重要路径②。陈林和万攀兵以经济绩效和环境绩效作为研究因素，对乡镇城镇化进行了分析。两者提出，乡镇城镇化水平的提高伴随着区域环境质量的恶化，并且这种城镇化效果出现了显著的异质性。控制工业化对环境的污染，采用新型工业化实现经济环境的兼顾发展是更高效率建设城镇化的重要手段③。

2.3.2.3 城镇化与绿色发展绩效文献综述

在城镇化的进程中，城市显著的"规模效应"和"集聚效应"虽然对于城市经济增长有显著的促进作用，提高了城市绿色发展绩效，但城镇化发展的同时也带来了交通拥挤和环境污染等负面影响，从而抑制了城市绿色发展绩效。

城镇化作为中国经济发展的一个重要的增长点，受到学界广泛的关注，作为实现经济可持续发展的引擎，城镇化对提升绿色发展绩效具有促进作用。现有文献大部分认为，城镇化对绿色发展绩效具有总体上积极的影响。刘加林在动态面板数据模型的基础上进行模型改造，选取 1995—2010 年中国 30 个省（自治区、直辖市）的相关数据，并利用省级动态面板数据进行实证分析。研究发现，就全国范围而言，中国的城镇化对绿色发展绩效具有显著的正向影响，同时其影响效果在所有因素中是最小的④。谢秋皓和杨高升基于 2007—2016 年中国 30 个省级单位的面板数据，参考相关生态文明指标，利用超效率 SBM 模型对绿色发展绩效进行静态测算，并运用 Tobit 模型探究中国绿色发展绩效的驱动因素，发现其中城镇化率对绿色发展绩效呈现显著正相关关系⑤。

① 束克东，李影.基于城镇化视角的收入不平等对 CO_2 排放的影响研究 [J].经济经纬，2020，37（1）：25-31.

② 谭建立，赵哲.财政支出结构、新型城镇化与碳减排效应 [J].当代财经，2021（8）：28-40.

③ 陈林，万攀兵.城镇化建设的乡镇发展和环境污染效应 [J].中国人口·资源与环境，2021，31（4）：62-73.

④ 刘加林.环境约束视角下我国绿色经济增长区域差异性影响研究：基于省级动态面板数据分析 [J].湘潭大学学报（哲学社会科学版），2013（2）：69-73.

⑤ 谢秋皓，杨高升.新型城镇化背景下中国区域绿色发展效率测算 [J].统计与决策，2019（24）：132-136.

高赢以中国八大综合经济区（东北、北部沿海、东部沿海、南部沿海、黄河中游、长江中游、西南、西北）为例，考察各影响因素对绿色发展绩效的影响方向和大小；结论发现，城镇化对城市绿色绩效水平的提升表现出显著的积极影响①。罗能生、李佳佳、罗富政利用中国1999—2011年省际面板数据，基于超效率 DEA 方法，在测度区域生态效率的基础上，研究了中国绿色发展绩效与城镇化水平的关系，研究发现城镇化水平与绿色发展绩效呈非对称 U 形关系，城镇化对绿色发展的影响处于促进阶段②。

部分文献研究表明近年来城镇化对中国绿色发展绩效具有阶段性的影响，但最终都会起到积极作用。王兵等运用环境范围调整测度（RAM）模型测算了 2005—2010 年中国 112 个环保重点城市的绿色发展效率，使用 Bootstrap 截断回归模型对城镇化与绿色发展绩效的关系进行了实证研究。研究发现，居民城镇化对绿色发展绩效具有显著的正向影响，土地城镇化起着显著的负向影响，而就业城镇化、经济城镇化和综合城镇化对绿色发展绩效则产生显著的先抑制后促进的影响③。赵领娣等选取大西北和黄河中游经济区 62 个地级及以上城市 2003—2016 年的数据，运用全局非径向方向性距离函数构建绿色发展绩效指数（GDPI），运用基于拓展的 STIRPAT 模型来刻画城镇化与绿色发展绩效之间的非线性关系，发现在 77.3% 和 93.4% 的城镇化门槛值上，城镇化对绿色发展绩效具有前期消极抑制、中期微弱促进、后期积极促进三个阶段的影响④。岳立和薛丹以黄河流域为例，基于 2005—2017 年黄河流域沿线 57 个城市的面板数据，通过 Super-SBM 模型测算流域内各城市的绿色发展绩效，检验黄河流域绿色发展绩效的影响因素；回归得出城镇化与黄河流域绿色发展绩效之间呈现"U"型曲线的关系，前期抑制了城市绿色发展绩效，但过了一段时期，出现了转折点，开始起到了积极的作用⑤。

① 高赢.中国八大综合经济区绿色发展绩效及其影响因素研究 [J].数量经济技术经济研究，2019，36（9）：3-23.

② 罗能生，李佳佳，罗富政.中国城镇化进程与区域生态效率关系的实证研究 [J].中国人口·资源与环境，2013，23（11）：53-60.

③ 王兵，唐文狮，吴延瑞，张宁.城镇化提高中国绿色发展效率了吗？[J].经济评论，2014（4）：38-107.

④ 赵领娣，袁田，赵志博.城镇化对绿色发展绩效的门槛效应研究：以大西北、黄河中游两大经济区城市为例 [J].干旱区资源与环境，2019，33（9）：10-16.

⑤ 岳立，薛丹.黄河流域沿线城市绿色发展效率时空演变及其影响因素 [J].资源科学，2020，42（12）：2274-2284.

2.4　城市绿色发展的财税理论与综述

2.4.1　环保税相关理论

（1）外部性与外部性的解决

外部性这一概念的雏形是"外部经济"，马歇尔于1890年发表的《经济学原理》一书中第一次提到了这个概念①。此后，庇古又在此基础上将外部性问题区分为正外部性和负外部性。简言之，当市场经济主体的某项活动以市场机制之外的方式直接影响他人福利时，这种影响就是外部性。一个消费者或企业的行为给其他消费者或者企业带来了正效益，这是正外部性；如果该行为给其他消费者或企业造成了损失，即是负外部性。

就外部性的解决方案，庇古税与科斯定理的理论颇受学术界关注。其中，庇古税是指根据污染危害程度对排污者征税，用税收弥补排污者生产的私人成本与社会成本之间的差距，使得资源配置达到帕累托最优状态②。庇古在阐述外部性概念的同时，主张政府通过税收（即庇古税）或补贴来矫正外部性，形成了污染者付费和受益者补偿两种思路。科斯认为，如果交易费用为零，只要有清晰的产权界定，就可以通过市场交易和自愿协商达到资源的最优配置。

（2）双重红利假说

20世纪90年代，全球变暖和碳排放问题引发公众关注。Pearce为了证明碳税的必要性于1992年提出了"双重红利"这一概念。该理论指出：碳税可以用来替代现有扭曲性税收从而增加社会福利，只要在改革过程中实现"收入中性"，就可能同时改善环境质量和增加社会福利。其后，Glouder又对"双重红利"的内涵进行了拓展，并据此提出了"双重红利"的三种形式③。一是弱式"双重红利"，即环境税收筹集的收入可以补偿降低扭曲性税种税率所减少的收入，而且不需要付出一次性税收返还方案的经济成本和时间成本，这样节省下来的所有成本就是弱式"双重红利"的规模大小，学术界一般都承认弱式"双重红利"的存在。二是中间形式的"双重红利"，即环境税收替代现

---

①　阿尔弗雷德·马歇尔. 经济学原理 [M]. 北京：华夏出版社，2005.

②　阿瑟·塞西尔·庇古. 福利经济学 [M]. 北京：华夏出版社，2017.

③　BOVENBERG A L，GOULDER L H. Optimal Environmental Taxation in the Presence of Other Taxes：General-Equilibrium Analyses [J]. The American Economic Review，1996，86（4）：985-1000.

有的某种扭曲性税种的替代成本为零或者很小，综合考虑环境税收带来的正的环境收益，因此整体来说净收益为正，这个净收益就是中间形式的"双重红利"的规模。三是强式"双重红利"，即认为无论用环境税收替代哪一个现有的扭曲性税种，这一替代行为的总成本都是为零或者很小的，因此净收益为正。

（3）波特假说

经济学家 Porter 在 1995 年指出：合理的环境规制能够迫使企业放弃原先无效率的高污染生产方式，增加环境保护意识并采取主动的研发创新行为，对由于环境规制产生的减排的负担进行弥补，企业会通过创新补偿在市场上占据优势，最终提高自身的竞争力和行业的影响力，该理论被称为"波特假说"。1997 年，Jaffe 又通过梳理因果关系将波特假说拓展到两个层面[1]。该理论的第一个层面解释了技术创新对企业整体竞争力的影响，被称为"强波特假说"；第二个层面立足于研究环境规制的技术创新效应，即适当的环境规制能够激励企业技术创新，被称为"弱波特假说"。此后，在各国学者的逐步推演中，"波特假说"又衍生出了"狭义波特假说"，该假说指出了不同类型的环境规制工具对企业创新激励作用的差异化，并认为灵活的市场型规制工具比命令型规制工具更能够增强企业创新的动力。

2.4.2 环境保护财政支出理论与综述

政府通过环境保护财政支出影响全社会的环保行为，从而促进经济增长和绿色发展。环境保护财政支出通过促进工业企业进行技术转型和公众绿色生活方式的转变，从而改变经济运行中生产和消费的效率，提升城市绿色发展绩效水平。

对于环境保护财政支出对生态环境治理的影响，多数研究认为政府的环境保护财政支出对改善环境质量有显著的正向促进作用。一方面，通过为企业的技术创新提供补贴鼓励其研发新技术减少污染物排放；另一方面，通过提供资金的方式对现有的环境污染进行治理。臧传琴和陈蒙通过研究环境保护财政支出与污染物排放的关系，得出环境保护财政支出对改善环境质量发挥着积极作用，且环境保护财政支出每增加 1%，环境质量水平可提高 3.4%[2]。黄珺和余

---

① JAFFE A B, PALMER K. Environmental Regulation and Innovation：A Panel Data Study ［J］. Review of Economics and Statistics, 1997, 79 （4）：610-619.

② 臧传琴，陈蒙. 财政环境保护支出效应分析：基于 2007—2015 年中国 30 个省份的面板数据 ［J］. 财经科学, 2018 (6)：68-79.

朝晖基于中国 2007—2015 年的省级面板数据，实证研究了中国环境保护财政支出的现状，研究发现中国目前环境保护财政支出对生态环境治理的影响符合环境库兹涅茨曲线且已经位于曲线的拐点右侧，这代表环境保护财政支出有利于保护环境，且明显大于环境治理投资所起到的效用①。

同时学者们也发现地方政府环境保护财政支出对地区环境质量表现出正向空间溢出效应，即环境保护财政支出不仅有利于改善本地区的环境质量，同时也会向相邻地区溢出，对相邻地区的环境保护也起到积极作用。田淑英等基于中国 31 个省（自治区、直辖市）的数据，实证研究了政府环境保护财政支出对生态环境治理的影响，研究发现环境保护财政支出每增加 1%，废水排放量降低 1.3%；且环境保护财政支出存在对社会环保投资的引致效应，即财政支出每增加 1%，社会投资增加 1.2%②。李志美和雷良海将环境保护财政支出分为环保事务类、污染治理类、基础预防类和节能类，分析环保支出结构对环境污染的影响。研究发现，污染治理类和基础预防类支出对环境污染治理更有效，环保支出不仅对本地生态环境改善起到积极作用，而且环境治理的外部性也能对相邻地区的环境治理起到积极作用③。

中国地方政府之间存在环境保护支出策略互补型或策略替代型竞争，地方政府官员的晋升与当地经济绩效挂钩，因此地方政府官员为了获得晋升就必须推动当地经济发展，通常会通过改变当地财政收支规模和结构来引进资源和投资。赵宵伟选取 2004—2009 年地级市以上城市的经验数据，运用空间杜宾面板模型试图识别出地方政府间环境规制竞争策略，研究得出地方政府的政策存在明显的策略博弈行为④。李胜兰、初善冰、申晨运用 DEA 方法测算了1997—2010 年中国 30 个省（自治区、直辖市）的区域生态效率，研究得出地方政府的环境保护财政支出存在明显的相互模仿行为，中国地方政府间的环境保护财政支出无论是在财政支出规模上还是在财政支出总量上均存在竞争⑤。

① 黄珺，余朝晖.环境治理投资与财政环保支出对环境污染的影响：基于面板模型的比较分析 [J].生态经济，2018 (7)：83-87.

② 田淑英，董玮，许文立.环境保护财政支出、政府环境偏好与政策效应：基于省际工业污染数据的实证分析 [J].经济问题探索，2016 (7)：14-21.

③ 李志美，雷良海.地方政府节能环保支出环境效应研究 [J].北京邮电大学学报：社会科学版，2018 (6)：89-96.

④ 赵宵伟.地方政府间环境规制竞争策略及其地区增长效应 [J].财贸经济，2014 (10)：105-113.

⑤ 李胜兰，初善冰，申晨.地方政府竞争、环境规制与区域生态效率 [J].世界经济，2014 (4)：88-110.

2.4.3 环保税与环境污染相关文献

2.4.3.1 环境保护税的改革研究

排污费改环境保护税的积极意义得到学术界的普遍认可，但是环境保护税开征以来，仍然存在一些理论层面和实践层面的不足。许多学者就环境保护税如何发挥效用提出了改革建议，这有助于进一步释放环境保护税的政策效应，其中就包括对企业创新的激励效应。

（1）税率设计

环境保护税税率的最优水平尚不明确，学者对是否应该提高环境保护税税率存在不同的看法。毕茜等认为应该进一步提高环境保护税的税率，这会促进企业增加环保投资从而提高环保技术创新水平[①]。胡学龙、杨倩认为税率设置不能"一刀切"，而是要结合各地的治污目标和实际环境污染情况，并且不能一开始就把税率定得很高。要结合企业的承受能力，结合本地区的污染治理投入和环境保护支出不断调整税率水平，筹集专项收入，使得税负水平与地区实际相匹配[②]。吴茵茵、徐冲和陈建东将差异化环境保护税引入一般化寡头市场微观模型来模拟预测现行环境保护税的综合影响效应。研究发现税率实行差异化或一致化都未必能实现环境红利，因为提高税率会抑制经济产出，却不一定能够实现污染减排。特别是如果不进行技术创新的引导，一味地提高污染排放强度较低企业的适用税率，很可能会引发企业间的产能转移，进而导致污染排放总量的增加[③]。卢洪友、刘啟明、祁毓从排污费征收标准改革的视角，研究排污费征收标准的变化对重点种类的污染物排放量的影响。研究表明提高环境税负对不同污染物的减排效应存在异质性，比如对二氧化硫、氮氧化物的减排有正向激励，而对化学需氧量的减排有"负向激励"[④]。

（2）配套政策

金融政策方面，吕明晗、徐光华、沈弋认为宽松的货币政策有利于给企业绿色转型提供稳定、充足的外部资金供给和增加管理层的乐观情绪，增强环保

[①] 毕茜，于连超. 环境税的企业绿色投资效应研究：基于面板分位数回归的实证研究 [J]. 中国人口·资源与环境，2016，26（3）：76-82.

[②] 胡学龙，杨倩. 中国环境保护税制度改进及征收管理研究 [J]. 税务研究，2018（8）：119-122.

[③] 吴茵茵，徐冲，陈建东. 不完全竞争市场中差异化环保税影响效应研究 [J]. 中国工业经济，2019（5）：43-60.

[④] 卢洪友，刘啟明，祁毓. 中国环境保护税的污染减排效应再研究：基于排污费征收标准变化的视角 [J]. 中国地质大学学报（社会科学版），2018，18（5）：67-82.

责任意识。财政政策方面，财政补贴有利于企业适应和配合环境保护税的实施①。孙少芹和邢戬认为企业的绿色创新方面的技术投入随着地方政府环保财政补贴的增加而增加，要想让企业的生产模式产生质变，就必须要加大环保技术投入，从根本上解决污染物排放问题②。

（3）征收管理

陈阵认为当前环境保护税的主要问题在于税收征管的低效率。例如信息不对称导致执法成本高、税款流失；征管技术落后导致数据分析、信息交互不便；征管工作还有很多细节需要规范。因此，税务部门要尽快开展"放管服"，实现环境问题共治来消除信息不对称，提升征管服务的智能化、信息化水平，充分运用大数据，进一步完善税务部门和环保部门的对接合作机制，对存疑排污情况进行细致复核③。丁道兵和许建国建议要进一步明确征管流程中各个环节的责任主体，才能够贯彻落实好环境保护税政策的征管工作。环境保护税会涉及环境部门和税务部门之间的工作对接，因此要明确双方的信息传递和合作征管的细节④。

2.4.3.2 环境税与产业结构调整

从行业内部企业竞争与结构转变视角出发，大量文献研究成果表明征收环境税能够淘汰高污染、高排放的企业，提升清洁企业在行业中的竞争力，从而推动整个行业向着绿色发展方向转型升级。林思宇等通过分析湖南邵阳高COD排放行业征收环境税的影响，发现基于行业治理成本征税有利于淘汰行业中高污染的落后产能，促进行业整体资源优化配置，从长远来看有利于整个行业的发展⑤。从环境税对企业竞争的内在影响视角出发，王树强等构建了多寡头排污企业间动态演化产量博弈模型，研究发现整个污染行业的竞争格局因环境税的征收而发生转变，环境税产生的成本差异促使清洁企业在行业竞争中占据优势，一定程度上促进了整个行业向着绿色化转型升级⑥。

---

① 吕明晗，徐光华，沈弋.货币政策与企业环保投资行为：中国重污染行业上市公司的证据 [J].经济管理，2019，41（11）：55-71.

② 孙少芹，邢戬.环保税开征下的政府补贴和企业行为再选择 [J].经济与管理，2019，33（5）：87-92.

③ 陈阵.环境保护税征管中存在的问题及对策研究 [J].税务研究，2019（6）：115-117.

④ 丁道兵，许建国.完善环境保护税征管制度的几点思考 [J].税务研究，2019（3）：104.

⑤ 林思宇，石磊，马中，文扬.环境税对高污染行业的影响研究：以湖南邵阳高COD排放行业为例 [J].长江流域资源与环境，2018，27（3）：632-637.

⑥ 王树强，耿明阳，庞晶.环境税制下污染行业竞争结构的动态演化分析 [J].工业技术经济，2019，38（3）：95-103.

从行业间竞争与产业结构调整视角出发，很多学者利用不同的分析模型研究环境税对污染行业与清洁行业的影响。秦昌波等利用环境经济一般均衡分析系统（GREAT-E 模型）分析环境税改革后不同税率水平对产业结构和要素需求的影响。模拟结果表明征收环境税后，重污染行业由于成本增加而减少生产规模，释放出的资本和劳动力等要素资源被转移到清洁产业，清洁产业加快发展，重污染行业受到抑制，征收环境税有利于产业结构优化调整①。Liu 等构建了包括环境规制、要素投入结构、产业转型在内的理论模型，并基于产业异质性下环境规制影响机制的差异性进行了政策模拟。结果表明，环境规制对产业转型的影响表现为资源配置扭曲效应与技术效应的对比。当环境规制的技术效应大于资源配置的扭曲效应时，环境规制将促进产业转型。特别是环境规制对清洁产业的技术创新具有显著的激励效应和溢出效应，但在污染密集型产业中并不存在②。

2.4.3.3 环境税的绿色技术创新效应

"波特假说"表明适当的环境规制能够促进企业进行绿色技术创新活动，进而降低企业生产成本，增强企业在市场中的竞争力。环境规制能够显著促进绿色全要素生产率已经被很多研究成果所证明，温湖炜和周凤秀以中国内地30 个省（自治区、直辖市）为研究对象，运用双重差分法发现在环境规制政策实施后二至五年能够显著提高省域绿色全要素生产率③。然而也有学者发现环境规制对绿色创新的效应具有滞后性，于连超等研究发现这种滞后性具体表现为当期环境税显著地提高企业下期和下下期的绿色创新水平④。

为更加深入地研究环境税与企业绿色创新之间的关系，许多学者致力于探求环境税与创新之间的路径关系。基于环境税与创新投入之间的关系视角，于连超等建立门槛回归模型，研究表明环境税可有效地提高企业创新投入但存在门槛效应，即当环境税小于门槛值 17.250 时，环境税并不能有效地提高企业

① 秦昌波，王金南，葛察忠，等. 征收环境税对经济和污染排放的影响 [J]. 中国人口·资源与环境，2015，25（1）：17-23.

② LIU W, TONG J, YUE X, et al. How Does Environmental Regulation Affect Industrial Transformation? A Study Based on the Methodology of Policy Simulation [J]. Mathematical Problems in Engineering: Theory, Methods and Applications, 2016, 2405624.

③ 温湖炜，周凤秀. 环境规制与中国省域绿色全要素生产率：兼论对《环境保护税法》实施的启示 [J]. 干旱区资源与环境，2019，33（2）：9-15.

④ 于连超，张卫国，毕茜. 环境税会倒逼企业绿色创新吗？[J]. 审计与经济研究，2019，34（2）：79-90.

创新投入；当环境税达到门槛值 17.250 后，环境税才能够显著地提高企业创新投入。同时，中国目前约 90%工业上市公司未达到门槛值 17.250[①]。李香菊等构建了地区竞争、环境税与企业绿色技术创新三者之间的理论分析框架，结果表明环境税对企业绿色技术创新的影响呈倒"U"形，即随着环境税的增加，企业绿色技术创新水平不断提升，待环境税到达一定水平后，税负过重反而不利于绿色技术创新。排污费对企业绿色技术创新的影响呈"U"形，排污费整体负担较低，排污费的缴纳似乎为企业排污提供了正当的理由，所以企业绿色技术创新水平下降。只有排污费达到一定水平后，企业绿色技术创新才会随着排污费的增加而增加。环境规制可以促进企业开展技术创新，但是却并不一定增强企业的竞争力[②]。从环境规制与企业竞争力关系的视角，杜龙政等运用全局曼奎斯特-鲁恩博格生产率指数重新估算了 2001—2016 年中国 30 个省（自治区、直辖市）的工业绿色竞争力，再利用广义最小二乘法和系统广义矩估计等计量方法，系统考察了环境规制、治理转型对中国工业绿色竞争力提升的复合效应，发现中国环境规制（使用工业污染源治理投资度量）与工业绿色竞争力之间呈现"U"形曲线关系。短期的环保投入增加企业成本负担，会削弱企业竞争力，长期来看环境规制会刺激企业创新，获得"创新补偿"，弥补"规制成本"而实现双赢[③]。

2.4.4 财政分权与绿色发展相关文献

关于财政分权对绿色经济效率的影响效果，学者们通过研究得出了三种不同的结论。一是财政分权能促进绿色经济效率的增长。肖挺和戴伟研究发现，财政分权在短期内可以激励地方政府治理污染，从而提升环境全要素生产率，但在长期内仅仅依靠放权给地方政府反倒会使得经济发展以及环境保护矛盾恶化[④]。林春在测算经济全要素生产率时，纳入了能源和环境因素，分别测算了三种财政分权指标计算出的财政分权度对经济全要素生产率的影响。研究结果

---

① 于连超，张卫国，毕茜.环境税的创新效应研究 [J].云南财经大学学报，2018，34（7）：78-90.

② 李香菊，贺娜.地区竞争下环境税对企业绿色技术创新的影响研究 [J].中国人口·资源与环境，2018，28（9）：73-81.

③ 杜龙政，赵云辉，陶克涛，等.环境规制、治理转型对绿色竞争力提升的复合效应：基于中国工业的经验证据 [J].经济研究，2019，54（10）：106-120.

④ 肖挺，戴伟.财政分权体制下中国两类全要素生产率变化的比较研究 [J].现代财经（天津财经大学学报），2015，35（8）：44-56.

显示，财政分权能显著促进经济全要素生产率的提高，且促进效果因地区而异：西部>中部>东部。二是财政分权会抑制绿色经济效率的提高[1]。肖远飞和吴允研究发现：中国省际绿色全要素生产率具有空间溢出效应；财政分权的提高不仅会引起本地区绿色全要素生产率的下降，也会造成周边地区绿色全要素生产率的下降[2]。三是财政分权对绿色经济效率的影响存在地区异质性，不同区域影响不同。杨志安和王佳莹研究发现全国及东部、西部地区的财政分权对绿色全要素生产率存在显著的抑制作用，中部地区则与之相反[3]。张建伟研究发现财政分权对绿色全要素生产率和绿色技术进步存在显著的反向抑制作用，而对绿色技术效率存在显著的正向促进作用。且财政分权对绿色全要素生产率的影响存在地区异性，在绿色全要素生产率的增长区具有显著的正向促进作用；在绿色全要素生产率的衰退区具有显著的反向抑制作用[4]。

在财政分权对绿色经济效率的影响路径上，相关研究主要涉及地方政府竞争、环境规制、晋升激励、产业集聚等。周敏等研究发现，财政分权显著改善了能源生态效率，而地方政府间经济竞争降低了能源生态效率。二者的交互项对能源生态效率的影响为负[5]。杜俊涛等建立了财政分权、环境规制与绿色全要素生产率的中介效应模型。研究表明，财政分权不利于绿色全要素生产率的提升和环境规制的实行，环境规制的提升促进了绿色全要素生产率的进步，财政分权通过环境规制的中介效应降低了对绿色全要素生产率的不利影响[6]。罗能生和王玉泽基于动态空间杜宾模型，检验了财政分权、环境规制对生态效率的影响。研究发现，在晋升激励体制下，财政分权对生态效率的影响是负向的，且这种负向影响通过区域间的"空间溢出"效应进一步导致生态效率的下降。随着环境规制强度的提高，财政分权对生态效率的作用将由"攫取之

---

① 林春.财政分权与中国经济增长质量关系：基于全要素生产率视角 [J].财政研究，2017 (2)：73-83.

② 肖远飞，吴允.财政分权、环境规制与绿色全要素生产率：基于动态空间杜宾模型的实证分析 [J].华东经济管理，2019，33 (11)：15-23.

③ 杨志安，王佳莹.财政分权与绿色全要素生产率：基于系统 GMM 及门槛效应的检验 [J].生态经济，2018，34 (11)：132-139.

④ 张建伟.财政分权对绿色全要素生产率的影响 [J].统计与决策，2019，35 (17)：170-172.

⑤ 周敏，王腾，严良，等.财政分权、经济竞争对中国能源生态效率影响异质性研究 [J].资源科学，2019，41 (3)：532-545.

⑥ 杜俊涛，陈雨，宋马林.财政分权、环境规制与绿色全要素生产率 [J].科学决策，2017 (9)：65-92.

手"向"援助之手"转变①。李光勤和刘莉通过固定效应模型考察了财政分权、环境规则与绿色经济效率的关系。结果表明：环境规制对绿色经济效率的提高具有正向作用，财政分权对绿色经济效率的提高具有负向作用，但效果并不明显，可通过环境规制对绿色经济效率产生促进作用②。杨刚强和李梦琴分析了在财政分权体制下，政治晋升对能源生态效率提升的影响，研究发现尽管财政分权对能源生态效率的影响为负，但财政分权和政治晋升的联合效应对能源生态效率的改善作用显著③。方杏村等运用面板数据模型分析了财政分权、产业集聚与绿色经济效率的关系。结果表明：财政分权、专业化产业集聚对绿色经济效率的影响为负，但财政分权可通过专业化产业集聚促进绿色经济效率的增长；多样化产业集聚对绿色经济效率的影响为正，但多样化产业集聚可通过财政分权抑制绿色经济效率增长④。

2.5 城市绿色发展的金融理论与综述

2.5.1 绿色金融理论

（1）绿色金融的起源和发展

绿色金融诞生于 20 世纪六七十年代，工业革命带来的环境问题将绿色环保的价值取向带入公众视野。二战后的西方发达国家在经历经济猛增的同时，也面临着资源短缺和环境污染等环保问题，公众对于绿色环保的价值取向以及由此延伸的公众消费选择使环境因素渗透到消费者的需求偏好中，进而推动经济金融部门关注环境问题。中国的绿色金融政策最早可追溯到 1995 年颁发的《关于贯彻信贷政策与加强环境保护工作有关问题的通知》，中国人民银行在通知中首次强调信贷政策要结合环境保护因素。随后，国家相关部委先后发布了一系列绿色金融相关政策，其中 2012 年由原银监会所发布的《绿色信贷指

---

① 罗能生，王玉泽.财政分权、环境规制与区域生态效率：基于动态空间杜宾模型的实证研究 [J].中国人口·资源与环境，2017，27（4）：110-118.

② 李光勤，刘莉.环境规制、财政分权与中国绿色经济效率 [J].华东经济管理，2018，32（1）：39-45.

③ 杨刚强，李梦琴.财政分权、政治晋升与能源生态效率提升：基于中国 257 个城市的实证 [J].宏观经济研究，2018（8）：41-51.

④ 方杏村，田淑英，王晓玲.财政分权、产业集聚与绿色经济效率：基于 270 个地级及以上城市面板数据的实证分析 [J].经济问题探索，2019（11）：164-172.

引》在绿色金融发展中具有里程碑意义。其明确了绿色信贷的重点领域和支持方向，要求在贷款审核中引入企业环境风险评估机制，加大淘汰落后产能的力度。2015 年，国务院在颁发的《生态文明体制改革总体方案》中首次提出建立绿色金融体系。2016 年，多部委联合印发了《关于构建绿色金融体系的指导意见》，该意见指明了绿色金融发展方向，同时，中国成为全球首个制定绿色金融顶层设计的国家。中国在 G20 峰会中将绿色金融纳入议题，有效引领和推动了绿色金融的国际化进程。在"十三五"期间，中国绿色金融实现了跨越式发展，从体系标准、披露监管、激励约束、产品和市场、国际合作等方面基本形成"五大支柱"。由此可见，中国绿色金融的发展在国家的支持下是令人瞩目的。

（2）绿色金融的内涵

绿色金融作为推动"绿色发展"的重要力量之一，不仅为经济可持续发展提供必要保障，而且为加快生态文明建设提供响应和支持。当前，中国经济从高速增长向高质量发展转变，经济增长的内涵有了质的变化，迫切需要新的金融支持方式，而经济可持续发展与金融之间的良性循环才能互相促进、相辅相成。绿色金融体系一方面为金融的可持续发展开辟了新的领域和机遇，另一方面也帮助突破了绿色发展所面临的资本约束，有效抑制污染型投资，为建设美丽中国做出贡献。

绿色金融的概念是由 G20 绿色金融研究小组在梳理回顾上世纪的国内外绿色金融发展历程后明确提出的，即能够促进环保和经济社会的可持续发展，对环保、节能等支持环境改善的领域所提供的金融服务。通过引导社会资本流向绿色发展领域，绿色金融所产生的环境正效益能够引导企业和消费者的绿色生产及消费理念，同时，也表明金融业自身应注重可持续发展性，避免过度投机行为。在投融资决策中把与环境相关的潜在因素融入考虑范围中，尤其是在金融活动中加强生态环境和污染相关的治理，注重绿色产业发展，以此促进可持续发展。一方面，绿色金融通过将定向信贷资源向低能耗和低污染的绿色项目倾斜、利用绿色债券直接融资等方式募集资金，这为经济可持续发展提供了资本生产要素。另一方面，绿色金融通过对技术创新及绿色新型产业提供资金支持，助推绿色技术进步，进一步促进节能环保技术发展，为经济可持续发展提供技术生产要素保障。从微观角度看，绿色金融为企业开展绿色发展领域的创新和技术进步提供支持，在传统金融面临供给不足的难题时，绿色金融为绿色产业新技术研发提供资金保障。

2.5.2 绿色金融的全球实践

（1）绿色信贷发展实践

绿色信贷是指商业银行通过引导信贷资金流入绿色产业，限制资金流入高污染等非环保领域，从而支持绿色发展、优化配置社会资本，同时提升银行参与环境的金融活动。在全球范围内，作为自愿性绿色信贷原则的"赤道原则"包含了新兴市场上绝大部分项目融资业务，兴业银行于2008年成为中国首家赤道银行。自2007年起，中国人民银行、原银监会、原国家环保总局陆续出台绿色信贷相关政策，从环评审批及验收、高污染行业的信贷投放要求、银行业绿色信贷支持重点领域、多指标授信政策、衡量企业能源效率等多角度对绿色信贷的内涵进行阐述，大力推进和支持绿色信贷业务。

从市场需求角度来看，绿色信贷可分为以下三个类别：一是向大型绿色发展项目投放的信贷，如2014年摩根大通向新能源发电项目所发放的优惠贷款。二是向小微绿色项目投放的信贷，如绿色房产抵押贷款、绿色技术租赁、能效贷款等。其中能效贷款可以帮助客户实现更高效的现代能源技术，如中国兴业银行与国际金融公司合作，采用损失分担和环境经济效益并重的评估尺度，所推出的能效贷款项目。三是向绿色消费领域投放的个人信贷，如绿色银行卡个人账户和新能源汽车消费贷等。

（2）绿色基金发展实践

绿色基金是为低碳经济和节能减排设立的专项投资基金，其资金来源广泛，在绿色金融体系中发挥举足轻重的作用。绿色基金将发展绿色产业、减少环境污染作为目标，将所募集的资金投资于绿色标的，聚焦于雾霾、水环境、土壤等治理，这种基金模式将经济收益与生态发展相结合，引导资金流入绿色产业。1982年，美国推出首只绿色投资基金——Calvert Balanced Portfolio A，将环境指标纳入企业考核标准。随着可持续发展成为全球战略议题，一大批绿色基金应运而生，社会责任投资规模扩大，绿色基金得到迅速发展。2002年，中国首支投资于清洁技术的基金——中国环境基金成立，2016年在"十三五"规划中明确提出"设立绿色发展基金"，同年多部委联合出台指导意见。

当前，中国绿色基金发展有以下特点：一是各级政府先后成立绿色基金。不同于国外的是，中国政府作为绿色基金的发行主体，具备天然的信用背书，可以降低投资者的风险厌恶从而引导民间资本流入。二是绿色股权投资比例较高。在已备案的绿色基金中，股权投资类占比超60%，其余类型占比较少。三是绿色基金投资具有前景。在"十三五"期间，中国在环境修复、能源与资源节约、可持续能源等领域的绿色融资需求巨大，随着对绿色产业的需求持续扩大，绿色基金的发展前景必定愈加广阔。

（3）绿色债券发展实践

绿色债券作为融资工具，兼具"债券"和"绿色"的功能，将募集基金投向能源效率改进、可再生能源等绿色项目。部分投资项目能够享受国家或地方政府的优惠政策和相关补贴，这意味着融资成本更低，并且能够促进投融资双方致力于环境保护项目。此外，绿色债券具备更为严格的信息披露要求和更透明的资金用途，在一定程度上减少了投资者的风险。2007 年欧洲投资银行发行了全球首支气候意识债券，奠定了国际绿色债券市场的初始阶段。自2013 年起，全球绿色债券发行规模进入快车道，发行人以国际金融机构和开发金融为主，发行期限以短期为主，与绿色项目的开发周期相关联。在中国，发展绿色债券需要关注以下几点：一是确定绿色项目的衡量标准，监管部门应当充分考虑与国际接轨，制定分类标准，确保全球发行顺畅。二是实行募资基金专户管理。将绿色债券与其他债务工具相区分，单独跟踪与管理。三是支持绿色债券的第三方认证。按照国际通用办法，由独立的专业机构出具绿色认证，以此吸引投资者。四是出台激励政策及配套措施。相关部门可以考虑提供优惠政策，提高债券发行人的积极性。

（4）碳金融发展实践

碳金融泛指为限制温室气体排放而服务的金融活动，包括为低碳项目开发的直接投融资、碳指标交易等。从狭义上来看，碳金融包括以碳排放权为标的进行交易的金融活动，如碳期货、碳期权等。全球对碳排放的控制导致了碳金融的产生，以环境生态权交易理论为基础的碳金融将污染物资产化，助力实现碳排放权的有效配置。当前，许多国家和地区建设碳市场来控制温室气体排放，国际主要碳市场的稳定性持续提高，通过对碳市场进行政策框架设计，提高了市场有效性，同时有助于维持碳价稳定。中国的碳市场建设进入加速推进阶段，试点碳市场正在积累交易规模、探索碳金融产品创新。但由于正处初步探索阶段，交易主体集中于碳现货，其金融属性并未得到充分开发。

2.5.3　城镇化与绿色金融

在以可持续发展为前提的城镇化进程中，金融支持与服务对基础设施完善、企业转型升级和产业结构优化都具有重要作用，而绿色金融作为优化资源配置的关键工具，不仅能够提供必要资金以发挥传统金融的融资功能，而且能够引导绿色投资，从生态保护角度促进经济发展方式的转变。城镇化发展面临资源消耗和环境破坏的困境，而绿色金融在"环境污染—缺钱治理—继续污染"的恶性循环压力下呈现出"自上而下"的发展模式。首先，相关法律法规及政策的出台，使绿色金融具备健全的法律保障和事实依据，从而提高其对于城镇化的支持效率。其次，从顶层设计出发宣传绿色发展理念，能够帮助公众、企业和整个社会转变生产生活理念，进一步实现城镇化的绿色转型升级。最后，绿色金融具备调整资本配置方向的功能，通过对融资便利性和成本进行差异化设计，对资金定价和规模、风险管控、授信额度和期限等方式配置资金，引导生产要素聚集于绿色产业，从而推动实现绿色规模经济。综上所述，绿色金融对城镇化的支撑作用主要有提供资金支持、促进技术创新、提高资本配置效率和优化产业结构四个方面。

（1）提供资金支持

绿色生产力作为城镇化建设的目标之一，其赖以生存的生产要素和公共环境需要绿色金融为之提供资金支持。在中国供给侧结构性改革的背景下，引导优质资源向小城镇倾斜的目的在于提高城镇化建设质量，但这对城镇公共基础设施提出了更大的挑战。因为公共基础设施具备建设周期长、沉没成本高、资金周转慢的特点，所以对资金支持提出了更高的要求。在传统金融无法解决时，绿色金融可以动员其储蓄功能，通过机构组织吸纳社会限制资金，运用绿色债券、绿色信贷、绿色基金等多元化融资工具实现资金的自由流通和安全存放，为城镇化的基础设施建设提供资金支持，助力城镇化发展中的人口、技术等规模扩张。

（2）促进技术创新

经济实现长期稳步增长的根本动力是技术进步，因而城镇化的核心是推动绿色产品的研发和制造，即在保护农业、环境和生态的基础上实现社会的可持续发展。绿色技术作为城镇化发展的关键，必须依赖于绿色金融的支持[①]。一方面，绿色金融可以提供长期资本和风投等方式来支持生态低碳技术和信息科技等创新活动；另一方面，由于创新技术的高风险性和高成本性，在研发及前期推广阶段缺乏资本支持，所以创新技术很难研发成功和创造效益。此时，通过绿色金融体系的相应机制来引导资本流入，促进绿色技术成功的研发和转

---

① 王遥，孙司宇，唐一品. 绿色金融的国际发展现状及展望 [J]. 海外投资与出口信贷，2016 (6)：14-16.

化，可以对城镇化发展中环境友好型项目的实施起到很好的促进作用。

（3）提高资本配置效率

绿色金融可以通过信贷倾斜、门槛设定、利率浮动等货币金融政策，用合理的金融合约将资金向环保措施严格、资源利用率高、环保风险低的绿色生产领域集聚[①]。这不仅能为绿色生产生活提供资本要素，而且能够带动绿色产业的运行，为投资者带来超额收益。因此，从资源配置效率角度来看，绿色金融的高效有助于节能减排，进而达到环境保护、节约资源等城镇化可持续发展目标。

（4）优化产业结构

城镇化发展中涉及在新经济发展阶段的产业结构调整，而产业结构调整的本质是不同产业部门之间资本的重新配置。换句话说，城镇化相当于由资本重新配置所引发的产业结构调整。如前文所言，资本的有效配置依赖于绿色金融体系，因此利用好绿色金融工具能够帮助城镇化进程中的产业结构进行调整。城镇化通过积累技术资本和人力资本使得经济可持续增长，加速产业结构升级推动第一产业向第二产业和第三产业发展，使得剩余劳动力从农村向城市转移。但由于过去中国产业发展中的绿色产业占比较低，长期的粗放型产业发展使环境问题加剧。因此，需要提高高附加值产业、技术密集型产业的占比来合理优化产业结构。绿色金融将资金引向新能源、信息技术、新材料等绿色产业，推动产业间的相互服务和共同发展，能够有效培育清洁节能产业和新兴高技术产业，助力产业结构转型升级[②]。

2.5.4　城镇化与绿色金融文献综述

西方学者对于城镇化与绿色金融的研究旨在解决城镇化进程中的能源消耗和环境污染问题，通过分析城镇化与金融发展之间的互动关系来探讨绿色金融促进城镇化发展的支持途径。他们认为进行金融创新来应对环境变化能够促进城镇化发展，同时可以通过对基础设施建设的绿色投资来减少碳排放。现阶段不少学者更关注碳排放的成本效益和融资模式的研究。中国的绿色金融发展相较于西方略缓慢，大部分国内研究停留在绿色金融政策和城镇化水平发展评价方面的分析。中国学者立足于中国国情，在研究中发现现有绿色金融制度框架

---

① 安伟. 绿色金融的内涵、机理和实践初探 [J]. 经济经纬，2008 (5)：156-156.

② 马骏. 论构建中国绿色金融体系 [J]. 金融论坛，2015，20 (5)：18-27.

上的缺陷，提出了一系列改善绿色金融创新的建议。

在城镇化与金融发展的关系方面，Black 和 Henderson 研究发现在一个内生经济增长和外生人口增长的经济系统内，城市具有专业化生产能力，区域信息溢出将会促进人口集聚和人力资本水平的积累，从而促进城市内生增长。城市数量的增长是伴随着区域人力资本积累和知识溢出而发生的[①]。Zhang 研究认为，城镇化最终将导致生育率下降，相对于农村居民，城市居民有更多机会增加收入和接受教育，人力资本投资增长将快于人均收入的增长，城市居民人力资本水平得到提升[②]。人力资本的增长一方面支撑了经济增长，缓解了碳排放增长的压力，另一方面，相对于物质资本，人力资本是更加清洁的生产要素，为企业发展提供了更加清洁的生产技术选择[③]。人力资本还可以促进技术进步，推动经济发展向清洁化和低碳化方向转变，从而增强经济增长中的能源利用效率。熊向辉和徐璋勇将中国 31 个省份的金融因素对城镇化建设的影响展开研究，结论表明财政支持是推动城镇化的重要因素[④]。廖茂林和李芳以金融发展速度为门限变量，通过 TVAR（门限向量自回归模型）对城镇化金融支持门限效应开展实证研究，结果显示提高金融发展速度能够使城镇化和工业化的协调发展更显著[⑤]。在绿色金融对城镇化的支持方面，冯奎和贾璐宇从金融、财政、产业和社会等方面分析现有城镇化发展政策的特点和缺陷，认为应当积极发展绿色金融，设立绿色资金来解决资金缺乏的问题，并提出了优化建议[⑥]。俞思静和徐维祥以中国 25 个城市为例，采用 PLS 路径模型和耦合模型衡量城镇化和金融产业集聚的耦合关系[⑦]。

① BLACK D, HENDERSON V. A theory of urban growth [J]. Journal of Political Economy, 1999, 107 (2): 252-284.

② ZHANG J. Urbanization, Population Transition, and Growth [J]. Oxford Economic Papers, 2002 (54): 91-117.

③ 黄菁. 环境污染、人力资本与内生经济增长：一个简单的模型 [J]. 南方经济, 2009 (4): 3-11.

④ 熊湘辉, 徐璋勇. 中国新型城镇化进程中的金融支持影响研究 [J]. 数量经济技术经济研究, 2015 (6): 73-89.

⑤ 廖茂林, 李芳. 中国城镇化、工业化协同发展的金融支持路径研究 [J]. 福建论坛：人文社会科学版, 2019 (2): 34-39.

⑥ 冯奎, 贾璐宇. 我国绿色城镇化的发展方向与政策重点 [J]. 经济纵横, 2016 (7): 27-32.

⑦ 俞思静, 徐维祥. 金融产业集聚与新型城镇化耦合协调关系时空分异研究：以江浙沪为例 [J]. 华东经济管理, 2016, 30 (2): 27-33.

2.6　城市绿色发展与公众绿色消费行为理论与综述

2.6.1　绿色消费理论

2.6.1.1　绿色消费的概念

英国学者 John Elkington 与 Julia Hailes 于《绿色消费者指南》一书中首次提出了"绿色消费"概念，此书中将绿色消费定义为避免对某些商品进行消费的一种消费方式，由其定义可简单地将绿色消费归纳为一种这样的消费方式：消费的产品是无污染、不会浪费资源且对人的安全和国家发展是无害的。李明生提出了以绿色价值观对绿色消费内涵进行阐述的观点[①]，认为绿色消费已经形成价值观的一种，绿色消费观其实质就是以合理利用和保护资源环境、节约和高效地使用物质财富，实现人类可持续发展为宗旨和行为规范的科学、适度消费和文明消费观，其核心是可持续消费。陈启杰等又以消费模式作为立足点结合可持续发展理念对绿色消费进行定义，其定义得到进一步发展，将可持续发展与绿色消费紧密联系起来[②]。他们认为绿色消费模式是绿色消费内容、结构和方式的总称。绿色消费模式是一定社会形态和生产关系下绿色消费者与绿色消费资料的结合方式，并提出绿色消费是贯彻可持续发展的题中之义，是落实邓小平同志消费思想的有效措施。井绍平提出绿色消费是倡导绿色营销观念进程中所诱发的潜在消费需求[③]，消费者的绿色消费由消费者的认知过程、情感过程及意志过程三者所构成，进而形成市场的绿色需求。我们今天所提倡的绿色消费一般是指国际上通用的概念"5R"[④]，即：节约资源，减少污染（reduce）；绿色生活，环保选购（reevaluate）；重复使用，多次利用（reuse）；分类回收，循环再生（recycle）；保护自然，万物共存（rescue）。

2.6.1.2　绿色消费的相关研究综述

国内学者对于绿色消费的相关研究主要是借助于数据分析和建立模型的手段进行。劳可夫和吴佳以计划行为理论（Theory of Planned Behavior，简称

---

① 李明生.试论绿色消费观［J］.经济学动态，2000（8）：9-13.

② 陈启杰，楼尊.论绿色消费模式［J］.财经研究，2001（9）：25-31.

③ 井绍平.绿色营销及其对消费者心理与行为影响的分析［J］.管理世界，2004（5）：145-146.

④ 徐盛国，楚春礼，鞠美庭，等."绿色消费"研究综述［J］.生态经济，2014，30（7）：65-69.

TPB）作为分析工具，从信息加工的角度解释了人类绿色消费行为，绿色消费行为是消费者在商品的购买、使用和后处理的过程中努力保护生态环境并使消费对环境的负面影响最小化的消费行为①。部分学者还通过心理学相关理论对公众绿色消费行为进行研究。王汉瑛等提出采用刻板印象内容模型和积极心理学来对公众绿色消费进行阐述的观点②。绿色消费存在着绿色态度与行为偏差，在绿色消费的研究框架内，兼顾双重诉求的有限道德假设和有限自利假设更为贴切。采用引入刻板印象内容模型和积极心理学，构建了一个使温暖和能力通过崇敬情绪协同作用于绿色消费意愿的理论框架；并采用实验法、多项式回归和响应面分析技术对消费者认知、情绪及行为进行三维立体分析，得到公众绿色消费的结论。杜松华等学者以目标框架理论作为切入点结合中国现状提出利用电商平台实现以电子游戏促进绿色消费的新兴观点，指出采用短期和长期两种游戏驱动的路径均可促进消费者绿色消费行为，并提出相应的理论框架和实践路径③。施卓敏和张彩云则基于道德凭证模型从后续影响的角度对绿色消费进行了分析④。两者指出对于绿色消费行为的激励可能导致过度消费，从而对环境产生负面影响，与消费初衷背道而驰。消费者在从事经济活动时，要避免陷入这种"绿色消费陷阱"，正确区分利己和利他型诉求，合理进行绿色消费。李志兰等学者以理论模型和实证分析的方式对绿色消费的影响机制进行了研究⑤。他们指出主观规范和公共媒体对绿色消费的影响是以消费者心理因素作为中介因子产生的，与此同时，溢价支付意愿可作为调节因子来完善绿色消费理论体系。因此，政府及企业对于绿色消费意向的引导可从溢价支付意愿和消费心理作为切入点，调节并促进绿色消费。

2.6.2　城镇化与绿色出行文献综述

随着城镇化进程的推进，城市交通与能源、环境之间的矛盾日益严峻，城市低碳交通建设和居民绿色出行越来越受到国内外学者的关注。具体地，在城

①　劳可夫，吴佳. 基于 Ajzen 计划行为理论的绿色消费行为的影响机制 [J]. 财经科学，2013（2）：91-100.

②　王汉瑛，邢红卫，田虹. 定位绿色消费的"黄金象限"：基于刻板印象内容模型的响应面分析 [J]. 南开管理评论，2018，21（3）：203-214.

③　杜松华，徐嘉泓，张德鹏，等. 游戏化如何驱动电商用户绿色消费行为：基于蚂蚁森林的网络民族志研究 [J]. 南开管理评论，2021（10）：1-19.

④　施卓敏，张彩云. 消费者为何会落入绿色消费陷阱？绿色消费对过度消费的影响研究 [J]. 南开管理评论，2021（4）：1-17.

⑤　李志兰，马小娜，马勇. 主观规范和公共媒体影响对绿色消费意向的影响机制：一个被调节的中介模型 [J]. 软科学，2019，33（11）：113-119.

镇化道路上实现绿色出行的途径呈现出由结构性、技术性以及制度性三个因素主导所形成的绿色出行方式。

2.6.2.1 城镇化中结构性因素与绿色出行的综述

城镇化所带来的结构性因素对绿色出行的影响较为具体地体现在转变了居民交通的出行行为，共享交通得到广泛应用。所谓共享交通，是指通过市场机制，基于交通工具使用权暂时转移的一种交通服务供给模式，具体形式包括共享单车、共享汽车等方式。共享单车兴起于 20 世纪 70 年代，欧洲共享单车的发展一直优于其他国家和地区，发展速度遥遥领先。国内共享单车始于 2014 年北大毕业生戴威发起，其运作方式是将学校内闲置的自行车统一收集，通过 ofo 平台在线给校内师生骑行。随后 2016 年开始，共享单车行业在中国高速发展。朱富强认为由于资本的大量介入使得共享单车的运营模式已经发生根本性变化：上游的自行车厂家提供单车，ofo 购买整车投入各大城市，然后在自己开发的 ofo 平台上为用户提供包括开锁密码、车辆定位、在线支付等服务[①]。

共享汽车也是公众绿色出行的又一种重要的共享经济方式。共享汽车最初的概念起源于 20 世纪 40 年代的瑞士。英国学者 Peter Bonsall 在 1981 年明确提出了关于"Car Sharing"的观点。论述共享汽车模式时，以当时的日本、美国为例，阐释共享汽车在国外的发展。日本本土企业丰田汽车公司提出了"卡拉扬"计划，以促进共享经济在汽车上的应用。与此同时，北美的多伦多、渥太华等城市也进入了会员制租车业务的共享汽车模式。随后，随着物联网等信息技术的融入，共享汽车得到更进一步的发展。镭射和迟成将共享汽车定义为用户自我服务、随时用车、车辆共享的商业模式，并提出共享汽车在中国具有较大的潜在产业发展空间，认为中国使用共享汽车的人口可能会远远超过欧美国家[②]。随后，国内共享汽车市场得到极大发展。周彪等研究了消费者选择汽车拥有和汽车共享的主要影响因素，并由此构建单次出行选择汽车共享的多项 Logit 模型和因汽车共享而放弃购车的多项 Logit 模型。

2.6.2.2 城镇化中技术性因素与绿色出行的综述

城镇化所带来的技术性因素对绿色出行的影响较为具体地体现在居民转向采用环境友好型的交通方式的趋势，较为具体的形式以应运而生的新能源汽车为最典型。

国际上对新能源汽车没有统一的定义，目前按汽车燃料来源约定俗成定义

---

① 朱富强. 共享经济的现代发展及其潜在问题：以共享单车为例的分析 [J]. 南方经济，2017 (7)：37-50.

② 镭射，迟成. 共享汽车：汽车消费模式的变革 [J]. 上海汽车，2010 (12)：1-3.

的新能源汽车，是指采用非常规的车用燃料作为动力来源（或使用常规的车用燃料、采用新型车载动力装置）、动力控制和驱动方面形成的原理先进、具有新技术、新结构的汽车。在新能源汽车研发领域，中国在技术程度及产业化方面，与其他国家大致在同一水平。王已认为国际汽车业已呈现两大发展趋势，即近期以开发天然气汽车为主，远期以开发电动汽车为重点[①]。2001年，新能源汽车研究项目被列入国家"十五"期间的"863"重大科技课题，并规划了以汽油车为起点，向氢动力车目标挺进的战略。杨妙梁认为燃料电池车离真正实用化路途遥远，油-电混合动力车是在2005年能够以最快速度而又最少支出达到目标的重要选择[②]。胡登峰和王丽萍指出新能源汽车产业创新体系是包含目标体系、政策体系、技术体系和创新环境及服务体系四个部分体系，并提出以其体系建设及完备程度作为衡量中国汽车产业的国际竞争力的尺度的观点[③]。唐葆君和刘江鹏提出中国新能源汽车主要为城市公共领域服务，而私家车相对较少的现状[④]，他们对中国目前发展新能源汽车所存在的诸多问题，例如消费者认可度不高、政府补贴隐含较大金融风险，充电、换电设施建设缓慢等问题进行了全面阐释。周燕和潘遥则是以交易费用理论作为切入点，从财政补贴与税收减免的政策入手，从政策研究的角度对新能源汽车产业进行了分析，得出了新能源汽车在内的高新技术产业政策选择应由财政补贴转向行业性的税收减免的结论[⑤]。李旭等提出了将"双积分"政策区分为酝酿期和实施期两个阶段，利用面板向量自回归模型，分析了"双积分"政策对新能源车企经营和环境双重绩效影响的动态变化特征，并运用反事实分析法开展了对照检验[⑥]。

2.6.2.3　城镇化中制度性因素与绿色出行的综述

城镇化所带来的制度性因素对绿色出行的影响体现在政府及国家的宏观调控上，较为具体的形式以国家所出台的相关限行、限号政策最具典型。尾号限行是指相关行政主体，按照车辆牌照尾号的不同，来限制特定类型的机动车在

① 王已. 当代汽车产品的主要发展趋势 [J]. 世界汽车, 1994 (3)：49-53.

② 杨妙梁. 新能源汽车的技术开发与市场动向 [J]. 汽车与配件, 2006 (1)：36-37.

③ 胡登峰, 王丽萍. 论我国新能源汽车产业创新体系建设 [J]. 软科学, 2010, 24 (2)：14-18.

④ 唐葆君, 刘江鹏. 中国新能源汽车产业发展展望 [J]. 北京理工大学学报 (社会科学版), 2015, 17 (2)：1-6.

⑤ 周燕, 潘遥. 财政补贴与税收减免：交易费用视角下的新能源汽车产业政策分析 [J]. 管理世界, 2019, 35 (10)：133-149.

⑥ 李旭, 熊勇清. 新能源汽车"双积分"政策影响的阶段性特征：经营与环境双重绩效视角 [J]. 资源科学, 2021, 43 (1)：1-11.

特定的时间内通行某些路段。目前国际上关于限行最早的记载，认为是出现在1986年的圣地亚哥，规定在每年4月到8月采用区域限行的手段，与此同时，在极端天气情况下，会应急地增加限行车辆，限行时间均为7：30-21：00。随后墨西哥城在1989年为缓解城市空气污染，实施了每个工作日限行2个尾号的政策。圣保罗也从1995年开始逐渐建立尾号限行系统，限行时间为每年8月早7点至晚8点。

国内限行政策最早始于1994年，上海市率先实施机动车限行限号政策。随后，2008年北京市为奥运会顺利举办所采用的限行政策就更加完善。为了对奥运会环境质量保障提供科学依据，从2007年8月17日至20日测试期间，北京市机动车实行单双号行驶，外省（区、市）进京机动车按车牌尾号也实行单号单日、双号双日进入北京市道路行驶的规定机动车限行政策。赵晓光等对北京限行政策进行了进一步研究，2007年年末限行之后，北京市又先后出台了两次限行政策，以机动车保有量变化与各衡量空气质量指标的历年变化作为研究基础，使用北京市各同期数据对比作为另一个切入点，研究了限行政策对空气质量的影响[1]。袁晓玲和李浩在对西安市限行政策进行分析时，采用了应用描述性统计法、单差法、断点回归法与双重差分法等分析方法，对西安市机动车限行政策对西安市空气质量指数及单项污染物浓度的实际影响进行分析，其结论为机动车限行政策的实施虽不能有效降低空气污染程度，但可以相对减缓空气污染进一步加重的速度[2]。段帅则是对后疫情时代深圳限行政策进行了分析[3]。疫情的暴发使限行政策被暂停，在后疫情时代，可以以拥堵大数据作为研究手段，对小汽车限行政策实施建议，并基于此提出可替代限行政策的建议。

2.6.3　城镇化与绿色消费文献综述

马克思主义城市理论中提出：乡村向城市转化是现代历史的必然。本节研究城镇化对绿色消费内容与方式的影响，以阐述城镇化与绿色消费的关联。所谓内容是指构成事物的各种要素的总和；而方式则定义为言行所采用的方法和

---

① 赵晓光，许振成，王轩，等. 北京机动车限行对空气质量的影响分析［J］. 安全与环境学报，2010，10（4）：82-87.

② 袁晓玲，李浩，杨万平. 机动车限行政策能否有效改善西安市的空气质量？［J］. 统计与信息论坛，2018，33（6）：107-114.

③ 段帅. 基于拥堵大数据的后疫情时代深圳限行政策分析［C］. 中国城市规划学会城市交通规划学术委员会，交通治理与空间重塑：2020年中国城市交通规划年会论文集. 中国城市规划学会城市交通规划学术委员会，2020，9.

样式。就消费角度而言，消费的内容与方式在实际内涵上一致，包含人们的衣、食、住、行等物质层面以及消费者的精神生活两大方面。城镇化使得生活环境发生改变，公众消费习惯随之发生变化，消费者逐渐摒弃原有的数量型消费内容转向质量型消费的行列，即开始公众绿色消费。美国建筑学家沙里宁在1942年提出了城市化的有机疏散理论，他认为有机疏散的城市结构要满足人类聚居而形成的社会生活，又要兼顾自然。此后，随着城镇化进程的推进形成现有的绿色居住模式，主要体现在以下两点：一是消费者摒弃了居住面积越大越好的错误认识，开始选择合理的居住面积，从而避免土地资源的过度消耗；二是绿色节能家电成为消费者的首要选择，比如大面积采用半导体照明，应用低碳节能型冰箱、空调等家用电器。从绿色出行的角度来说，城镇化对绿色消费的推进作用主要体现在绿色公共交通和绿色个人交通两个方面。首先，就绿色公共交通来说，公众的出行消费形成了公共交通优先的交通模式，他们会更多地选择公共汽车、地铁等交通工具。此外，共享单车作为公共交通的另一种补充形式，也成为公众出行消费的重要交通方式[①]。其次，就绿色个人交通而言，消费者对新能源汽车的接受度增加，减少了对高耗能、大排量的汽车的购买，并由于各种停车费政策的限制出现了一大批放弃购买私家车的绿色消费者。

严翔等以 Hansen 面板门槛回归模型作为主要分析工具，研究了消费中能源消费与城镇化的非线性发展关系[②]。该文中指出：城镇化对经济水平的间接影响是消费者从事不同能耗模式的主要依据。经济处于快速发展的地区对能源消费促进作用最大，从消费者需求入手，以价格杠杆对能源市场进行调节，促进能源结构绿色化发展具有可行性。王璐等学者就城镇化进程中较为典型的新能源汽车作为研究对象，采用演化博弈的手段探究了绿色消费下的新能源汽车扩散模型[③]。该模型显示：绿色消费的比例及所产生的消费者溢价会以不同的方式对新能源汽车扩散产生影响。中国可采用从需求侧入手逐步提升消费者的环保意识的手段，通过网络结构、博弈模型和演化规则分析并更科学地实现新能源汽车扩散。李稚在分析这个问题时提出，城镇化所带来的产业结构调整会从供给侧对绿色消费产生影响，与此同时消费者的接受度会反向作用于绿色产

---

① 陈启杰，楼尊. 论绿色消费模式 [J]. 财经研究，2001 (9)：25-31.

② 严翔，成长春，易高峰，等. 长江经济带城镇化对能源消费的经济门槛效应 [J]. 经济地理，2019, 39 (1)：73-81.

③ 王璐，马庆庆，杨劭，等. 基于复杂网络演化博弈的绿色消费者对新能源汽车扩散的影响研究 [J]. 中国管理科学，2021 (5)：1-13.

品市场，从而得到演变的稳定的 ESS 策略①。供需侧所形成的"双边主体理论模式"是促进绿色消费行为演化与城镇化耦合进程的可选途径。欧阳慧和李智在探讨消费与城镇化的关系时，提出新型城镇化要以人为中心，为居民建设一个高品质的生活空间。绿色消费的核心是消费者，明确城镇的优化方向，多渠道打造绿色宜居的"未来城市"是城市治理现代化的方向②。

---

① 李稚，刘晓云，彭冉. 考虑消费者接受度的制造业绿色生产与绿色消费博弈分析 [J]. 软科学，2021，35（6）：132-138.

② 欧阳慧，李智. 适应未来发展需要的城镇化战略研究 [J]. 宏观经济研究，2021（7）：16-25.

3　城市绿色发展的理论机制分析

　　早期的绿色发展理论源于英国环境经济学家大卫·皮尔斯于 1989 年的著作《绿色经济的蓝图》,"绿色经济"一词的提出拉开了绿色发展探索的序幕,这一阶段绿色发展主要以环境保护为核心①。同时,绿色发展所涵括的绿色经济,被认为是一种充分考虑了经济、社会和环境因素的经济发展方式,受到了人类社会尤其是各国决策者越来越广泛的关注。绿色发展作为一种能够有效整合经济和生态协调的发展模式,得到社会普遍关注和研究。绿色发展被认为是具有着眼于经济社会发展的规律性和长远性,着眼于环境问题的动态性和全球性,着眼于环境治理行动的战略性和自觉性,可真正实现环境治理的彻底性②。并且,绿色发展作为生态文明建设的重要内容,能有效突破自然环境约束,破解经济发展中的生态难题,解决人民对绿水青山等美好生态环境的需要与生态环境质量不高之间的矛盾。在绿色发展的内涵方面,随着人们对可持续发展理念和绿色发展认识的加深,绿色发展已经由早期集中关注生态环境过渡到经济和生态协调统一③。此外,城市作为绿色发展的空间载体,是自然、经济、社会、文化等各要素互动的关键节点,城市的绿色发展深刻影响着国家乃至世界的绿色发展格局,决定着国家和人类发展的命运④。因此,探究城市绿色发展内部的协调机制,推动城市的绿色发展进程对于中国的新时代建设显得尤为重要。

---

　　① MACIAS-FAURIA M. Satellite Images Show China going Green [J]. Nature, 2018, 553, 7689: 411-413.
　　② 吕薇. 营造有利于绿色发展的体制机制和政策环境 [J]. 经济纵横, 2016 (2): 4-8.
　　③ 崔如波. 绿色经济: 21 世纪持续经济的主导形态 [J]. 社会科学研究, 2002 (4): 47-50.
　　④ 刘杨, 杨建梁, 梁媛. 中国城市群绿色发展效率评价及均衡特征 [J]. 经济地理, 2019, 39 (2): 110-117.

3.1　中国城市绿色发展的协调机制分析

3.1.1　政府环境政策对企业绿色生产协调监管与激励机制

企业生产活动是环境监管体系的主要方向，传统的监管体系仅强调政府的作用，企业的绿色生产活动更多的是一种被动方式，这导致监管效率的低下和监管实施的困难。随着宏观经济绿色发展模式、企业绿色生产方式、公众绿色生活方式等观念的普及，企业绿色生产的监管单纯依靠政府和企业本身难以达到较好的效果。大数据技术等科技手段的发展，对企业绿色生产的监管也必将实现逐渐开放共享和多元参与。强调政府、企业、第三方组织、公众等多元主体的环境协调监管模式也将成为环境监管体制的变革方向。图3.1显示的是多元主体参与下基于大数据技术的环境全要素协调监管组织框架。环境全要素监管体系参与的主体包括政府、企业、第三方组织和公众，不再局限于传统监管模式下政府和企业二元主体，多元主体下环境全要素协调监管体系的实施基础是基于环保大数据技术的发展，进而构建环境全要素协调监管运营体系、数据平台、公众参与平台和第三方组织及公众的协同执法平台。对企业向绿色生产方式转型的监管主要包括四种方式：①政府部门的行政监管；②基于市场激励的监管模式，例如排污权交易、环保税等方式；③多元主体参与的环境全要素协调监管；④企业的自我约束、自我监管。多元共治下企业绿色生产环境全要素协调监管体系包含四个方面的关键问题：①环境全要素协调监管体系的模式构建；②基于大数据技术的环境全要素协调监管平台建设问题；③环境全要素协调监管体系下政府和企业合作关系长效机制构建问题；④环境全要素协调监管体系下政府与第三方组织、公众监管协同机制问题。

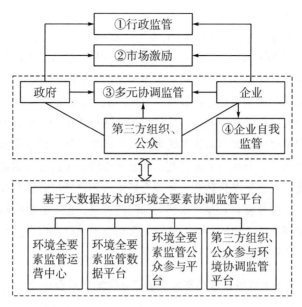

图 3.1　多元共治下企业绿色生产环境全要素协调监管体系

3.1.2　环境全要素协调监管体系的模式构建

图 3.1 显示了政府对企业绿色生产监管的四种模式：行政监管、市场激励的监管、多元主体参与的协调监管、企业的自我监管模式。长期以来，政府对企业生产的行政命令监管占据主流，政府是企业排污目标的直接确定者，政府采取总量标准和浓度标准控制企业生产行为，企业必须接受政府制定的排污标准，行政监管模式带有显著的强制性。合作型的企业按照政府制定的标准进行环境应急管理、绿色工艺流程再造，以提高企业环保标准；但是也有较多企业对政府直接的行政监管进行规避，产生了各种各样逃避政府行政监管的行为和案例，对环境质量造成严重影响。基于市场激励的监管模式相对于行政直接监管模式更为灵活，政府仍然是企业最高排放标准的制定者，企业确定各自的排放目标并采取市场交易工具调整自身排放能力和标准，例如排污费、排污权交易、碳排放权交易，以及 2018 年 1 月 1 日实施的环保税法制度，企业会在排放权交易的成本和收益之间进行利弊选择，基于市场激励的环境监管模式的约束性仍然较小，企业会为了经济利益扩大自身环保排放支出成本，导致较低的环保监管效率。部分企业依据行业规则、行业标准或者与政府之间的协议会对排放行为进行自我监管，企业自我监管内生动力主要来自于行业基本规范、企业自律和道德约束行为，显然，企业的自我监管模式只适用于部分企业，只能

作为环境监管体系的补充。

环境全要素协调监管体系参与主体包括政府、企业、第三方组织（例如新闻媒体、环保 NGO 组织、第三方环保监测组织）、公众，强调环保多元主体共同监管，这种监管模式下，环境监管由传统的环境应急管理方式、企业绿色生产流程再造向产业生态化方向转变，进而形成经济生态化系统，企业的环保管理由最初的被动接受阶段向各主体调控带来的企业主动环境管理、各监管主体协调配合到最终的全要素监管系统整合阶段转变。环境监管由最初的政府环保部门向企业部门、全社会主体转变，环境管理的目标由最初的最低程度污染向产业生态化、经济生态化转变。环境全要素协调监管模式需要政府环保、财政、发改委、卫生检疫、农业、水利等部门的协调，也需要政府部门和第三方组织、公众协同执法、协同监管，依据大数据技术做好环保信息披露平台、公众参与平台、协同执法平台等环保信息化工程建设。

3.1.3 基于大数据技术的环境全要素协调监管平台建设

环境全要素协调监管体系离不开基于大数据技术的环境全要素协调监管平台建设。环境信息具有显著的大数据样本特征。环境污染数据体量巨大，环境监测数据多样，环境大数据价值信息需要数据挖掘，环境大数据快速多样化，这些都符合环保信息大数据特征。环保信息大数据特征要求环境监管向基于大数据技术的全要素环保监管转变。得益于大数据技术的发展，环保监管由传统的政府对企业的直接行政监管向强调多元主体参与的全要素环境协调监管模式转变，多元环保主体中的政府、企业、环保 NGO 组织、新闻媒体、第三方环保监测组织、公众之间的关系更为扁平化，多元主体之间协同、配合、补充将使得环保监管效率大幅提升，传统的自上而下监管路径逐渐向上下协同双向监管方向转变。由于环境信息具有大数据样本特征，传统的环保部门的分散化信息得以在大数据平台实现系统整合，有效避免监管重复和监管盲区，实现环境全要素信息的开放共享，有利于环保监管策略、执法行动更加有效实施。由于环保大数据具有较强的数据收集、数据分析处理、模拟仿真、动态监测能力，环境监测也将逐渐实现监管部门对环境问题的即时响应，为环境监测多元主体提供监测决策参考依据。

基于大数据技术的环境全要素协调监管平台将赋予环境监测部门更高的监管权力，强调环境部门的垂直管理，削弱环保部门对平级地方政府部门的依赖程度，由中央环保部门设立环境监管的专项资金，这些都有助于强化环保监测部门的监管权力。环境全要素协调监管平台主要包括运营体系、数据平台、公众参与平台和第三方组织及公众的协同执法平台。环保部门可以依托于环境信息中心,加强大数据运营中心建设,全面负责环境大数据的搜集、整合、分析、预测和维护,强化环保信息全部门、全系统开放共享,及时直观地向全社会发布动态化环境信息,提升第三方组织和公众对环保信息披露的满意度。建设第三方组织和公众参与环保协同执法平台,发挥公众对环境信息反馈、监督、检查、建议等方面的关键作用,充分发挥公众对于环境污染数据采集的数量优势,实现环境全要素协调监管平台与第三方环境监测组织的有效对接,积极支持公众参与环保部门环境协同执法,最终实现多元共治下的全要素环境协调监管模式。

3.1.4 环境全要素协调监管体系下政府和企业合作关系长效机制

地方政府和当地工业企业存在不合作、合谋和合作三种关系。长久以来,由于部分工业企业对环境资源公共品认识不足,导致企业无约束地破坏公共环境资源以换取经济效益,地方政府简单极端的罚款、关停等处理方式使得两者之间出现政府简单粗暴监管、企业学习规避的不合作关系,这种关系使得地方政府牺牲了部分经济增长的来源。在以 GDP 为主要绩效目标的考核中,地方政府为了片面追求经济总量的增长,也会采取牺牲生态环境的方式,由此产生地方政府和污染企业之间的合谋关系。污染企业对地方政府 GDP、财政收入、居民收入和就业具有较强的支持作用,同时,企业采取违规排放的污染成本较低,地方政府环保部门也可以通过简单罚款取得收益,这些都是地方政府和污染企业合谋关系的显著特征。这种合谋关系也表现在地方政府之间的投机动机,由于环境污染较强的负外部性和空间相关性,地区环境污染需要跨区域协同治理,单个地方政府的环境治理行为并不能从总体上改善生态环境现状,也会造成自身经济发展利益受损,地方政府环境地方保护主义的形成是博弈均衡结果。

上级政府部门和公众对生态环境保护观念日益加强,这促使地方政府绩效考核指标体系和环境问责机制的重建,地方政府主动寻求经济发展新模式,大力发展新兴产业,企业也积极对环保治理设施进行投资,追求绿色生产,减少污染排放,外部条件的改变使得地方政府和企业之间出现可持续的合作关系。

由于环境大数据信息的开放共享,环境全要素协调监管体系也将促使地方政府和企业形成合作伙伴关系。绿色金融制度帮助企业绿色生产转型和融资,基于大数据技术的污染型工业企业环境大数据信息公开,政府参与组建第三方环境治理制度,这些都是促进地方政府和工业企业环境监管合作的有效机制。

针对环境污染跨区域特征，地方政府可以探索环境污染多区域治理模式，实施第三方治理污染模式，区域内污染企业强制性参与污染委托治理，促使污染企业产生绿色生产流程改造的内源动力，企业环境管理行为也将更加主动，这些措施都将积极构建政府和企业之间长效的新型合作激励机制，使得企业的治污成本在可接受的范围内实现环境治理的效益最优。

3.1.5　环境全要素协调监管体系下政府与第三方组织、公众监管协同机制

第三方组织、公众参与环境协调监管具有法律上的正当性。公众对于环境监管自发性较高，是政府引导下的环境监管体制建设的重要内容和补充。政府与第三方组织、公众的环境协调监管需要以环境全要素协调监管平台为基础，在环境大数据信息开放共享的基础上，第三方组织和公众充分参与环境监管，主要包括环境决策协调监管、环境执法协调监管和环境问责协调监管。环境全要素协调监管平台系统可搭建公众互动交流平台，制定公众参与环境决策的方式和方法、程序、环保大数据信息的获取权限和途径、公众参与环保决策的法律保障等。公众参与环保执法对环境执法者的行为和执法水平进行监督，对企业违反环保行为进行协同执法，公众还可以表达环境执法的评价和反馈意见和建议，提升环境执法的公开和透明度以及执法效率。当前，中国已在试行环保问责制度，主要是政府部门之间问责，缺乏公众参与环境问责。公众参与的环境问责不同于一般的环境问责机制，公众在环境全要素协调监管平台上通过对地方政府环境部门的工作评价，诉讼执法不力等方式，促进环境问责机制由主要的"自上而下问责"模式向"双向问责"模式转变，以追求更加公平、高效的环境决策和环境执法效果，最终实现经济发展与生态环境保护的协调发展。

3.2　基于市场交易的企业绿色生产协调激励机制

3.2.1　工业企业碳排放权差价合约机制

碳排放权交易是较为主要的市场化的减排机制，会促使工业企业不断改造生产工艺流程，促进低碳技术发展。在排放配额确定的前提下，价格机制是排放权在不同企业主体之间配置的重要工具。差价合约是市场交易参与主体为了规避现货交易风险而签订的中长期合约，在电力市场较为常见。碳排放权交易所与参与交易的工业企业之间可以通过碳排放权差价合约规避市场风险。假设

碳排放权交易所和工业企业之间的碳排放权主要在差价合约市场现货市场进行，工业企业获得排放配额才能进行污染排放，超额配额需要从碳排放权交易所买入，企业购买配额的多少将直接影响企业产出。碳排放权交易所根据污染排放需求预测单一工业企业排放权购买的竞价空间，对竞价较高的企业优先安排排放权购买计划。差价合约机制的引入将使得差价合约市场结算收入与现货市场碳排放权交易价格形成对比，价格与收入的对冲交易机制可以平衡碳排放权交易所和工业企业之间利益与企业碳排放配额价格波动带来的交易风险，这种交易机制下，碳排放权交易所将最大限度增加其与工业企业之间的碳排放权交易量，以使得差价合约交易部分的收入为正，提升碳排放权交易所的竞争能力和交易收入。

基于碳排放权交易所风险和效益测算模型、工业企业风险和效益测算模型，可得出碳排放权交易所和工业企业之间的合约风险效益均衡模型。在碳排放配额交易价格和配额总量不变时，采取差价合约将使得碳排放权交易所源自工业企业的利润增加，工业企业碳排放成本增加，企业生产利润降低，碳排放权交易所利润的增加会提升其参与差价合约的积极性。但是，从风险角度分析，采取差价合约后，碳排放权交易所和工业企业面临的交易风险均有明显下降，差价合约有效规避了市场价格波动带来的交易风险。在碳排放权和产品市场价格的基础上，碳排放权交易所和工业企业需要在充分权衡自身的成本和收益的基础上确定初始价格策略，以有效控制差价合约带来的交易风险。

3.2.2　环保税促进企业绿色生产转型机制

中央政府和地方政府在征收环境保护税上存在委托-代理的关系，中央政府追求经济社会与生态环境全面协调发展和绿色发展，地方政府对工业企业污染行为存在监管不力、执法不严等软约束问题，中央政府属于委托方，地方政府属于代理方，地方政府具有信息优势。环境保护税将迫使污染企业进行绿色生产流程改造以减少污染物的排放。中央政府通过环保税税种设置、依据地方环境治理绩效对地方政府转移支付、生态补偿政策来提升地方政府征收环境保护税的积极性，扩大环境保护税的征收范围，努力提升区域经济社会发展与生态环境的协调。中央政府对地方政府的环境治理绩效转移支付对地方政府征收环保税的激励和工业企业的减排均具有正向作用。地方政府的环境监管力度取决于环保税征税权、税种设置等激励措施，地方政府征收环境保护税的重点在于环境监管力度和环境税税率，当监管力度下降，环保税率上升时，将出现部分企业减排，部分企业不减排的结果，企业减排与否将取决于污染企业本身的风险偏好。

中国的环境保护税政策在 2018 年 1 月 1 日已开始正式施行。环保税政策的实施是践行经济绿色发展和生态文明建设的重要保障，有利于构建绿色税制体系，促使污染企业环境成本内生化，倒逼企业进行绿色生产工艺流程改造，推动产业结构转型升级和经济结构调整。环保税以污染物排放量为计税依据，实行"多排污多缴税、少排污少缴税"的正向减排激励机制和"国家定底线，地方可上浮"的动态税额调整机制。地方政府需统筹考虑区域环境承载能力以及主要污染物排放现状和当地经济社会发展目标，进而制定具体的适用税额。四川省环境保护税大气污染物的适用税额是 3.9 元/污染当量，同时，水污染物的适用税额是 2.8 元/污染当量。四川省制定的环境保护税适用税额体现了党的十九大精神、四川省第十一次党代会要求和人民群众要求，有利于推动四川经济绿色发展；充分发挥税收杠杆调节作用，强化了排污企业治污减排主体责任；有利于淘汰落后产能，促进经济结构转型升级。

3.2.3 企业绿色生产市场化多元投融资机制

环保企业应用 PPP 模式融资。图 3.2 是典型的 PPP 项目结构图。城市环境基础设施建设可以采用 PPP 模式投资、建设和融资，地方政府所属国有投资公司可以出资成立项目公司负责项目运营，项目公司负责特许经营、项目建设、运营、维护，社会资本方参与 PPP 项目的建设，项目公司进行项目的运行维护，在经营期间内获取合理的经营收益，在合同期满后，项目公司将所属环保基础设施转移给当地政府或者其他政府所属的平台公司。PPP 项目建立合理的风险分担机制和收益分享机制，PPP 项目的风险分担机制主要依据风险分配合理、收益对等且能合理管控风险的原则，同时考虑到政府对于 PPP 项目风险的管控能力以及市场分析管控能力和项目的收益回报机制，制定合理的风险分担机制。

PPP 环保产业基金也是促进绿色产业发展的重要融资模式。在现有政府性环保基金的基础上，设立财政出资的环保产业母基金和子基金，利用 PPP 模式，吸引更多的社会资本投向环保产业和企业绿色生产流程改造项目。环保产业基金的发展要以政府主导、多方参与，采取市场化运作模式，服务环保产业和工业企业转型升级，建立环保产业投资引导基金、环保产业并购基金等多种基金模式，完善环保产业投资基金组织、政策优惠、绩效评价、审计监督和多方参与体系。

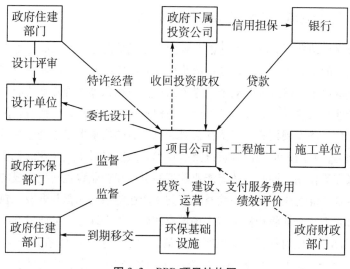

图 3.2　PPP 项目结构图

3.3　政府环境政策对公众绿色消费协调激励机制

3.3.1　新能源汽车接入电网协调机制

新能源汽车的存储能源可以作为电网和可再生能源的缓冲以维持电网频率的稳定，实现电网和新能源汽车的双向互动。新能源汽车接入电网的应用模式在未来将拓展到接入居住小区、接入写字楼、接入购物中心等模式。在交易时，电网公司和新能源汽车用户签订双方接受的购电合约，电网公司和新能源汽车用户根据个体利益最大化原则进行最优决策。电网公司积极参与新能源汽车用户的电能预留进程，两者共同协作完成备用的预留任务。同时，电网公司提供充放电技术以及设备管理流程服务，新能源汽车用户在履行合约时需要向电网公司交纳保证金用作合作补偿，防范新能源汽车用户的道德风险，合作系统的参与主体均具有帕累托优势。这种合约价格机制将使得市场风险全部由电网公司承担，在市场行情乏力时，电网公司存在收购违约的风险。采取期权定价、预留协作、保证金的协调机制，进而使电网公司和新能源汽车用户组成利益共同体，使得双方的期望利益均得到改进。

3.3.2 公众绿色消费行为培育协调激励机制

公众绿色消费行为的培育和消费观念的形成是促进经济发展与生态环境保护协调发展的重要内容，公众绿色消费行为的培育需要政府产业政策与消费政策、企业绿色生产转型和公众个人绿色消费行为观念等多种要素共同作用。政府绿色产业政策主导、企业绿色生产行为积极响应和公众绿色消费行为引导共同形成绿色经济发展模式。经济社会对绿色发展的追求形成了企业绿色生产转型的推动力，政府环境规制政策以及监管和公众监督对工业企业绿色生产转型也有积极促进作用。同时，政府产业政策的引导和企业绿色转型形成的优势将使工业企业在绿色生产转型中受益，有利于产业链条的完善与升级。在绿色生产转型背景下，企业将积极进行市场需求调研，加大绿色产品研发和工艺流程改造，积极利用政府推行的绿色产业政策，构建绿色产品体系的产业供应链，形成绿色生产体系并积极参与绿色产品市场的竞争，最终形成绿色经济发展模式。

绿色消费行为培育也需要对应协调监管制度体系。实行绿色消费倡导员制度，绿色消费倡导员可以从广大消费者中产生，他们是政府绿色消费促进部门和公众之间沟通的桥梁，对公众各类不符合绿色发展理念的消费行为进行建议、引导，对公众各类破坏生态环境的行为进行监督。鼓励社区积极参与公众绿色消费行为的自我培育，鼓励社区之间积极合作，对建设成效进行评估总结，协调消费者协会、环保部门和环保组织，建设绿色社区。

公众绿色消费行为培育体系需要创新协调机制。政府依然占主导地位，协调各参与主体之间合作机制。政府监督、公众绿色消费行为自我培育、全社会公众监督三位一体，构建各主体责任分担机制，形成良好互动。各监督主体之间信息互动分享是实现协同监督机制的基础，监督主体主要共享的信息包括公共诉求信息、公共危机应急联动信息和一般公共信息。各监督主体之间的合作也需要一定程度的激励。对于政府部门，可纳入绩效考核系统；对于合作的企业，可以通过优惠政策引导企业践行社会责任；对于参与的公众，主要通过绿色消费宣传进行激励。公众绿色消费协调监管与激励机制的实施离不开大数据信息平台的支持，完善的环境监测数据与监管行动的协调将大幅度提升机制运行效率。

3.4 城市绿色发展的财税理论机制分析

财政是国家治理的基础和重要支柱，财政支出的绿色化是实现社会主义生态文明的重要引导、支撑和经济保障手段。当前中国走绿色发展道路是正确选择，城市绿色发展的财税理论的引导和支持是核心。理论界普遍认为，城市的绿色财税发展需要政府、企业和社会公众共同的引导和推动。因此，对于城市绿色发展中财税理论的相关内容，我们对以往学者的研究进行如下综述。

对于绿色财税的整体观念把控上，不少学者进行过研究。王海芹和高世楫认为绿色财政是绿色发展的直接政策工具，是指通过财政收支的杠杆作用促进绿色发展，并且从税收手段和财政支出手段两个方面进行了简单的整体策略阐述①。魏吉华和蒋金法认为绿色财政支出是绿色财政制度的重要内容，研究绿色财政支出承载的绿色财政再分配功能，对于建构基于生态文明建设的绿色财政体制具有极大的理论和现实意义②。因此，城市绿色发展的财税理论可以简述为两个方面，即绿色财政和绿色税收。但是显然绿色财税绝非只是表面包含的两层含义，对于其中内部的各个部分的协调关系，需要下文进一步的研究综述。

城市在绿色发展中的财政投入方面，黄茂兴和叶琪提出要通过加强环保领域的财政投入，加大绿色发展的投资，确保绿色发展有充足的资金，引导资金更多投资于环境基础设施建设和其他公共基础设施建设③。在目前城市绿色建设道路上，主要的财政支出是政府的专项资金投入，并且对于需要关注的绿色产业扶持、节能环保支出、绿色消费补偿等都逐渐加大投入。田智宇和杨宏伟在研究绿色财税金融政策的建议中，也同样指出目前由于中国政府高度重视绿色发展，对节能减排和可再生能源发展的财政资金支持力度逐年大幅增加④。此外，虽然政府对于中国目前绿色产业的发展进行高投入，但研究政府投入和监管对于中国城市绿色发展的效益及互相作用方面仍然十分重要。不同程度的

---

① 王海芹，高世楫. 我国绿色发展萌芽、起步与政策演进：若干阶段性特征观察 [J]. 改革，2016（3）：6-26.

② 魏吉华，蒋金法. 绿色财政支出：理论与实践：对党的十九大关于深化绿色发展的思考 [J]. 当代财经，2018（12）：26-36.

③ 黄茂兴，叶琪. 马克思主义绿色发展观与当代中国的绿色发展：兼评环境与发展不相容论 [J]. 经济研究，2017，52（6）：17-30.

④ 田智宇，杨宏伟. 完善绿色财税金融政策的建议 [J]. 宏观经济管理，2013（10）：24-26.

监管和投入将对企业投机行为产生影响，从而影响城市绿色发展进程。黄建欢和吕海龙等认为金融支持绿色发展的政策重点可能在于加强资金使用监督，而不仅是加大资金投入①。徐瑛等认为政府高投入对于中国绿色发展所起到的重大支撑作用，高投入只有匹配强监管，才能扩大经济总量，同时也发现了各地财政环保投入存在巨大差异，且逐年呈扩大趋势的情况②。因此，对于城市绿色发展的财政投入方面，不仅要加大绿色财政资金的投入总量，同时加大监管力度，确保财政基金得到合理专项专用，保证城市绿色建设的平稳推进。

城市绿色发展中税收方面，不少学者也从不同方面进行过研究。史锦华和高博楠通过研究资源型地区绿色经济发展的财税对策，提出中国需要进一步提高绿色税收比重，切实使财税政策成为促进绿色经济发展的制度安排和措施，加强生态环境治理与保护的税收政策引导③。为了对企业的各类行为进行引导和限制，政府通过对企业的非绿色生产环节进行不同程度的征税，以此促进城市绿色发展。葛察忠等认为环保税通过调节企业行为来实现减少污染排放的目的，同时也对企业绿色发展释放积极的引导信号④。这说明税法的颁布与实施，确实会对企业的行为进行引导，在一定程度上减轻整体环境污染，促进社会绿色生产、绿色消费。同时，地方政府的税收行为会对地方产业结构产生影响，从而对城市绿色发展产生影响。李子豪和毛军通过研究地方政府税收竞争对于中国区域绿色发展的影响机制发现，规范地方政府税收竞争行为，合理引导地方产业结构有效升级，对新时代中国区域经济高质量增长和地区之间绿色协调发展具有重要的政策含义⑤。因此，在确保地方政府的税收行为规范的同时，还需合理通过税收行为引导企业进行绿色生产，促进城市绿色建设。

在关于中国城市绿色发展构建财税体系方面，不少学者进行过研究。对于整体构建绿色财税体系，葛察忠等认为构建环境财税政策体系就是要充分利用

① 黄建欢，吕海龙，王良健.金融发展影响区域绿色发展的机理：基于生态效率和空间计量的研究 [J].地理研究，2014，33（3）：532-545.

② 徐瑛，仲艾芬，郑景仁.政府行为、企业投机与中国城市绿色发展：基于"高投入"与"强监管"的比较研究 [J].中国人民大学学报，2021，35（3）：69-82.

③ 史锦华，高博楠.促进资源型地区绿色经济发展的财税对策 [J].税务研究，2013（7）：85-87.

④ 葛察忠，龙凤，任雅娟，等.基于绿色发展理念的《环境保护税法》解析 [J].环境保护，2017，45（Z1）：15-18.

⑤ 李子豪，毛军.地方政府税收竞争、产业结构调整与中国区域绿色发展 [J].财贸经济，2018，39（12）：142-157.

公共财政政策的资源配置、行为引导和资金保障三大主要功能①。对于整体财政体制方面，秦承敏认为，中国需要开展财政体制机制改革，提高各级财政资金的使用效率，通过长期稳定的财政支付促进地区绿色发展②。对于中国城市绿色发展的整体，苏明分析中国支持绿色经济发展中的主要财政政策措施、效果和减贫面临的问题，认为财政政策作为政府的主要宏观调控工具，在绿色经济发展中具有重要的职能作用③。邢丽和赵录指出目前中国政府正积极实施绿色财税政策，有序推进绿色财税制度建设，通过创新机制，加大环保投入、完善环境相关税收政策、实施环保领域专项转移支付制度和政府绿色采购制度等④。黄娟和王幸楠举例讲述了北欧国家为了促进绿色发展，建立绿色发展机制和相关机构、构建完善的绿色发展法律体系、制定支持绿色发展财税政策等一系列措施⑤。因此，我们可知，目前中国在绿色城市发展财税方面的投入得到了保证，同时绿色财税制度建设和创新机制也在逐步发展。

此外，城市绿色发展的财税之路，需要多方面的协调合作，不少学者进行过此方面的研究。例如，王永芹认为在城市绿色发展的路径选择上，重点应当是注重发挥政府主导作用，大力推进经济发展方式转型、完善城市绿色发展制度设计、支持绿色科技创新、加强绿色发展理念教育等⑥。李雪娇和何爱平认为政府是经济发展的主导力量，是市场经济的调控者和参与者，政府的行为选择直接决定了绿色发展的水平⑦。而对于发展中企业的作用而言，史丹认为政府需要充分利用财政资金，引导企业绿色投入，发展绿色金融，促进企业的绿色研发和生产发展⑧。此外，苏京春也对目前中国构建绿色财税制度体系的难点、障碍及破解之道进行研究，同样强调了应当特别注重企业作为市场主体的重要作用，需要通过财政政策的引导调动企业绿色环保创新的积极性，加强产学研一体化的必要性⑨。杜建国等认为应鼓励资金进入绿色经济领域，鼓励绿

---

① 葛察忠，高树婷，龙凤，等.生态文明建设的环境财税架构 [J].环境保护，2012 (23)：26-28.

② 秦承敏.绿色经济的财税政策思考 [J].会计之友，2011 (26)：96-97.

③ 苏明.构建有利于减贫和绿色增长的财税政策 [J].国家行政学院学报，2013 (3)：44-50.

④ 邢丽，赵录.财税制度绿色化思路 [J].中国金融，2015 (10)：17-19.

⑤ 黄娟，王幸楠.北欧国家绿色发展的实践与启示 [J].经济纵横，2015 (7)：122-125.

⑥ 王永芹.中国城市绿色发展的路径选择 [J].河北经贸大学学报，2014，35 (3)：51-53.

⑦ 李雪娇，何爱平.绿色发展的制约因素及其路径拿捏 [J].改革，2016 (6)：90-99.

⑧ 史丹.绿色发展与全球工业化的新阶段：中国的进展与比较 [J].中国工业经济，2018 (10)：5-18.

⑨ 苏京春.中国构建绿色财税制度体系的难点、障碍及破解之道 [J].经济研究参考，2017 (8)：10-19.

色金融发展，加快创建金融支持绿色技术、绿色产业、绿色发展的配套条件①。同样，不少学者认为城市实现绿色发展道路中的政府、企业和社会公众三者之间的关系对于城市推进绿色发展之路同样重要。李萌和李学锋从城市治理结构上分析，认为目前中国尚未形成政府、企业和社会公众良性互动的城市环境保护公共治理结构，而且，公众的参与意识、环境监管以及绿色经济的推动力量等未能充分调动②。朱远认为要想提升城市在绿色转型中的管理效应，就离不开城市政府良好的治理能力，以及需要系统地处理好政府、企业、社会公众三者之间的协调关系③。因此，想要确保城市进行绿色财税发展，必须确保政府采取正确的财税政策，企业进行绿色的生产活动，社会公众积极响应等协同发展。

城市的绿色财税发展离不开政府、企业、社会公众三个主体之间的协调关系。同样，市场也会对政府、企业、公众行为产生无形的影响。因此，我们仍需要在捋清政府和企业两者的重要关系提前下，同样深刻剖析政府和市场之间的相互作用。在此前提下，进一步分析城市绿色发展财税之路中政府、企业和社会公众三者之间的关系。

对于城市绿色财税建设中政府与市场的关系，主要可以从以下四个方面进行分析：首先，需要保证一切的财税政策都是在约定性的框架之下，即政府需要提供一个约束性框架，市场主体在框架下进行社会活动。其次，要切实保证政府的主导作用，积极鼓励引导社会资金更大程度地参与到社会生态文明建设的事项中，鼓励引导社会资金进入政府部门。再次，政府和社会资本进行合作。政府借助社会资本完成投资，后者借由合作获得新的获利渠道。最后，由政府公共财政给予托底保障，保证市场主体的各类活动风险得到保障。可见，在绿色发展的不同领域，政府与市场发挥的作用和着力点并不相同，是相互补充、互为依托的关系。

政府和企业之间的关系，政府通过财政政策对企业进行引导和限制，企业通过税收行为来反馈政府的政策导向。其中，财政政策主要是分为两个方面：直接支出和间接支出。直接支出主要是包括节能环保支出、绿色转移支付、绿

---

① 杜建国，王玥，赵爱武. 智慧城市建设对城市绿色发展的影响及作用机制研究 [J]. 软科学，2020，34（9）：59-64.

② 李萌，李学锋. 中国城市时代的绿色发展转型战略研究 [J]. 社会主义研究，2013（1）：54-59.

③ 朱远. 城市发展的绿色转型：关键要素识别与推进策略选择 [J]. 东南学术，2011（5）：40-50.

色消费补偿等；间接支出主要是包括绿色税收优惠、绿色政府采购、生态文化教育支出等。政府可以通过税收优惠等方法，鼓励科技技术创新，促进经济绿色发展。根据已有的文献研究，对财税制度的系统，我们可以从三个方面进行分析：在保障性制度安排方面，主要是包括绿色税收制度，绿色能源制度，价、财、税、政策性金融联动制度等；在激励性制度安排方面，主要是包括多层次政策补贴、税收优惠、信贷优惠、生态补偿支出制度和绿色项目专项基金；绿色消费环境引导主要是包括政府绿色采购制度、资源回收制度、绿色消费产品市场的监督、绿色发展理念的推广和普及。

政府在整个机制的协调中起到核心作用，政府采用保障性的制度安排对政府、企业和社会公众之间的关系进行协调，采用激励性的制度安排引导企业积极进行绿色生产转型，引导社会公众坚持绿色消费理念。对于绿色消费环境的引导制度安排，旨在对全体的社会成员进行积极的绿色行为的指导和引向。对于企业和社会公众的关系，主要是企业通过绿色生产对社会公众的行为进行引导，同时企业的绿色生产行为会带来绿色产品，从而社会公众会进行绿色消费，通过绿色产品消费的的方式对企业行为进行反馈。

绿色财税政策中政府和企业的的责任应当划分清晰。关于政府和企业在行为主体划分上，需要切实改变目前政府环保支出责任过重的局面，按照"谁污染、谁治理"原则，严格落实企业主体责任，增强环境保护治理的内生动力，实现环境治理成本内部化。同时对于政府的绿色财政补贴，应当严格按照"谁消费、补偿谁"的原则推动绿色消费，切实保证补偿到位。政府对企业的作用机制同样是强投入和高监管，确保企业能够正确接收政策的指导安排，切实确保财税政策得到积极正向发展。

在绿色财政运行机制当中，需要有地方政府、企业和社会公众三方面共同的积极参与，构造"政府引导、社会协同、公众参与"的多元化格局。地方政府参与到绿色财政的运行机制中，是指有能力的地方政府要加大绿色生态方面的财政资金提供。对于那些接受绿色财政资金的单位，需提高财政资金的使用效率，保障绿色财政资金落实到生态和环保项目上来，切实为社会公众带来福利。企业也是绿色财政运行的主体，企业的职责在于积极发展绿色环保节能产业，尽可能地严格遵循环保法规，减少对自然的破坏。企业和社会主体是密切相联的，企业的各种行为会直接影响到社会主体的判断及选择。社会公众的职责在于不断的提高环保意识，以身作则响应政府和企业的号召，同时以纳税人的身份监督绿色财政资金的使用。因此，城市绿色发展的财税建设离不开政府、企业、社会公众三者之间的协调关系。政府应当利用在系统中的主导作用，引导企业进行绿色生产，鼓励社会公众建立绿色消费的理念。

3.5　城市绿色发展的金融理论机制分析

3.5.1　金融与城市绿色发展理论概述

金融在现代经济发展中起着关键作用，具有资金转移的功能，市场主体利用其将资金从资金盈余方转向资金稀缺方，从而促进资金的高效利用，提高资源配置的效率[①]。在城市绿色发展目标上，金融的资金专用作用可以集聚社会上的大量闲置资金并引导他们投向绿色、环保相关产业，以促进中国城市的绿色发展。在中国立足新发展阶段、贯彻新发展理念、构建新发展格局的背景下，要想经济又好又快发展，更快实现绿色发展目标，离不开金融的帮助和引导。目前，金融对城市绿色发展的影响研究并不多，在现有的研究中，主要是金融规模对绿色发展的影响、金融效率对绿色发展的影响以及国家提出的绿色金融的概念。尽管目前尚未得出金融对绿色发展的作用机制，但是根据国家整体指标来看，金融的各种特征在整体上还是促进了国家的绿色发展，实现了国家的绿色发展目标。不过金融对城市绿色发展的影响程度在不同地区、不同的城市发展阶段有一定的差异，因此需要注意差别研究。但从目前中国国情来看，金融行业不仅对城市整体的经济发展具有强有力的推动作用，对城市绿色经济以及绿色发展也有明显的推动，因此把握金融与绿色发展的关系至关重要。

作为一种新兴的发展模式，绿色发展模式是缓解当前经济迅速发展和资源环境有限性之间的矛盾、解决当前日渐严峻的生态环境问题的有效方式。中国的经济正在向高质量、低能耗的方向发展，而绿色发展和我国的经济转型路线不谋而合。中国的城市发展应遵循绿色发展的相关理念，它主要包括节约资源、加强环境治理和生态保护三大内容。尽管目前我国城市的绿色发展前景尚且不明朗，但实现绿色经济、低碳经济是大势所趋，银行证券等金融相关行业也应顺应趋势，积极承担社会责任，充分发挥金融对城市绿色发展的促进作用，提高经济发展的整体质量。

---

① 张帆.金融发展影响绿色全要素生产率的理论和实证研究［J］.中国软科学，2017（9）：154-167.

3.5.2 金融发展影响绿色发展的机理分析

（1）金融规模效应

金融规模效应即规模经济，又称规模利益，按照权威的《拉夫经济学辞典》的解释：在给定技术条件下，对于某一产品，如果在某些产量范围内平均成本是下降的话，我们就认为存在规模经济；如果平均成本上升，存在规模不经济。规模经济在这个产量范围就表现为"长期平均成本曲线"向下倾斜，因此长期平均成本曲线便是规模曲线，长期平均成本曲线上的最低点就是"最小最佳规模"。银行业规模经济便由此引申而来，具体是指不断追加投入，不断开设新的银行，从而获得整体的规模经济效益。

首先，城市的绿色发展需要大量的资金支持，无论是绿色产业还是相关项目的发展，都离不开资金的支持。资金链的流通是项目经营管理的关键，它决定着企业的简单再生产和扩大再生产。企业无论是要生产下一轮产品、更新机器设备还是要进行技术创新，都需要筹措到足够的资金。同样，一个城市的绿色发展乃至经济发展，就需要更大规模的资金供应，而金融体系则能很好地满足企业和城市发展的资金需求。随着金融规模的扩大，金融机构的管理和服务业务水平的提高，金融体系可以有效筹措大笔资金供给城市绿色发展，为城市发展提供生产要素，给企业提供充足资金帮助其实现技术和管理的创新，不仅可以实现企业自身向绿色高效的方向发展，同时还可以为城市整体构建绿色产业、绿色项目，从而促进城市经济的转型升级，实现城市的绿色发展目标。其次，随着绿色金融规模的不断扩大，势必衍生出越来越多的中小型金融机构，这些金融机构为企业提供绿色发展相关的金融服务和金融培训，这样不仅能引导相关企业实现绿色转型，也能保证这些正在转型的企业能够维持自身的日常运营，走上正确的、可持续的绿色发展道路，而不是盲目地更改经营模式，从而造成企业的资金流动失调。由于大规模金融的引导作用，可以维持城市的经济发展水平，保证城市有序高效地实现绿色发展目标。最后，金融规模的增加解决了企业自身发展的资金约束问题，可以提高企业的日常生产效率，从而真正给企业带来实际的经济流入，提高了城市的经济效率，企业和政府将当期所得资金投入到下一轮的生产中去，从而实现良性循环。但是需要注意的是，金融规模通过多种途径影响绿色发展，要探究适合各城市绿色发展特点的金融规模；金融规模不能盲目扩大，否则会对城市绿色发展产生消极影响。比如当金融规模扩大引领企业的生产规模拓展到一定程度时，可能出现低效无意义的生产，带来产能过剩而阻碍了金融的引导作用，从而阻碍城市绿色发展的进行。

（2）金融效率效应

一般来说，效率在经济上被定义为投入和产出的关系。那么金融效率就是在金融部门的投入与产出的关系，即金融部门对经济增长的贡献度。作为一个综合指标，金融效率有多种分类方式，按照不同金融机构对经济增长的作用，可以分为宏观金融效率、微观金融效率和金融市场效率三种①。宏观金融效率主要包括货币政策效率、货币量与经济成果的比例关系，金融市场化程度和金融体系动员国内储蓄上的效率等方面。根据金融压制论的观点，目前资金外逃代表着一个国家宏观金融效率不高。微观金融效率主要是指以金融机构为代表的市场微观主体的经营效率。微观金融效率指标体系主要包括金融机构的盈利水平，金融机构的资本创利水平、金融机构资产盈利水平、金融机构人均资产持有量、金融机构人均资本持有量、金融机构人均利润水平和金融机构的资产质量等方面。金融市场效率则包括货币市场效率和证券市场效率。对金融市场效率的考察可以从市场的规模、市场的结构和市场的成熟程度多个角度来分析。

作为经济中介的金融部门，对于经济增长的贡献来说，其经济中介活动可分为两种效应：一方面，体现在把储蓄转化为投资的效率上。事实上，金融部门影响国民储蓄率的途径，其实质就是改善了总需求中的消费与投资之间的比例结构，进而改变了经济体系中的消费和投资的比例，因此该效应可称为金融部门的资金分置功能。金融市场能够把社会闲置资金集聚起来，同时通过贷款的方式将资源重新分配，使资金流向一些资源稀缺的绿色产业和项目，从而促进城市的绿色发展效率。另一方面，体现在改变资本边际生产率上。金融部门影响资本边际生产率活动，其实质是改变了资金的配置结构，从而促进了产业的变迁，因此该效应可称为金融部门的资金配置功能。金融效率发挥其资源配置的作用，将资金从一些低效率、能耗高的企业转移到高效率高成长的产业和项目中去，从而淘汰一些高污染低效率、同时经营管理落后的产业和项目，如此形成一个良性的循环，提高城市的绿色发展效率。

（3）绿色金融效应

一个健康有序的绿色金融体系是绿色发展的重要组成部分，是贯穿城市绿色发展全过程的总路线，根据 2016 年 8 月 31 日中国人民银行、财政部、国家发展改革委、环境保护部、银监会、证监会、保监会印发《关于构建绿色金

---

① 王遥，潘冬阳，张笑. 绿色金融对中国经济发展的贡献研究 [J]. 经济社会体制比较，2016（6）：33-42.

融体系的指导意见》，绿色金融体系应该包括说明绿色金融体系意义、发展绿色信贷、构建绿色证券市场、设立绿色发展基金、发展绿色保险、完善权益工具市场、支持地方绿色发展、开展绿色发展国际合作、防范金融风险九大重要内容。与传统的金融体系相比，绿色金融体系更加注重将闲置资金投入到低碳环保的产业中去，实现节约资源保护环境的目的。而绿色金融效应则体现在引领经济发展重心向绿色产业发展，通过为新技术、新方法提供资金支持和技术援助，将能够促进城市绿色发展的技术和管理方法应用于各行业和各领域，从而使经济又好又快的发展[①]。

绿色金融效应可以分为直接效应和间接效应。绿色金融的直接效应是指构建一个完整的金融体系沟通以各行业和各领域，促进社会整体展开合作，从而集中社会力量去研究经济转型与绿色发展。在这个体系中，资金可以有效流入到尖端技术的研发中，各省际乃至国家都可以交流管理和发展经验，防止走错了路、花错了钱，各省（自治区、直辖市）也可以从中探索适合自身情况的绿色发展道路，各领域人才能够投入到自己擅长适合的行业中，各行业人才展开合作，共同探索绿色发展道路；除此之外，构建全中国的绿色金融体系，搭建全国绿色发展项目平台，促进资金能够在全国范围内流通，从而增强金融的资金转移功能；构建平台防范各地因不当发展造成的金融风险，有了系统、合理的绿色金融体系，防范风险和应对突发情况的能力也会大幅度提高，从而更好地发挥金融对城市绿色发展的促进作用。

绿色金融的间接效应是指从国家角度加大对绿色发展相关技术的投入，在全国范围普及绿色环保技术，将新技术更快应用于全国，从而间接促进城市的绿色发展[②]。科学技术是第一生产力，经济发展离不开科技的进步；同样，绿色发展也要依靠高新技术的推动，如果没有新设备、新方法，实现低消耗、低排放的生产目标便不可能实现。绿色金融体系大规模的资金集聚效应能很好地满足技术研发的需求，新技术的研发和应用前期需要大量的资金投入。这笔资金仅靠单个企业很难筹集，而与绿色发展相关的技术更是融资困难，但在全中国构建绿色金融体系后，便可以筹集到足够的资金发展高新技术，为城市绿色发展提供新的助力。在新技术的普及方面，绿色金融也同样发挥着引导辅助作用，城市地方企业的资金和管理能力不足以引进最新研发出的设备，从而很难

① 黄建欢，吕海龙，王良健.金融发展影响区域绿色发展的机理：基于生态效率和空间计量的研究 [J].地理研究，2014，33（3）：532-545.

② 周五七，朱亚男.金融发展对绿色全要素生产率增长的影响研究：以长江经济带11省（市）为例 [J].宏观质量研究，2018，6（3）：74-89.

采用最新技术达到节能减排的目标。绿色金融市场和机构不仅可以提供充足信息宣传新技术促进其普及地方企业，也可以通过信贷等方式使地方企业有足够资金真正应用于先进设备，促进地方企业改革生产方式，平稳度过转型期，在稳收入的同时向低碳环保的方向发展，从而为城市绿色发展解决最根本的动力问题，使城市绿色发展目标能够彻底有效的实现，避免政策约束过后企业又回归高污染方向。此机理如图 3.3 所示。

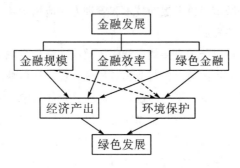

图 3.3　金融发展影响绿色发展的机理

3.5.3　城市绿色发展项目融资模式分析

绿色发展项目融资是一个不断完善且涉及范围广泛的方式，总的来说，它有利于城市的绿色发展。在行为主体方面，它同时包括了公共部门和私人部门，目前公共部门参与程度较高；在内容方面，它关注融资过程的绿色化，致力于解决绿色项目的识别和项目环境及社会风险管控两个方面的问题；在效果方面，它追求的是经济、环境、社会三重效益的统一。绿色发展项目融资模式多种多样，每一种都有各自适应的领域和优缺点①。

（1）BOT 融资模式

BOT 是政府与企业合作，向社会提供公共物品的一种模式，是 Build - Operate - Transfer 的缩写，译为"建设—经营—转让"。其主要应用于城市的大型基础设施如高速公路、水库等建设，这些基础设施具有前期投入大、回报周期长的特点。这种模式的优点是可以充分调动私人企业的能动性来弥补政府不足，通过政企合作来提高效率。

（2）TOT 融资模式

TOT 是指将政府运营中的有预计收益的项目移交给私人企业，通过政府与

---

① 吴时舫. 城市绿色项目融资的运营模式探讨 [J]. 商业时代，2019 (10)：88-89.

私人企业签订协议，在一定时期内，私人企业负责运营维护公共项目，政府承诺项目的收益归私人企业的一种融资模式，TOT 是 Transfer-Operate-Transfer 的缩写，译为"移交—经营—移交"，主要应用于交通基础设施的建设。这种模式的优点是可以有效规避运营维护期间内产生的风险，通过引入私人企业避免政府运营的低效率。

（3）O&M 融资模式

O&M 是指通过政府与私人企业签订协议，政府定期支付给私人企业费用，私人企业负责运营管理公共项目的一种融资模式。O&M 是 Operations and Maintenance 的缩写，译为"运营和维护"。此模式给市政工程项目提供了借鉴和参考，一般应用于已有的设施如供水、污水处理等。与前两种模式相比，这种模式不仅将经营权转移给私人企业，而且政府仍然保持对项目的所有权。

（4）ABS 融资模式

ABS 是指政府以项目未来收益为担保在市场上发行债券进行融资的一种模式。ABS 是 Asset-Backed Securitization 的缩写，译为"资产支持证券化"。此模式主要应用于交通运输部门的铁路、公路等的建造。这种模式的优点是既能给投资者带来多样的选择和可观的收益，又具有信用高、风险小的特点。

4 中国城市绿色发展实践

4.1 中国城市绿色发展的区域特征分析

4.1.1 绿色发展指数

2016 年，依据党中央和国务院相关指示，在研究和总结国内外关于绿色发展的研究和实践的基础上，结合中国城市绿色发展的现状，参考了之前公布的《生态文明建设目标评价考核办法》《绿色发展指标体系》和《生态文明建设考核目标体系》，国家统计局、国家发展和改革委员会、环境保护部、中央组织部联合发布了 2016 年各省（自治区、直辖市）生态文明建设年度评价结果，共同制定了绿色发展指数以供参考。

绿色发展指数采用综合指数法计算得来，将资源利用指标、环境治理指标、环境质量指标、生态保护指标、增长质量指标、绿色生活指标作为一级指标，以 2015 年作为基期，将一级指标细分为能源消费总量、森林覆盖率等二级指标并根据不同的权数加权计算得出各地绿色发展指数①。绿色发展指标体系见表 4.1。

---

① 中国政府网. 关于印发《绿色发展指标体系》和《生态文明建设考核目标体系》的通知 [EB/OL]. https://www.ndrc.gov.cn/fggz/hjyzy/stwmjs/201612/t20161222_1161174.html？code=&state =123.

表 4.1 绿色发展指标体系

一级指标	序号	二级指标	计量单位	指标类型	权数/%	数据来源
一、资源利用（权数=29.3%）	1	能源消费总量	万吨标准煤	◆	1.83	国家统计局、国家发展改革委
	2	单位 GDP 能源消耗降低	%	★	2.75	国家统计局、国家发展改革委
	3	单位 GDP 二氧化碳排放降低	%	★	2.75	国家发展改革委、国家统计局
	4	非化石能源占一次能源消费比重	%	★	2.75	国家统计局、国家能源局
	5	用水总量	亿立方米	◆	1.83	水利部
	6	万元 GDP 用水量下降	%	★	2.75	水利部、国家统计局
	7	单位工业增加值用水量降低率	%	◆	1.83	水利部、国家统计局
	8	农田灌溉水有效利用系数	—	◆	1.83	水利部
	9	耕地保有量	亿亩	★	2.75	国土资源部
	10	新增建设用地规模	万亩	★	2.75	国土资源部
	11	单位 GDP 建设用地面积降低率	%	◆	1.83	国土资源部、国家统计局
	12	资源产出率	万元/吨	◆	1.83	国家统计局、国家发展改革委
	13	一般工业固体废物综合利用率	%	△	0.92	环境保护部、工业和信息化部
	14	农作物秸秆综合利用率	%	△	0.92	农业部
二、环境治理（权数=16.5%）	15	化学需氧量排放总量减少	%	★	2.75	环境保护部
	16	氨氮排放总量减少	%	★	2.75	环境保护部
	17	二氧化硫排放总量减少	%	★	2.75	环境保护部
	18	氮氧化物排放总量减少	%	★	2.75	环境保护部
	19	危险废物处置利用率	%	△	0.92	环境保护部
	20	生活垃圾无害化处理率	%	◆	1.83	住房城乡建设部
	21	污水集中处理率	%	◆	1.83	住房城乡建设部
	22	环境污染治理投资占 GDP 比重	%	△	0.92	住房城乡建设部、环境保护部、国家统计局

表4.1(续)

一级指标	序号	二级指标	计量单位	指标类型	权数/%	数据来源
三、环境质量（权数=19.3%）	23	地级及以上城市空气质量优良天数比率	%	★	2.75	环境保护部
	24	细颗粒物（PM2.5）未达标地级及以上城市浓度下降	%	★	2.75	环境保护部
	25	地表水达到或好于Ⅲ类水体比例	%	★	2.75	环境保护部、水利部
	26	地表水劣Ⅴ类水体比例	%	★	2.75	环境保护部、水利部
	27	重要江河湖泊水功能区水质达标率	%	◆	1.83	水利部
	28	地级及以上城市集中式饮用水水源水质达到或优于Ⅲ类比例	%	◆	1.83	环境保护部、水利部
	29	近岸海域水质优良（一、二类）比例	%	◆	1.83	国家海洋局、环境保护部
	30	受污染耕地安全利用率	%	△	0.92	农业部
	31	单位耕地面积化肥使用量	千克/公顷	△	0.92	国家统计局
	32	单位耕地面积农药使用量	千克/公顷	△	0.92	国家统计局
四、生态保护（权数=16.5%）	33	森林覆盖率	%	★	2.75	国家林业局
	34	森林蓄积量	亿立方米	★	2.75	国家林业局
	35	草原综合植被覆盖度	%	◆	1.83	农业部
	36	自然岸线保有率	%	◆	1.83	国家海洋局
	37	湿地保护率	%	◆	1.83	国家林业局、国家海洋局
	38	陆域自然保护区面积	万公顷	△	0.92	环境保护部、国家林业局
	39	海洋保护区面积	万公顷	△	0.92	国家海洋局
	40	新增水土流失治理面积	万公顷	△	0.92	水利部
	41	可治理沙化土地治理率	%	◆	1.83	国家林业局
	42	新增矿山恢复治理面积	公顷	△	0.92	国土资源部
五、增长质量（权数=9.2%）	43	人均GDP增长率	%	◆	1.83	国家统计局
	44	居民人均可支配收入	元/人	◆	1.83	国家统计局
	45	第三产业增加值占GDP比重	%	◆	1.83	国家统计局
	46	战略性新兴产业增加值占GDP比重	%	◆	1.83	国家统计局
	47	研究与试验发展经费支出占GDP比重	%	◆	1.83	国家统计局

一级指标	序号	二级指标	计量单位	指标类型	权数/%	数据来源
六、绿色生活（权数=9.2%）	48	公共机构人均能耗降低率	%	△	0.92	国管局
	49	绿色产品市场占有率（高效节能产品市场占有率）	%	△	0.92	国家发展改革委、工业和信息化部、质检总局
	50	新能源汽车保有量增长率	%	◆	1.83	公安部
	51	绿色出行（城镇每万人口公共交通客运量）	万人次/万人	△	0.92	交通运输部、国家统计局
	52	城镇绿色建筑占新建建筑比重	%	△	0.92	住房城乡建设部
	53	城市建成区绿地率	%	△	0.92	住房城乡建设部
	54	农村自来水普及率	%	◆	1.83	水利部
	55	农村卫生厕所普及率	%	△	0.92	国家卫生计生委
七、公众满意程度	56	公众对生态环境质量满意程度	%	—	—	国家统计局

注：1. 标★的为《国民经济和社会发展第十三个五年规划纲要》确定的资源环境约束性指标；标◆的为《国民经济和社会发展第十三个五年规划纲要》和《中共中央、国务院关于加快推进生态文明建设的意见》等提出的主要监测评价指标；标△的为其他绿色发展重要监测评价指标。根据其重要程度，按总权数为100%，三类指标的权数之比为3：2：1计算，标★的指标权数为2.75%，标◆的指标权数为1.83%，标△的指标权数为0.92%。6个一级指标的权数分别由其所包含的二级指标权数汇总生成。

4.1.2　中国省域绿色发展水平及特点

根据2016年国家统计局、国家发展和改革委员会按照绿色发展指数绘制的31个省（自治区、直辖市）生态文明建设年度评价结果如表4.2所示[①]。

表4.2　2016年生态文明建设年度评价结果

地区	绿色发展指数	资源利用指数	环境治理指数	环境质量指数	生态保护指数	增长质量指数	绿色生活指数	公众满意程度/%
北京	83.71	82.92	98.36	78.75	70.86	93.91	83.15	67.82
天津	76.54	84.40	83.10	67.13	64.81	81.96	75.02	70.58
河北	78.69	83.34	87.49	77.31	72.48	70.45	70.28	62.50

---

① 国家统计局. 2016年生态文明建设年度评价结果公报［EB/OL］. http://www.stats.gov.cn/tjsj/zxfb/201712/t20171226_1566827.html.

表4.2(续)

地 区	绿色发展指数	资源利用指数	环境治理指数	环境质量指数	生态保护指数	增长质量指数	绿色生活指数	公众满意程度/%
山 西	76.78	78.87	80.55	77.51	70.66	71.18	78.34	73.16
内蒙古	77.90	79.99	78.79	84.60	72.35	70.87	72.52	77.53
辽 宁	76.58	76.69	81.11	85.01	71.46	68.37	67.79	70.96
吉 林	79.60	86.13	76.10	85.05	73.44	71.20	73.05	79.03
黑龙江	78.20	81.30	74.43	86.51	73.21	72.04	72.79	74.25
上 海	81.83	84.98	86.87	81.28	66.22	93.20	80.52	76.51
江 苏	80.41	86.89	81.64	84.04	62.84	82.10	79.71	80.31
浙 江	82.61	85.87	84.84	87.23	72.19	82.33	77.48	83.78
安 徽	79.02	83.19	81.13	84.25	70.46	76.03	69.29	78.09
福 建	83.58	90.32	80.12	92.84	74.78	74.55	73.65	87.14
江 西	79.28	82.95	74.51	88.09	74.61	72.93	72.43	81.96
山 东	79.11	82.66	84.36	82.35	68.23	75.68	74.47	81.14
河 南	78.10	83.87	80.83	79.60	69.34	72.18	73.22	74.17
湖 北	80.71	86.07	82.28	86.86	71.97	73.48	70.73	78.22
湖 南	80.48	83.70	80.84	88.27	73.33	77.38	69.10	85.91
广 东	79.57	84.72	77.38	86.38	67.23	79.38	75.19	75.44
广 西	79.58	85.25	73.73	91.90	72.94	68.31	69.36	81.79
海 南	80.85	84.07	76.94	94.95	72.45	72.24	71.71	87.16
重 庆	81.67	84.49	79.95	89.31	77.68	78.49	70.05	86.25
四 川	79.40	84.40	75.87	86.25	75.48	72.97	68.92	85.62
贵 州	79.15	80.64	77.10	90.96	74.57	71.67	69.05	87.82
云 南	80.28	85.32	74.43	91.64	75.79	70.45	68.74	81.81
西 藏	75.36	75.43	62.91	94.39	75.22	70.08	63.16	88.14
陕 西	77.94	82.84	78.69	82.41	69.95	74.41	69.50	79.18
甘 肃	79.22	85.74	75.38	90.27	68.83	70.65	69.29	82.18
青 海	76.90	82.32	67.90	91.42	70.65	68.23	65.18	85.92
宁 夏	76.00	83.37	74.09	79.48	66.13	70.91	71.43	82.61
新 疆	75.20	80.27	68.85	80.34	73.27	67.71	70.63	81.99

从表 4.2 来看，中国各省绿色发展水平存在差异，在东部省份中，一些第三产业的省份如北京、上海等绿色发展水平较高，而传统工业、能源大省绿色发展水平较低，中部省份和西南省份绿色发展水平较高，西北省份较为落后，除甘肃外各省的绿色发展指数较低①。各省的绿色发展指数有较大差距，绿色发展指数极差达到 8.51，具体而言：

（1）绿色发展指数在 80 以上的省（直辖市）。共有 10 个，分别为北京、上海、江苏、浙江、福建、湖北、湖南、海南、重庆、云南。这些省（直辖市）绿色发展指数高的原因大部分是由于其都有名列前茅的一级指标，但也有些各项一级指标均衡。北京和江浙沪地区绿色发展指数高的原因是有较高的增长质量指数和绿色生活指数，这些省（直辖市）由于 21 世纪以来地区内第三产业增长较快且环境治理逐步落实，不断创造低消耗、低污染的产业，经济增长动力主要来源于低碳环保产业，且城市基础设施也逐步完善，城市内绿化水平和环境保护也越来越得到政府重视，百姓日常生活环境质量得到改善，因此带来较高的增长质量和绿色生活，城市绿色发展水平较高。福建绿色发展指数高的原因在于有较高的资源利用指数，福建临海靠山，有丰富的自然资源，近年来福建合理利用自身自然优势，取得了较高的资源利用率，城市绿色发展水平较高。海南绿色发展指数高的原因在于有较高的环境质量指数，海南拥有优越的自然环境，生态基础比较牢固，再加上由于没有公路铁路与大陆相连，避免了一些高污染行业的进入，当地政府也致力于保持当地生态环境，注重经济发展与生态维护相结合，因此得到较高的环境质量，城市绿色发展水平较高。重庆、云南绿色发展指数高的原因在于有较高的生态保护指数，作为西南地区新兴的两个省市，重庆有较高的第三产业占比，高污染高排放企业较少，而云南有优美的自然环境，各少数民族自治区工业占比很少，政府又大力发展旅游相关产业，因此两地生态保护较好，城市绿色发展水平较高。湖南、湖北则比较特殊，各项指标均排名中位，但无论是自身的生态条件还是后期保护都有不错的成果，因此整体绿色发展水平较高。

（2）绿色发展指数 80 以下的省（自治区、直辖市），主要包括其余 21 个省份，这些省份又可分为三种类型②。第一种类型，自身有优越的自然条件，但由于经济发展相对落后，阻碍了自身绿色发展水平，该类型主要包括西北地

---

① 崔铁宁, 张继美. 中国绿色发展的空间网络结构研究 [J]. 区域经济评论, 2020 (2): 139-150.

② 李妍, 朱建民. 生态城市规划下绿色发展竞争力评价指标体系构建与实证研究 [J]. 中央财经大学学报, 2017 (12): 139-150.

4 中国城市绿色发展实践 | 77

区省（自治区）如新疆、西藏、宁夏、青海等；从 6 项一级指标来看，这些省级单位的环境质量指数和生态保护指数排名并不靠后，由此可见这些省级单位本身拥有优越的自然环境和资源矿藏，且内部生态并未受到较大破坏，资源也得到较大程度保存。但城市的绿色发展水平并不是仅看一个城市的自然资源，除了以上两个指标外，其余四个指标均排名较后，这也是导致这些地区绿色发展指数排名较后的原因，中国西北地区拥有丰富自然资源，除了传统的土地、矿石能源，还有丰富的新能源如太阳能、风能等，这些能源不仅有利于中国整体发展，新能源的开发也符合绿色发展的理念，但由于西北地区省份经济发展比较滞后，相关基础设施建设也不完善，导致这些地区还有很大部分的资源没有得到合理的利用；同时，居民生活环境也有较大的改善空间，城市的规划和建设也有很长的路要走。第二种类型，主要以天津、山西为代表，这些地区的经济发展相对不落后，但因为资源利用和环境质量的问题，绿色发展指数相对较低，自身绿色发展水平不高；天津靠近渤海交通便利，自身经济发展迅速，且环境治理和绿色发展起步也比较早，但从 6 项一级指标来看，天津环境质量指数和生态保护指数均比较靠后，但环境治理指数却比较靠前，由此可见，天津过去的高污染、高能耗的制造产业众多，经济中第二产业也占比过大，尽管展开了较大力度的环境治理和产业转型，当前仍然剩余较多高污染企业，给环境造成较大危害，只有继续开展相关政策措施，才能不断提高城市绿色发展水平；而山西与天津的情况基本相同，资源利用指数和环境质量指数较低，山西拥有丰富的矿藏，但新中国成立以来煤炭的大量开采应用给山西的自然环境带来严重的危害，尽管自从贯彻低碳环保开始，国家对相关产业进行整治，但仍然杯水车薪，山西省内存在大量资源未得到充分利用，制造业所产生的污染给环境也带来了较大的压力，因此整体绿色发展水平不高。第三种类型是剩余的绿色发展指数排名中等的省份，在六项一级指标中，这些省份并没有明显的长处和短板，绿色发展指数也相对接近 80，位于较好水平，这些省份中既有对本省采取较大力度整治取得不错成效的省份，也有自身有不错的绿色发展基础并得以保持的省份，整体来看，这些省份的绿色发展水平与北京、上海等绿色发展水平较高地区的差别并不大，也取得了许多成就①。

4.1.3　中国区域绿色发展水平及特点

从上文分析来看，中国各个省（自治区、直辖市）存在差异，不论是资

---

① 刘华军，刘传明，孙亚男. 中国能源消费的空间关联网络结构特征及其效应研究 [J]. 中国工业经济，2015（28）：83-95.

源禀赋还是后期环境治理，每个地区的情况不同，但从整体上看，中国又存在一些区域特点，根据中国的地理和人口特征，可以划分为东中西三个区域，总体来看，东部地区绿色发展水平最高、中部地区绿色发展水平次之，西部地区绿色发展水平最低①。具体而言：

（1）东部地区整体来看，环境治理正在大规模展开并已取得初步成效，环境治理指数整体领先于中部和西部地区，由于这些省份本身的城市化进展较快，急需解决之前重速度、轻质量的路线所产生的问题，因此中央和地方政府较为重视，产生众多环境治理的相关法律法规，高污染、高消耗行业正在逐步转型，绿色发展相关产业也逐步形成，也初步形成了适合城市特点的绿色发展路线；但是之前所造成的污染较大，部分行业、企业也由于技术难以支撑、管理不严等问题难以顺利转型。当前的主要绿色发展目标是在不影响城市经济发展的同时稳步推进城市绿色发展，将环保相关法律法规应用于各行业，积极应用世界尖端技术和管理经验，继续取得城市绿色发展进展。

（2）中部地区整体来看，中部地区由于其中有众多新兴城市，大部分城市发展过程中一开始就走向低碳环保的方向，同时这些城市经济高速发展时期国家同时出台了相关的环保法律法规，绿色发展意识已经普及，因此相关技术和管理经验也初步得到应用，绿色产业基础设施也得到初步构建，但是与东部发达城市相比，由于其经济体量的限制，绿色产业规模不会很大；当前的主要绿色发展目标是以经济建设为主，同时注意相关环保措施，对于当前城市的绿色相关基础设施不完善问题，不过度追求突飞猛进的发展，在经济基础初步建立，有足够的资金和技术支持后逐步提高。

（3）西部地区情况较为复杂。西南地区和陕西、内蒙古等黄土高原地区与中部地区发展情况类似，近年来成渝地区经济飞速发展，其绿色发展水平也有赶上东部发达城市的趋势，再加上西南地区和黄土高原地区保持了自身的生态环境，资源开发也很有潜力，因此城市绿色发展水平整体向好。西北地区的绿色发展水平则较低，首先是经济发展水平低阻碍了相关绿色行业发展，其次这些省份的物质基础还不够丰富，不会牺牲生产去发展环保；但其本身拥有中国保持最完好的生态环境，资源储藏也足够充裕，在我国大力扶持西部经济发展的背景下，西部地区应积极引进先进技术和管理经验，与中东部地区多交流经验，探索自身经济发展道路，在保证自身发展不走弯路的同时，以经济建设

① 刘华军，张耀，孙亚男.中国区域发展的空间网络结构及其影响因素：基于2000—2013年省际地区发展与民生指数 [J].经济评论，2015（5）：59-69.

为首要目标，只有经济逐步增长达到一定规模，城市的绿色发展才有经济基础，才能真正开始起步①。

4.1.4　中国绿色发展空间板块划分及特点

由上文分析可知，各省份的绿色发展状况既有相似之处也有不同之处，中国经济正处于由高速增长阶段向高质量发展阶段转变的过程，在国家的大力倡导下，各省（自治区、直辖市）或多或少地开始逐步推进自己的绿色发展进程，但实现绿色发展是全中国的目标，不应局限于各省（自治区、直辖市）单独发展。省际之间相互协调配合，既有自然资源输出角色的省（自治区、直辖市），也有承担研发并推进新型技术角色的省份，各省之间既有关联又有差异，共同构成我国复杂的空间结构。

目前研究倾向于运用空间计量方法，基于各省的绿色发展相关的属性数据，分析中国绿色发展的空间结构特征，通过构建中国各省绿色发展空间网络结构图，进而说明每个省份在全国的绿色发展中扮演的角色，分析各个省份相互影响的原理和内在机制，进而划分中国绿色发展空间板块并分析其特征，为共同推进中国绿色发展提供参考。按照将最大分割度设置为2，集中标准设置为0.2的惯例，我国的绿色发展空间可以分为四大板块②。尽管不同板块包含的省份在不同研究中有所差异，但基本包括四大类型：既输出也吸收绿色发展所需资源的中间类型、大部分吸收绿色发展所需资源的净收益型、大部分输出绿色发展所需资源的净溢出型、既向板块内部也向其他板块输出绿色发展所需资源的双向溢出板块。运用空间计量得出的空间四大板块特点与将我国按照东西划分的特点大致相同，东部地区大部分省份处于净收益板块，西部地区大部分省份处于净溢出板块，中部地区和东部发达省份处于双向溢出板块作为中间人输入输出资源，绿色发展所需自然资源大部分由我国西部产生向东部输送。

整体上，四大板块分别扮演不同的角色，在各板块内部整体协同性较强，四大板块相互配合，推进绿色发展资源在全国的输送，全国有一定的整体协同发展性，中国绿色发展在空间上已经初步具有联动性特征，但由于各省（自治区、直辖市）的实际绿色发展水平还差距较大，因此整体的协调运行还有

---

①　王勇，李海英，俞海.中国省域绿色发展的空间格局及其演变特征［J］.中国人口·资源与环境，2018（28）：96-104.

②　张玉，任建兰，谷缙.中国省域绿色发展水平空间分异特征及影响因素分析［J］.江苏农业科学，2019，47（11）：339-346.

待加强①。具体来说,净收益板块内部的经济发达省份应发挥其资金、技术、管理等方面的优势,充分利用自己得到的绿色发展资源,将自身发展优势惠及内部其他省份甚至说其他板块内的省份,同时发挥领头羊的作用,带头开发和应用新技术、新思路和新方法;净输出板块应发挥自身的资源优势,不仅充分利用传统资源也要积极开发新能源,在资源输出的过程中,积极与绿色发展水平较高的省份交流经验,探索适合自身的绿色发展道路,在自身发展的过程中,要始终秉承绿色发展理念,将绿色发展理念贯穿于经济发展的全过程,避免走弯路;双向溢出板块内部协调性领先于其他板块,应发挥好自身的整体作用与其他板块进行资源的输入与输出、信息的沟通和交流,由于板块内部省份大多经济较为发达,因此自身绿色发展前景较好,在合理利用好自身资源的同时,兼顾吸收发达板块的先进技术,为经济较不发达的板块提供援助;中间人板块大多处于我国地势的中部地区,内部省份沟通了经济发达的东部和经济较不发达的西部地区,首先应充分发挥好自己的中间人身份,沟通好东西部地区的资源和信息交流,提高全国整体绿色发展水平,其次也应利用好中间人的优势,在资源的输入与输出的过程中汲取绿色发展经验,获得绿色发展所需的自然资源和技术信息,实现绿色发展水平的飞跃。

4.2 中国城市绿色发展的实践案例

4.2.1 重庆市渝北区绿色发展案例

改革开放以来,中国经济持续快速增长,经济总量也持续不断地扩大,人民的物质生活水平得到了极大的提升。但中国经济的高速发展,伴随着自然资源的大量消耗和生态环境的不断恶化,这种一味追求经济发展而在一定程度上忽略了自然环境保护的发展方式,与中国实现绿色发展道路的方向背道而驰。为了平衡经济发展与生态保护,"十三五"规划提出"创新、协调、绿色、开放、共享"五大发展理念。其中,绿色发展注重的是解决人与自然和谐问题,是要实现社会、经济和生态的协调发展。绿色发展是"绿色"和"发展"的有机结合,二者是辩证统一的关系,只谈发展不谈绿色,是竭泽而渔;只谈绿色不谈发展,是缘木求鱼。持续健康的经济发展是绿色发展的前提,没有发

---

① 曾贤刚,毕瑞亨. 绿色经济发展总体评价与区域差异分析 [J]. 环境科学研究,2014,27 (12):1564-1570.

展，绿色发展就无从谈起；生态环境资源的可持续性也同等重要，也就是发展不能脱离"绿色"这一基调。从 2002 年政府首次提出在中国应当选择绿色发展之路以来，"绿色发展"至今仍然是一个新的理念，对于其定义仍然没有一个统一的说法，建设标准和体系也仍然不够完善，加之中国每一个城市的发展阶段、特点都各有不同，每个城市在在绿色发展理念之下选择的具体发展路径上有所不同。

近年来，重庆市渝北区高度重视生态文明建设和环境保护工作，坚持生态立区，以创建国家生态文明建设示范区为抓手，践行生态优先、绿色发展的理念，着力解决突出环保问题，打好、打赢污染防治攻坚战，打造出渝北的美丽形象；与此同时，"十三五"以来，渝北区推动经济发展由高速增长逐渐向高质量发展转变、发展动能加速集聚、社会民生持续得到改善，做到了社会、经济和生态的协调发展。本书将从以下两个方面来介绍重庆市渝北区的绿色发展情况。

（1）产业绿色转型方面

2020 年，根据地区生产总值核算结果，渝北区实现地区生产总值 2 009.52 亿元，在全市各区县中连续十年排名第一。其中，第一产业增加值 27.77 亿元，占生产总值的 1.4%；第二产业增加值 655.68 亿元，占生产总值的 32.6%；第三产业增加值 1 326.08 亿元，占生产总值的 66.0%。对比"十二五"末 2015 年的三次产业结构比 2.17∶58.59∶39.24，可以看到第三产业的占比提升了大约 27 个百分点。规模以上工业总产值达到 3 155 亿元，战略性新兴产业产值占规模以上工业总产值比重达到 45%[①]。由此可以看出，渝北区在"十三五"期间，在提升经济总体实力的同时，也不断地优化产业结构，积极向科技含量高、能耗低、污染低的生产方式转变，以新兴业态为突破推进绿色发展，提升发展的质量。

"十三五"期间，智能终端、现代消费走廊、软件和信息服务、航空物流园、两江国际商务中心"五个千亿级"产业集群的逐步发展为渝北区的经济发展注入了强大的动力，这个产业集群从创建、发展到强大，是渝北区产业绿色转型的真实写照。

智能制造对于贯彻新发展理念、实现经济高质量发展具有十分重要的意义。2016—2020 年，渝北区每年将不低于 2 亿元的财政资金用于推动传统工业技改升级，为传统产业植入"智能因子"。渝北区以重庆临空前沿科技城、重

---

① 数据来源：2020 年渝北区国民经济和社会发展统计公报。

庆空港工业园为主要承载地，通过西恰会等陆续引进了"芯屏器核网"的龙头企业、核心零部件企业等智能终端。在创新经济走廊，以OPPO、传音等整机品牌为核心，捷荣、天实精工等智能终端零部件企业共同发展的产业格局已经初步形成。

渝北区作为临空经济示范区，充分发挥了临空优势，借"流量"经济发展的东风，规划打造千亿级消费走廊。自2018年开园以来，渝北临空国际贸易示范园目前已累计入驻企业460余家，实现税收2 600万元，提前两年实现了打造"百亿园区"发展目标。渝北区出台了支持三亚湾水产市场发展的政策，助力三亚湾水产市场的招商引资、提档升级；在海领（临空）国际农产品交易中心搭建服务民生的展示配送分拨中心，推动了生活性服务业的多样化升级。

千亿级两江国际商务中心的建设也顺应了"流量"经济发展，是渝北区人民的高品质生活的侧面反映。龙湖公园天街、中粮大悦城、新城吾悦广场打造出渝北区的都市形象，签约落位品牌约150家，签约面积9.48万平方米，一个"超级商圈"正拔地而起。

渝北区的仙桃国际大数据谷聚焦人工智能、区块链、云计算、集成电路和5G等领域，已拥有注册企业830余家，形成了以长安全球软件中心、中科创达汽车研发总部、中关村信息谷协同创新中心等为龙头的软件产业发展体系。在企业的引领之下，一批新兴产品和项目在渝北区发展前景广阔，已形成了智能硬件检测基地（中国信通院）、软件开发云服务平台（华为）等软件公共服务平台，初步形成了"软件公共平台—发包平台—产业应用—人才培养"的产业生态基础。

渝北区将以机场为依托，打造千亿级航空物流产业集群，围绕江北国际机场发展高端物流产业，发挥陆空联运优势，着力构建以航空运输为基础、航空关联产业为支撑的航空物流经济集聚区，逐步发展成为立足重庆、服务西部、面向世界的千亿级综合型国际物流分拨中心。

打造"五个千亿级"产业集群成为了渝北区经济新的增长点，助力产业绿色化转型升级，加快淘汰落后产能，退出煤矿、有色金属行业，关闭城区内部分混凝土搅拌站，推进皮鞋城、模具园等低效工业区"退二进三"，推动红岩方大、泰山电缆等工业企业环保搬迁。推进山水公园城市建设，改善城市生态环境面貌、提升人民生活品质，目前已建成各类公园145个。鼓励农业高新技术应用，推动现代高效特色农业的发展。目前，集中连片发展特色经果林8.7万亩，发展"花椒村""柑橘村""仙桃村"等特色产业村16个，以生态产品促进富民增收。

（2）生态环境保护方面

"十三五"时期，渝北区积极践行"绿水青山就是金山银山"理念，有序实施生态优先绿色发展行动计划，着力解决突出环境问题，完成了污染防治攻坚战在"十三五"阶段的目标任务，也实现了"十三五"生态环境保护目标。在这五年的奋斗中，渝北区成功创建了国家生态文明建设示范区、全国绿化模范城市和重庆市"两山"创新实践基地，建成9个市级生态文明建设示范镇、57个市级生态村、3个国家节约型示范单位、28个绿色社区、53所绿色学校。绿色建筑、建设照明、绿色出行渐入人心，茨竹镇梨园村成为首批全国生态文化村，为渝北区全面建成小康社会厚植绿色底色，山清水秀的美丽渝北形象初步显现出来。

渝北区为推进生态文明体制改革推出了一系列的举措，这些先进举措走在了全市的前列，如率先在长江流域完成排污口排查整治、率先实现镇级污水处理厂全覆盖，率先开展城区垃圾分类全域覆盖尝试等。通过不懈努力，渝北区环境质量位于重庆中心城区前列，扎实推进大气污染多源协同防控和区域联防联控，积极控制交通污染、扬尘污染、工业污染和生活污染，全面消除重污染天气。2020年，全区空气质量优良天数335天，位居中心城区第二名，较2015年增加37天，细颗粒物（PM2.5）年均浓度较"十二五"时期末的2015年下降了39.6%[①]；严格落实"河长制"，城区黑臭水体全面消除，长江干流水质保持优良，次级河流和城市大中型水库监测断面水质达标率100%，城镇集中式饮用水水源地水质全面达标；在土壤污染治理方面，渝北区完成了土壤污染状况调查和疑似污染地块评估排查，对土壤环境重点监管企业和涉重金属企业进行严格监管，目前土壤环境总体安全。渝北区对山水林田湖草的治理修复取得了显著的成效，实施国土绿化提升工程，推进"双十万工程"，使得全区森林覆盖率提升至42%；建立了全区湿地资源数据库和管理信息平台，开展了河库湿地恢复与综合治理示范，湿地生态功能得到明显提升；实施城市生态建设工程，基本实现了城区国有空地绿化全覆盖，城市人均绿地面积保持18平方米，建成区绿化覆盖率达到45%；持续实施自然保护地"绿盾"专项行动，完成华蓥山自然保护区内矿产资源开发项目清退和整治；全面落实"林长制"，构建"双总林长"和"1+3+N"管控机制，实施全区天然林和国有林实行集中管护；创新实施"山长制"，建立"三级"山长体系，确保渝北山林更绿更美。

---

① 数据来源：重庆市渝北区生态环境保护"十四五"规划。

由以上分析可以看出，渝北区在"十三五"时期做好了产业转型和生态保护两个重要的方面，经济高速发展的同时也加强了对自然生态环境的保护，兼顾了绿色和发展，努力成为重庆在推进长江经济带绿色发展中发挥示范作用的生态样板。

4.2.2 四川省环保类 PPP 项目案例分析

随着绿色发展理念的提出，绿色经济发展作为绿色发展的核心，受到了四川省的高度重视。任何牺牲生态环境的经济发展都不是绿色发展，这也对绿色产业的进一步发展提出了更高的要求。由于绿色产业所需的资金数额巨大并且投资回报期较长，如果仅仅依靠财政很难推进和落实环保项目，因此在绿色产业这一领域引入社会资本，应用政府与社会资本合作（PPP）的模式，有利于减轻财政负担、加速项目的成功实施。自 2014 年起，国家出台了一系列关于环境保护的政策，加大了对环保类 PPP 项目的资金支持力度，在国家的鼓励之下，环保类 PPP 入库项目不断增加，根据财政部与社会资本合作中心数据显示，目前全国范围内入库环保类 PPP 项目共计 954 个。

四川省积极响应号召，从 2014 年将 PPP 模式引入省内环保项目开始，积极吸引社会资本投入生态环境污染治理，促进环境质量改善的同时有效地缓解地方财政资金的压力。四川省各年发起的环保类 PPP 项目基本情况如下。

四川省内首先公布的环保类 PPP 项目即广安市的洁净水环境综合整治项目，该项目发起时间为 2014 年 11 月，自此四川省环保类 PPP 项目的开展正式拉开帷幕。2014 年年末—2015 年年末，环保类 PPP 项目入库项目数量共计 7 个，总共投资 787 232.14 万元，如表 4.3 所示。

表 4.3　2014—2015 年四川省环保类 PPP 项目概况①

项目名称	发起年	项目总投资/万元	合作期限	回报机制	所处阶段
广安市洁净水行动综合治理项目	2014 年 11 月	295 100	30 年	可行性缺口补助	执行阶段
四川省乐山市犍为县城乡供排水一体化项目	2014 年 12 月	25 418.98	30 年	可行性缺口补助	执行阶段
四川省宜宾市珙县统筹城乡基础设施和供排水厂网一体化建设、升级改造和运营项目	2015 年 3 月	107 000	20 年	可行性缺口补助	采购阶段

---

① 数据来源：财政部政府和社会资本合作中心。

表4.3(续)

项目名称	发起年	项目总投资/万元	合作期限	回报机制	所处阶段
四川省宜宾市江安县水务环保项目	2015年3月	39 600	30年	可行性缺口补助	采购阶段
四川省巴中市巴州区生态建设和水源保护建设(PPP模式)项目	2015年4月	202 000	15年	政府付费	执行阶段
四川省眉山市丹棱县水环境综合治理PPP项目	2015年7月	58 113.16	30年	可行性缺口补助	执行阶段
四川省广安市前锋区芦溪河流域综合治理PPP项目	2015年7月	60 000	10年	政府付费	执行阶段

2016年，四川省环保类PPP项目入库数量大增，整年总共新增入库12个，总投资金额为232.73亿元，83.33%的项目采用的回报机制都是可行性缺口补助，并且截止目前有超过80%的项目都已经进入了执行阶段。如表4.4所示：

表4.4 2016年四川省环保类PPP项目概况

项目名称	发起年	项目总投资/万元	合作期限	回报机制	所处阶段
四川省南充市阆中市古城水环境综合治理PPP建设项目	2016年1月	272 146.36	23年	可行性缺口补助	执行阶段
四川省泸州市江阳区泸州长江支流渔子溪河道防洪整治及配套工程PPP项目	2016年2月	154 933	13年	可行性缺口补助	执行阶段
四川省雅安市荥经县经河、荥河县城段河道治理工程项目	2016年4月	25 202.05	15年	政府付费	执行阶段
四川省眉山市洪雅县水生态文明环境建设PPP项目（第一期）	2016年5月	66 755	30年	可行性缺口补助	执行阶段
四川省资阳市雁江区城乡环境综合治理建设PPP项目	2016年6月	51 940	13年	政府付费	执行阶段
四川省自贡市荣县旭水河流域生态修复工程PPP项目	2016年6月	154 128.55	30年	可行性缺口补助	采购阶段
四川省成都市大邑县全域供排水及水生态治理PPP项目	2016年8月	180 785	30年	可行性缺口补助	采购阶段
四川省达州市莲花湖湿地生态修复综合治理PPP项目	2016年8月	595 925.94	15年	可行性缺口补助	执行阶段
四川省南充市仪陇县城乡污水处理厂（站）网一体PPP项目	2016年9月	48 245.32	30年	可行性缺口补助	执行阶段

表4.4(续)

项目名称	发起年	项目总投资/万元	合作期限	回报机制	所处阶段
四川省内江沱江流域水环境综合治理PPP项目	2016年9月	628 202	25年	可行性缺口补助	执行阶段
四川省成都市郫县生态水环境综合治理PPP项目	2016年11月	15 338.04	10年	可行性缺口补助	执行阶段
四川省南充市顺庆区水环境综合治理PPP项目	2016年11月	133 704	31年	可行性缺口补助	执行阶段

　　2017年，四川省新增入库的环保类PPP项目数量仍然保持着良好增势，新增项目数为14个，总投资197.39亿元，其中85.71%的项目采用可行性缺口补助的回报机制。四川省服务保障中央环保督查工作专报数据显示，2017年沿江2个县15个乡（镇）的城镇污水处理及资源化利用、农村污水处理、江河湖库水体治理等项目打捆包装，总投资3.5亿元，采用PPP模式向社会购买服务，招标引进中国水环境集团负责建设，治理水环境。如表4.5所示：

表4.5　2017年四川省环保类PPP项目概况

项目名称	发起年	项目总投资/万元	合作期限	回报机制	所处阶段
四川省凉山州会理县十里城河环境治理及生态景观建设PPP项目	2017年3月	142 461	13年	可行性缺口补助	采购阶段
四川省雅安市芦山县城乡环境综合治理项目	2017年3月	52 255.97	15年	政府付费	执行阶段
四川省成都市新都区毗河流域水环境综合整治PPP项目	2017年3月	466 554.73	30年	政府付费	执行阶段
四川省德阳市旌阳区水环境治理PPP项目	2017年3月	114 800	25年	可行性缺口补助	采购阶段
四川省南充市嘉陵区城乡环境综合治理项目	2017年3月	105 935	25年	可行性缺口补助	采购阶段
四川省南充市南部县满福坝新区水环境综合治理工程项目	2017年4月	120 044	14年	可行性缺口补助	采购阶段
四川省成都市武侯区"宜居水岸"工程第二期项目	2017年4月	133 386.89	15年	可行性缺口补助	执行阶段
四川省成都市武侯区"宜居水岸"工程第一期项目	2017年4月	136 447.84	15年	可行性缺口补助	执行阶段

表4.5(续)

项目名称	发起年	项目总投资/万元	合作期限	回报机制	所处阶段
四川省眉山市彭山区城市生活污水处理厂提标升级改造工程PPP项目	2017年5月	14 000	30年	可行性缺口补助	采购阶段
四川省成都市双流区公兴(中电子)再生水厂一期一阶段工程项目	2017年5月	58 280.3	30年	可行性缺口补助	执行阶段
四川省崇州市主城区水环境治理项目	2017年6月	88 237	18年	可行性缺口补助	执行阶段
四川省成都市新津县新津红岩污水处理厂改扩建项目	2017年8月	77 907	30年	可行性缺口补助	采购阶段
四川省自贡市东部新城生态补水工程、东部新城水系连通项目及双河口至凤凰坝片区综合治理示范项目PPP项目	2017年8月	430 820	18年	可行性缺口补助	执行阶段
四川省绵阳市盐亭县金孔镇等17个乡镇场镇水环境治理PPP项目	2017年9月	16 090	25年	可行性缺口补助	执行阶段

根据《四川省政府与社会资本合作环境保护类示范项目资金管理办法》（川环发〔2018〕14号）等文件要求，自2018年起设立省级示范项目并对项目给予环保专项资金支持。2018年四川省环保类PPP项目新增6个，总投资74.07亿元，全部采用可行性缺口补助的回报机制。从2019年以来四川省入库的项目只有凉山州和德阳市的两个项目，根据省环保厅政务公开信息显示，2019年来，在内江市、雅安市等地陆续开展了环保类PPP项目，涉及水环境治理、垃圾处理等多个领域，如表4.6所示。此些项目还未入库，但均已进入准备阶段。

表4.6　2018—2021年四川省环保类PPP项目概况

项目名称	发起年	项目总投资/万元	合作期限	回报机制	所处阶段
四川省凉山彝族自治州冕宁县环保水务PPP项目	2018年2月	68 075.73	30年	可行性缺口补助	执行阶段
四川省内江市资中县滨江湿地公园项目	2018年3月	29 492	17年	可行性缺口补助	采购阶段
四川省眉山市天府仁寿城市环卫一体化PPP项目	2018年8月	6 732	25年	可行性缺口补助	执行阶段

表4.6(续)

项目名称	发起年	项目总投资/万元	合作期限	回报机制	所处阶段
四川省成都市龙泉驿区西江河流域水环境综合整治（二期）PPP项目	2018年8月	295 324	30年	可行性缺口补助	采购阶段
四川省成都市龙泉驿区芦溪河流域水环境综合整治PPP项目	2018年9月	267 243	30年	可行性缺口补助	采购阶段
四川省广安临港经济开发区官盛湖生态经济示范项目-官盛湖生态湿地项目	2018年12月	73 818	12年	可行性缺口补助	执行阶段
四川省凉山彝族自治州喜德县城镇污水处理及垃圾处理设施建设PPP项目	2019年4月	40 816.41	25年	可行性缺口补助	采购阶段
四川省德阳市旌湖两岸、东湖山、文化娱乐城生态修复和功能完善项目	2021年2月	193 874.9	20年	可行性缺口补助	采购阶段

对以上数据进行整理分析，发现四川省环保类PPP项目呈现如下特征：

已入库的环保类PPP项目，自2014年以来项目发起数量呈现连年递增的状况，从2018年起发起数量呈现递减的趋势，与之相对应的各年新增投资额也呈现相同的趋势。在入库的40个项目中，所有项目都已经完成了准备阶段，并未有项目进入移交阶段，有15个项目处于采购阶段，有25个项目处于执行阶段。根据财政部政府与社会资本合作中心的数据，截至2021年7月31日，四川省PPP项目入库数量为558个，其中环保类PPP项目共计40个，占所有PPP项目数量的7.17%。目前在库PPP项目总投资额1.46万亿元，环保类PPP项目总投资额为575.2亿元，占比为3.94%。

自四川省于2014年末开展环保类PPP项目试点以来，各市（州）、县均卓有成效地跟进了该类项目的开展。且项目涉及与百姓生活密切相关的水环境治理、大气污染治理以及垃圾处理等领域，通过政府与社会资本的合作，缓解了财政压力，促进了项目的有效进行，为百姓带来诸多福祉，也在一定程度上促进了当地的经济发展，充分体现了"绿水青山就是金山银山"的理念。例如广安通过"洁净水"项目，改变了整个城乡的面貌，良好的生态环境吸引了正威国际、光大集团等一批世界500强企业和央企、知名企业入驻广安，随之一大批项目落户广安，给广安带来了良好的发展机遇；依托于良好的生态环境，广安的旅游业也蓬勃发展，规划建设并形成了多个乡村旅游产业带，成功创建了中国优秀旅游城市。

5　城市绿色发展协调性检验

5.1　协调发展评价的模型方法

党的十九大报告指出要坚持人与自然和谐共生。建设生态文明是中华民族永续发展的千年大计。必须树立和践行"绿水青山就是金山银山"的理念，坚持节约资源和保护环境的基本国策，像对待生命一样对待生态环境，统筹山水林田湖草系统治理，实行最严格的生态环境保护制度，形成绿色发展方式和生活方式，坚定走生产发展、生活富裕、生态良好的文明发展道路，建设美丽中国。近年的研究亦表明工业企业绿色生产方式和公众绿色生活消费方式能够降低经济系统运行中的污染物排放，产出导向模式下，污染物排放减少和国内生产总值增加往往意味着经济发展效率和生态环境效率的有效改进。

这里采取数据包络分析（DEA）窗口分析和超效率分析方法测算四川省各地级单位经济发展效率和生态环境效率，作为生产过程中的非期望产出，工业废水排放量被纳入生产集合，以期客观评估生态环境效率。在生态环境效率的测算中，设定劳动（L）和资本（K）是投入变量，地区生产总值（Y）和工业废水排放量（W）分别是期望产出变量和非期望产出变量。在经济发展效率的测算中，劳动（L）和资本（K）是投入变量，地区生产总值（Y）是唯一的产出变量。

普通的 DEA 模型不能满足面板数据效率测算，早期 Charnes 和 Cooper（1985）引入 DEA 窗口分析方法（DEA Windows Analysis）的目的就在于测量截面和时期变化数据的效率值[①]。DEA 窗口分析由于采用移动平均法来测算决策单元效率随时间变动的趋势，在此过程中决策单元的重复利用增加了样本数

---

① CHARNES A, COOPER W W. Preface to Topics in Data Envelopment Analysis [J]. Annals of Operation Research, 1985 (2): 59-94.

量，在同一决策单元中不同的窗口被反复利用，这种频繁通过决策单元参考集的变化进行反复效率测度而获得的平均效率值在一定程度上便愈发接近真实效率[1]。这里使用四川省 18 个地级单位 2010—2016 年的数据测算经济发展效率和生态环境效率[2]，使用 DEA 窗口分析方法平均得到各决策单元每年经济发展效率和生态环境效率。对各投入变量和产出变量数据选择如下：地区生产总值（Y）采用各地级单位生产总值表示。劳动（L）采用各地级单位 2010—2016 年年末就业人员数。物质资本（K）采取各地级单位每年全社会固定资产投资总额表示。投入变量及产出变量的描述性统计如表 5.1 所示。

表 5.1　投入、产出变量的描述性统计

	样本数	最大值	最小值	平均值	标准离差率
地区生产总值（Y）	126	12 170.23	280.91	1 408.882	1 940.983
工业废水排放量（W）	126	22 125	165	3 769.57	3 459.944
物质资本（K）	126	8 370.5	252.7	1 067.355	1 329.176
劳动（L）	126	879.02	59.94	240.489 9	154.415

在测算出 2010—2016 年四川省各地级单位经济发展效率和生态环境效率数值之后，基于 Hwang 和 Yoon（1981）的 TOPSIS 方法（Technique for Order Preference by Similarity to an Ideal Solution），构建四川省经济发展效率和生态环境效率之间的协调度测算指标（Coordination Index）[3]：

$$\text{Coordination Index} =$$

$$\frac{d\_ecoworst_{it}/\sqrt{d\_ecooptimum_{it}^2+d\_ecoworst_{it}^2}}{d\_environworst/\sqrt{d\_environoptimum_{it}^2+d\_environworst_{it}^2}+d\_ecoworst_{it}/\sqrt{d\_ecooptimum_{it}^2+d\_ecoworst_{it}^2}}$$

在上式中，$d\_ecooptimum$ 表示经济发展效率到理想解的距离，$d\_ecoworst$ 表示经济发展效率到否定理想解的距离，$d\_environoptimum$ 表示生态环境效率到理想解的距离，$d\_environworst$ 表示生态环境效率到否定理想解的距离。协调度测算指标（Coordination Index）表示经济发展效率与生态环境效率之间的协调度，协调度指标的数值处于 0 到 1 之间。协调度指标等于 0.5 表明经济发展与

---

① 张腾飞. 城镇化对中国碳排放效率的影响 [D]. 重庆：重庆大学，2016.

② 由于数据搜集的限制，测算结果不包括阿坝藏族羌族自治州、甘孜藏族自治州、凉山彝族自治州三地数据。

③ HWANG C, YOON K. Multiple Attribute Decision Making Methods and Applications：A State-of-the-art Survey [M]. Multiple Attribute Decision Making. Springer Berlin Heidelberg, 1981：1-531.

生态环境保护之间协调发展，协调度指标处于 0~0.5 表明经济发展效率滞后于生态环境效率的不协调状态，协调度指标处于 0.5~1 表明生态环境效率滞后于经济发展效率的不协调状态。

5.2 四川省经济发展效率与生态环境效率测算

使用 DEA 窗口分析方法和超效率分析方法，本书分别测算出样本区间内四川省 18 个地级单位经济发展效率结果和生态环境效率结果，结果分别如表5.2 和表 5.3 所示。

表 5.2 显示的是四川省各地级单位 2010—2016 年经济发展效率的测算结果。超效率方法使得各测算数值可能产生大于 1 的情形，使得测算结果更加稳健。从各地级单位经济发展效率平均值来看，样本期间内，排名前五的地级单位效率测算结果如下：攀枝花效率平均值为 1.119 2，自贡效率平均值为 1.037 5，成都效率平均值为 0.989 2，内江效率平均值为 0.988 0，德阳效率平均值为0.935 9。排名较为靠后的地级单位包括雅安、遂宁、广元和巴中，经济发展效率平均值分别为 0.572 0、0.570 0、0.506 0、0.387 0。经济发展效率指标仅仅反映的是投入产出之间的效率关系，不作为对各地级单位经济发展实际情况的评价参考。事实上，由于各地资源禀赋、人力资本、经济结构之间的差异，经济发展效率测算结果对各个地级单位之间并没有结果比较的依据作用，各地级单位仅能进行自身效率值的时间角度的纵向比较，从各地级单位自身在样本期间内的效率变化寻找潜在的原因和可能的优化方案。样本期间内，成都市经济发展效率值呈现逐年增加趋势，仅在 2016 年表现略有下降，成都市作为国家中心城市，汇集了各方面相对最有利的人力资本、物质资本和其他经济发展的优势要素，经济发展质量高，经济发展效率的逐年增加反映了成都市良好的经济发展趋势。样本期间内，内江市经济发展效率存在逐年下滑趋势，经济发展效率和人力资本、物质资本和生产总值结果直接相关，经济发展效率的下降表明内江市经济发展的投入要素出现一定的不足之处，当然经济发展的影响因素不仅仅和资本、劳动相关，地区经济发展的产业政策、地区之间经济潜在的竞争关系、地区区位因素（例如高铁建设导致的生产要素流动）都是影响经济发展的重要变量。表 5.2 也表明，经济发展相对落后的地级单位，如果自身人口基数比较大，缺乏经济增长的物质资本要素，也会导致经济发展效率的低下，当然，对于经济发展落后地区而言，经济发展不是唯一的追求目标，生态

环境保护也是区域经济社会发展的重要内容。

表 5.2　四川省各地级单位经济发展效率测算结果（2010—2016 年）

地区	2010 年	2011 年	2012 年	2013 年	2014 年	2015 年	2016 年
成都市	0.903 8	0.966 9	0.961 3	1.005 6	1.065 3	1.044 0	0.977 3
自贡市	1.029 8	0.990 6	0.957 0	1.014 7	1.060 2	1.093 8	1.116 6
攀枝花市	1.185 5	1.147 5	1.119 0	1.034 5	0.978 9	1.183 1	1.185 7
泸州市	0.788 3	0.769 5	0.733 6	0.720 8	0.648 1	0.574 2	0.547 1
德阳市	0.876 6	0.886 5	0.901 6	0.968 4	1.007 4	0.974 1	0.936 7
绵阳市	0.668 2	0.683 8	0.726 3	0.785 0	0.843 3	0.853 3	0.828 7
广元市	0.382 7	0.405 0	0.456 5	0.516 2	0.575 7	0.592 4	0.613 7
遂宁市	0.577 5	0.585 3	0.567 4	0.564 2	0.555 4	0.567 0	0.573 4
内江市	0.972 0	1.071 5	1.095 9	1.044 0	0.975 2	0.892 0	0.864 9
乐山市	0.817 5	0.842 3	0.813 9	0.849 0	0.848 2	0.808 2	0.790 2
南充市	0.702 1	0.692 9	0.676 8	0.679 1	0.684 3	0.656 4	0.641 4
眉山市	0.696 4	0.683 7	0.645 6	0.656 6	0.626 3	0.613 9	0.601 1
宜宾市	0.805 6	0.804 9	0.781 0	0.767 6	0.736 2	0.691 3	0.665 6
广安市	0.700 8	0.695 3	0.675 4	0.665 8	0.594 8	0.542 4	0.517 0
达州市	0.702 0	0.669 6	0.646 7	0.665 1	0.660 3	0.593 9	0.565 3
雅安市	0.467 5	0.544 2	0.572 2	0.648 3	0.593 2	0.576 5	0.602 0
巴中市	0.549 3	0.480 3	0.387 7	0.364 0	0.331 2	0.303 9	0.292 5
资阳市	0.841 1	0.818 1	0.787 7	0.782 9	0.777 3	0.729 4	0.708 9

注：测算结果不包括阿坝藏族羌族自治州、甘孜藏族自治州、凉山彝族自治州三地数据。

表 5.3 显示的是四川省各地级单位生态环境效率测算结果。不同于经济发展效率的测算结果，生态环境效率测算把地区生产总值作为期望产出变量，把工业废水排放量作为非期望产出变量。从各地级单位生态环境效率来看，排在前五位的地级单位分别是成都、资阳、自贡、攀枝花和内江，效率测算的平均值分别是 1.228 7、1.064 0、1.037 6、1.020 5 和 0.925 1；排位较为靠后的地级单位包括泸州、雅安、宜宾和眉山，效率测算的平均值分别为 0.694 4、0.691 3、0.668 2 和 0.640 4。考虑到非期望产出的生态环境效率更能综合反映地区经济发展和生态环境保护的效率。成都作为国家中心城市、四川省省会城市，生态环境效率较高，也表明了成都较高质量、可持续的经济发展模式。可以看出成都不仅具有较高的经济发展效率，也具有较高的生态环境效率。部分地级单位，例如巴中、广元，虽然经济发展效率相对较低，但是生态环境效率

表现良好，这也表明不同区域经济发展和生态环境保护的差异。同样，生态环境效率也不能作为地区经济发展的评价指标，因为各地经济发展的资源禀赋、生产要素、人力资本、产业结构、经济发展阶段、经济发展的主要目标存在较为显著的差异。各地级单位仅能从自身的时间角度进行纵向比较分析，分析自身生态环境效率变化的原因和优化对策。从单个地级单位生态环境效率的变化情况来看，样本期间内，成都市生态环境效率呈现逐渐增长到高位持续稳定的变化趋势，这表明成都市生态环境效率的逐渐改善，经济发展和生态环境保护均保持向好发展。经济发展水平相对落后的地区，例如巴中、广元，生态环境效率从样本期间初期的较低水平，经过样本后期年份的持续改善，效率值也在逐年提升，这表明这些地区不再过度追求以破坏生态环境为代价的经济发展模式，更加明确区域经济发展主体功能，更加注重经济绿色发展。

表 5.3　2010—2016 年四川省各地级单位生态环境效率测算结果

地区	2010 年	2011 年	2012 年	2013 年	2014 年	2015 年	2016 年
成都市	1.129 5	1.165 9	1.270 1	1.295 3	1.260 0	1.219 0	1.260 9
自贡市	1.014 7	0.979 0	1.002 5	1.059 6	1.060 3	1.066 4	1.080 3
攀枝花市	1.084 9	1.068 7	1.056 2	1.017 0	0.748 3	1.083 9	1.085 0
泸州市	0.739 4	0.715 8	0.703 8	0.694 7	0.695 5	0.660 5	0.651 5
德阳市	0.797 1	0.750 5	0.767 5	0.782 9	1.003 7	0.759 4	0.758 0
绵阳市	0.683 1	0.661 4	0.685 2	0.705 3	0.728 3	0.721 4	0.811 6
广元市	0.562 5	0.625 4	0.689 4	0.913 9	1.071 9	0.956 3	1.088 4
遂宁市	0.669 9	0.719 4	0.718 2	0.753 6	0.703 9	0.755 9	0.733 8
内江市	1.017 3	1.034 5	1.045 8	1.023 9	0.814 0	0.788 0	0.752 1
乐山市	0.738 5	0.725 5	0.730 4	0.721 6	0.714 2	0.700 9	0.691 2
南充市	1.246 1	0.737 7	0.713 2	0.700 2	0.742 9	0.743 0	0.741 1
眉山市	0.640 4	0.683 3	0.642 3	0.654 2	0.638 8	0.604 2	0.618 4
宜宾市	0.695 2	0.697 4	0.698 7	0.698 3	0.661 7	0.603 9	0.622 3
广安市	0.779 6	0.755 2	0.705 2	0.669 6	0.705 2	0.760 1	0.737 9
达州市	0.793 1	0.720 8	1.566 9	0.728 9	0.748 8	0.743 1	0.723 3
雅安市	0.626 4	0.643 6	0.683 5	0.677 7	0.694 9	0.732 5	0.780 9
巴中市	0.767 2	0.979 8	0.642 5	0.828 9	0.948 8	1.325 7	0.969 2
资阳市	0.887 4	1.197 4	1.057 7	1.159 6	1.054 1	1.086 7	1.004 8

注：测算结果不包括阿坝藏族羌族自治州、甘孜藏族自治州、凉山彝族自治州三地数据。

5.3 四川省经济发展效率与生态环境效率协调性分析

在测算得到四川省各地级单位经济发展效率和生态环境效率结果之后，使用 TOPSIS 方法构建经济发展与生态环境保护的协调度指标，经过测算得到各地级单位 2010—2016 年的协调度指标结果，如图 5.1 和表 5.4 所示。

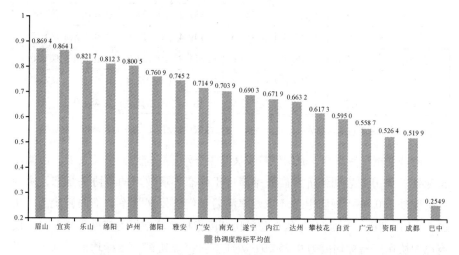

**图 5.1　2010—2016 年四川省各地级单位经济发展效率
与生态环境效率协调度指标平均值**

注：测算结果不包括阿坝藏族羌族自治州、甘孜藏族自治州、凉山彝族自治州三地数据。

**表 5.4　2010—2016 年四川省各地级单位经济发展效率
与生态环境效率协调度测算结果**

地区	2010 年	2011 年	2012 年	2013 年	2014 年	2015 年	2016 年
成都市	0.534 2	0.533 2	0.506 9	0.508 4	0.519 1	0.526 6	0.510 9
自贡市	0.607 0	0.624 9	0.606 0	0.581 7	0.584 7	0.583 4	0.577 6
攀枝花市	0.576 4	0.583 7	0.589 2	0.606 0	0.812 3	0.576 9	0.576 4
泸州市	0.788 8	0.809 6	0.812 2	0.818 9	0.785 3	0.795 8	0.793 6
德阳市	0.752 0	0.799 2	0.784 9	0.778 7	0.611 4	0.801 3	0.798 8
绵阳市	0.813 0	0.850 0	0.832 9	0.826 0	0.814 2	0.823 3	0.726 6
广元市	1.000 0	0.681 7	0.605 5	0.400 9	0.370 0	0.454 2	0.398 4
遂宁市	0.781 3	0.706 6	0.692 5	0.636 6	0.704 4	0.636 2	0.674 4

地区	2010年	2011年	2012年	2013年	2014年	2015年	2016年
内江市	0.599 5	0.598 6	0.593 8	0.602 9	0.751 1	0.763 6	0.793 9
乐山市	0.797 6	0.816 9	0.805 4	0.822 3	0.830 0	0.836 5	0.843 5
南充市	0.416 6	0.753 2	0.776 2	0.794 5	0.742 3	0.725 9	0.718 6
眉山市	0.883 7	0.819 4	0.864 3	0.849 1	0.862 2	0.918 9	0.888 1
宜宾市	0.842 3	0.839 7	0.832 6	0.829 6	0.866 0	0.936 0	0.902 3
广安市	0.708 0	0.733 2	0.786 2	0.831 2	0.735 9	0.603 6	0.606 0
达州市	0.693 5	0.762 4	0.354 5	0.749 4	0.720 9	0.679 5	0.682 5
雅安市	0.777 6	0.806 8	0.753 6	0.811 3	0.751 8	0.679 0	0.636 5
巴中市	0.601 6	0.307 6	0.579 1	0.203 5	0.078 8	0.013 4	0.000 0
资阳市	0.662 5	0.486 7	0.527 9	0.483 3	0.525 0	0.484 0	0.515 5

注：测算结果不包括阿坝藏族羌族自治州、甘孜藏族自治州、凉山彝族自治州三地数据。

协调度指标等于0.5表明经济发展与生态环境保护之间协调发展，协调度指标处于0~0.5表明经济发展效率滞后于生态环境效率的不协调状态，协调度指标处于0.5~1表明生态环境效率滞后于经济发展效率的不协调状态。从图5.1可以看出，大部分地级单位的协调度指标测算结果均值处于0.5~1，仅有巴中协调度指标均值为0.254 9，处于0~0.5。协调度指标均值离0.5较近的地级单位包括成都、资阳、广元、自贡，协调度指标均值分别为0.519 9、0.526 4、0.558 7和0.595 0。这表明这些地级单位的经济发展效率和生态环境效率具有良好的协调度，表现出较好的协调发展状态。成都市作为国家中心城市，具备经济发展全要素资源优势，产业结构合理，第三产业发展势头强劲，污染型工业占比较低，产业和城市绿色发展势头良好，生态环境保护良好，经济社会发展和环境保护协调度在四川省内表现最优。巴中协调度指标均值为0.254 9，表现出经济发展效率滞后于生态环境效率状况，在继续维持生态环境保护力度的同时，巴中市可以积极探索绿色经济发展模式，大力发展新兴工业和绿色产业，积极利用人力资源优势和区域经济发展政策，大力提升经济发展效率。

协调度指标数值较高的几个地级单位分别是眉山、宜宾、乐山和绵阳，协调度指标均值分别为0.869 4、0.864 1、0.821 7和0.812 3，这表明这些地级单位均表现出生态环境效率滞后于经济发展效率的不协调状态。这和这些地级单位GDP中较高的工业企业占比密切相关，本书非期望产出变量使用的是工业废水排放量，这是工业企业污染排放的直接测量指标。以眉山为例，眉山是全球最大的三聚氰胺生产基地，同时，眉山也是全国最大的硝基复合肥生产基地，中国最大的磺酸生产基地以及亚洲最大的芒硝生产基地。重化工业的发展虽然一部分拉动了经济高速发展，但是较高的污染排放拉低了生态环境效率，造成了生态环境效率滞后于经济发展效率的不协调状态。

从地级单位协调度指标在时间角度的纵向对比来看，成都市协调度指标在样本期间内变化较为稳定，持续表现出较高的协调度状态。协调度指标较低的巴中市在样本期间内的协调度指标持续表现出下降趋势，这表明巴中市需要在不破坏生态环境前提下，进一步大力推进新型绿色工业发展，提升协调度指标以使得经济发展和生态环境保护更加协调。协调度指标较高的眉山市在样本期间内持续维持在较高数值，这表明眉山市表现出经济发展效率指标持续滞后于生态环境效率指标的不协调状态，眉山市在追求经济高速发展的同时，需要进一步追求经济高质量发展，大力发展绿色工业，大力加强生态文明建设。

6 城镇化与中国城市碳减排效率及作用机制

城镇化是经济社会发展的典型特征，城镇化通过推动实物资本、知识资本和人力资本增长，进而带动城市经济发展。中国的城镇化率在 2019 年达到了 60.6%，高速增长的城镇化率使得中国实现了创纪录的经济增长，但也提高了平衡经济增长的环境成本。根据 2019 年中国生态环境状况公报数据，337 个城市环境空气质量达标城市比例为 42.7%，部分城市空气质量优良天数比例低于 50%。2020 年 9 月，中国政府宣布 2030 年前碳排放将达到峰值，将力争在 2060 年前实现"碳中和"。中国各省（自治区、直辖市）的城市都在积极推进绿色城镇化转型之路，政府通过推动工业企业绿色生产转型、培育公众绿色生活方式，来提升工业产品绿色生产效率和公众绿色消费效率。

学术界对城镇化与污染物排放的关系及作用机制的研究还存在潜在的推进空间。第一，目前研究主要关注部分城市、省级单位或者城市群的城镇化特征，对于全国地级及以上城市的常住人口城镇化率的数据采集和应用尚存完善空间。第二，现有文献对城镇化、绿色技术创新和污染强度之间的理论机制论证和基于中国城市面板数据的计量模型检验有待进一步推进。本章从中国地级及以上城市常住人口城镇化与碳排放的经济现实出发，构建城镇化、绿色技术创新与污染强度之间的理论模型，采用 2008—2017 年中国 282 个地级及以上城市的面板数据，实证检验常住人口城镇化对中国城市碳排放强度和碳减排效率的影响，并讨论了区域和重点城市的异质性。同时，本书使用中介效应检验方法验证城镇化对碳排放强度和碳减排效率影响的作用机制。本章潜在的创新在于：第一，本章收集整理了中国 282 个地级及以上城市的常住人口城镇化率，检验了区域和重点城市的城镇化与碳排放强度和碳减排效率关系的异质性。常住人口城镇化率的数据能够更准确地反映中国城镇化进程的典型特征。第二，本章通过构建理论模型验证了城镇化、绿色技术创新和污染强度之间的作用机制，并采用各城市绿色发明专利授权量占比作为中介变量，验证了绿色技术创新对城镇化的碳减排效应机制，并据此为中国绿色城镇化发展提出了有针对性的对策建议。

6.1 理论机理与研究假设

Poumanyvong 和 Kaneko 论述了城镇化影响环境质量的两种理论：生态现代化理论和城市环境转变理论[①]，生态现代化理论认为在经济发展的初始到中级阶段，由于经济发展相对于环境可持续性的优先权，环境损害可能增加。在经济发展的高级阶段，由于技术创新和服务业经济的发展，环境损害将会降低。城市环境转变理论认为在城市发展的高级阶段，城市财富将会增长，污染相关（水和空气污染）以及消费相关（能源消费和碳排放）的环境问题将会凸显，城镇化阶段高的城市将采用环境管制、技术改造减弱环境污染的影响。

本节构建一个由 N 个居民组成的经济体，这些居民可以自由选择居住在农村或者城市，农村和城市居民的数量分别设为 N_f 和 N_c。这里假设城市坐落在经济体的中心，农村环绕在城市周围，农村居民和城市居民可以自由流动。每一个居民拥有一个单位的生产力，农村居民负责生产农产品 A，城市居民负责生产工业品 B。与此同时，无论居民选择居住在农村还是城市，他们都会共享相同的自然环境，自然环境的污染程度由模型内生决定。本节假设生产单位工业品造成的环境污染为 M，环境污染会降低居民的生活效用和工业品的销售价格。根据以上假设，每位农村居民的效用函数为

$$U_f = A_f^\alpha \left[\frac{1}{M}(tB_f)\rho \right]^{(1-\alpha)/\beta} \tag{6-1}$$

其中，A_f 和 B_f 分别表示农村居民消费的农产品和工业品的数量；t（$0<t<1$）为工业品运输到农村的运输成本，而对于农村居民而言，农产品的运输成本为 0；α 表示农产品 A 的效用弹性，ρ 表示农产品与工业品的替代弹性。农村居民的预算约束为

$$pA_f + \frac{1}{M}qB_f = w_f \tag{6-2}$$

其中，p 是农产品的生产价格；q 是工业品的生产价格；w_f 是农村居民的工资

---

① POUMANYVONG P, KANEKO S. Does Urbanization Lead to Less Energy Use and Lower CO_2 Emissions? A Cross-country Analysis [J]. Ecological Economics, 2010, 70 (2)：434-444.

报酬。同样，根据以上假设和已知条件，每位城市居民的效用函数为：

$$U_c = A_c^\alpha \left[(zB_c)\rho \right]^{(1-\alpha)/\rho} \tag{6-3}$$

其中，A_c 和 B_c 分别表示城市居民消费的农产品和工业品的数量；z（$0<z<1$）为农产品运输到城市的运输成本，对于城市居民而言，工业品的运输成本为 0。城市居民的预算约束为

$$pA_c + \frac{1}{M}qB_c = w_c \tag{6-4}$$

其中，w_c 为城市居民的工资报酬，本节以城市居民工资作为所有居民收入基准，设 w_c 等于 1。当每位居民在预算约束下实现自身效用最大化时，他们对农产品和工业品的需求分别为

$$Q(A_i) = \frac{\alpha w_i}{p}, \quad (i = f, \ c) \tag{6-5}$$

$$Q(B_i) = \frac{(1-\alpha)Mw_i}{q}, \quad (i = f, \ c) \tag{6-6}$$

同时，我们也可以得到农村居民和城市居民的间接效用函数为

$$U_f = \frac{\alpha^\alpha (1-\alpha)^{1-\alpha} t^{1-\alpha} w_f}{M^{(1-\alpha)(1-\rho)/\rho} p^\alpha q^{1-\alpha}} \tag{6-7}$$

$$U_c = \frac{\alpha^\alpha (1-\alpha)^{1-\alpha} z^\alpha w_f}{M^{(1-\alpha)(1-\rho)/\rho} p^\alpha q^{1-\alpha}} \tag{6-8}$$

根据 Yang 和 Heijdra[①] 的研究，我们可以获得居民对于工业品的需求弹性为

$$E = -(1-M\rho)/(1-p) \tag{6-9}$$

接下来，我们假设农产品市场是一个充分竞争的市场，并且生产一个单位的农产品 A 需要 a 个单位的劳动力，所以农产品的价格 p 等于 awf。由于模型中假设农村居民和城市居民是可以自由流动的，当 U_f 等于 U_c 时，城市人口和农村人口的比例将达到均衡。由此，我们可以得到：

$$w_f = \frac{z^\alpha}{t^{1-\alpha}} \tag{6-10}$$

我们假设工业品市场是一个垄断市场，企业生产 B 单位工业品的生产函数为：$B = (L - 1/T)/c$。T 表示工业品的生产技术，生产技术的提高将降低工业品生产对劳动力的依赖；L 表示企业生产 B 单位工业品所需要的劳动力；c 表示边际成本，设为常数。由此，我们可以得出：$L = 1/T + cB$。根据公式（6-9）

---

① YANG X K, HEIJDRA B J. Monopolistic Competition and Optimum Product Diversity：Comment [J]. The American Economic Review, 1993, 83 (1)：295-301.

100 城市绿色发展机制与政策研究：兼顾财政和金融的视角

中的间接价格弹性 E，通过企业利润最大化运算，我们得到企业的边际收益为

$$MR = \frac{q}{1 + 1/E} = c = MC \qquad (6-11)$$

根据公式（6-9），我们得到

$$\frac{q}{M(1 - \rho)} = \left(\frac{1}{M} - \rho\right)(q - c) \qquad (6-12)$$

$$(1 - \alpha)(q - c)(N_f w_f + N - N_f) = \frac{q}{MT} \qquad (6-13)$$

由于 $N_f + N_c = N$，我们可以得到农产品的总消费量 $A = A_f N_f + A_c N_c$。结合公式（6-10）和公式（6-13），我们可以得到

$$N_f = aA = a\left[\frac{\alpha N_f}{a} + \frac{\alpha(N - N_f)}{aw_f}\right] = \frac{at^{1-\alpha}N}{(1 - \alpha)z^{\alpha} + at^{1-\alpha}} \qquad (6-14)$$

$$N_c = N - N_f = \frac{N(1 - \alpha)z^{\alpha}}{(1 - \alpha)z^{\alpha} + \alpha t^{1-\alpha}} \qquad (6-15)$$

参照 Fujita 和 Krugman[1] 的研究，我们可以得到，在均衡状态下，经济体中的城镇化（U）指标为

$$U = \frac{N_c}{N} = \frac{(1 - \alpha)z^{\alpha}}{(1 - \alpha)z^{\alpha} + \alpha t^{1-\alpha}} \qquad (6-16)$$

将公式（6-14）代入（6-13），结合公式（6-10），我们得到整个经济体的污染程度（M）

$$M = \frac{(1 - \alpha)z^{\alpha} + \alpha t^{1-\alpha}}{\rho[(1 - \alpha)z^{\alpha} + \alpha t^{1-\alpha}] + (1 - \rho)(1 - \alpha)z^{\alpha}NT} \qquad (6-17)$$

将公式（6-16）代入公式（6-17），我们可以得到

$$M = \frac{1}{\rho(1 - \rho)NTU} \qquad (6-18)$$

根据公式（6-18）可知：

$$\frac{\partial M}{\partial N} < 0, \ \frac{\partial M}{\partial T} < 0, \ \frac{\partial M}{\partial U} < 0 \qquad (6-19)$$

公式（6-19）表示，经济体中人口总量、城镇化和技术进步的提升均可以降低单位工业品的环境污染，提高工业品的生产效率。随着城镇化率的提高，工业企业的绿色生产转型压力会增加，工业企业绿色技术创新程度提升，

① FUJITA M, KRUGMAN P. When is the Economy Monocentric?: Von Thünen and Chamberlin Unified [J]. Regional Science and Urban Economics, 1995 (25): 505-528.

这将降低单位工业品污染排放水平。公式（6-19）成立的机制在于：人口总量的增加为经济增长提供了更多的劳动力选择，城镇化率的升高也意味着人口从农村向城市的迁移。城市居民受教育机会和水平的增加也提升了人力资本水平，人力资本是较为清洁的生产要素[①]。同时人力资本也会促进企业绿色生产技术研发，从而降低单位工业品的环境污染程度。据此，我们提出两个研究假设：

假设1：城镇化能够降低单位工业品的环境污染程度，提高工业品的绿色生产效率。

假设2：绿色技术创新是城镇化影响工业品污染强度和绿色生产效率的重要传导渠道。城镇化能够提升绿色技术创新水平，进而降低单位工业品的环境污染程度，提高工业品的绿色生产效率。

6.2 研究设计

6.2.1 模型设定与变量选择

本节分别使用碳排放强度和碳减排效率作为被解释变量，考察常住人口城镇化对碳排放强度和碳减排效率的影响，基准模型设定如下：

$$\text{intensity}_{it} = \beta_0 + \beta_1 \text{urban}_{it} + \beta_2 \text{control}_{it} + \text{year}_t + \text{city}_i + \varepsilon_{it} \quad (6\text{-}20)$$

$$\text{efficiency}_{it} = \beta_0 + \beta_1 \text{urban}_{it} + \beta_2 \text{control}_{it} + \text{year}_t + \text{city}_i + \varepsilon_{it} \quad (6\text{-}21)$$

其中，i 和 t 分别表示城市和时间；intensity 表示碳排放强度，使用各城市碳排放量和地区生产总值的比值表示；efficiency 表示碳减排效率，使用窗口效率分析方法测算得到；control 表示控制变量；β_0 是常数项；year_t 表示年份固定效应，控制不随时间变化的城市特征；city_i 表示城市固定效应，控制不随城市变化的时间因素冲击；ε_{it} 是随机误差项。本节使用固定效应模型对模型（6-20）和模型（6-21）进行估计，并使用了城市层面的聚类稳健标准误。

对于中国各城市碳排放量的测算，Chen 等整合了不同时期卫星图像的夜间灯光数据，使用粒子群优化反向传播算法（particle swarm optimization-back

---

① ZHANG J. Urbanization, Population Transition, and Growth [J]. Oxford Economic Papers, 2002 (54): 91-117.

propagation，PSO-BP），计算得到中国县级二氧化碳排放量①。本书基于 Chen 等的中国县级碳排放数据，加总得到中国各城市在样本期间的二氧化碳排放量。

本书使用数据包括分析（data envelopment analysis，DEA）中的窗口分析和超效率分析方法测算中国 282 个地级及以上城市在 2008—2017 年的碳减排效率。投入指标包括各城市资本存量、就业人数和电力消费量，产出指标包括各城市地区生产总值和碳排放量，各城市碳排放量为非期望产出。窗口分析方法可测算决策单元效率的时间变化趋势，通过多次计算不同窗口期的效率值，使得测算的效率值更加稳定，并具有时间维度的可比性；本书 DEA 窗口分析中的决策单元宽度定义为三年。各城市地区生产总值以 2007 年为基期进行平减，以消除通货膨胀因素的影响。资本存量采取永续盘存法测算，基期资本存量的测算和折现率的选取借鉴单豪杰的计算方法②。就业人数采用各城市从业人员期末人数表示，电力消费量使用各城市全社会用电量表示。

本书使用常住人口城镇化率衡量各城市城镇化水平，常住人口城镇化率是指各城市城镇常住人口与全部常住人口的比值。各省（自治区、直辖市）的城市常住人口城镇化率的数据整理如下：北京、天津、山西、内蒙古、辽宁、上海、江苏、浙江、福建、江西、山东、河南、湖南、广东、广西、重庆、四川、云南、甘肃 19 个省（自治区、直辖市）城市的常住人口城镇化率数据直接来源于各地统计年鉴。陕西省各个城市的常住人口城镇化率数据也来源于省级统计年鉴，陕西省咸阳市、延安市、汉中市、榆林市和商洛市的城镇常住人口数据搜集于各地级市政府工作报告，陕西省宝鸡市的常住人口城镇化率通过宝鸡市统计局政务网站在线咨询获取。河北、吉林、海南、黑龙江、宁夏、新疆等省和自治区的城市、2008 年安徽省各个城市以及贵州六盘水市的常住人口城镇化率测算方法如下：各城市城镇常住人口数据使用该市城镇户籍人口与市区暂住人口之和估算得到，常住人口数据使用该市户籍人口与市区暂住人口之和估算得到。湖北省各城市和青海省西宁市城镇常住人口数据来源于各城市统计年鉴和《国民经济和社会发展统计公报》。各城市市区暂住人口数据来源于历年《中国城市建设统计年鉴》。

绿色技术创新是本节计量模型的中介变量，较多文献均使用绿色专利作为

---

① CHEN J, ZHAO R, GAO M, et al. County-level CO₂ Emissions and Sequestration in China during 1997—2017 [J]. Scientific Data, 2020 (7)：391.

② 单豪杰. 中国资本存量 K 的再估算：1952—2006 年 [J]. 数量经济技术经济研究，2008 (10)：17-31.

绿色创新的代理变量①②③。结合中国专利数据和世界知识产权局公布的绿色专利分类号标准，可以获取公司的绿色专利，统计绿色专利获得的城市名称，可以得到各城市绿色专利授权量数据。本节使用各城市绿色发明专利授权量占年末专利授权总量的比例（grnpatent）作为绿色技术创新的代理变量。

模型检验的控制变量设定如下：各城市人均地区生产总值（gdpper）反映城市经济发展水平对碳排放强度和碳减排效率的影响；第二产业占比（secindustry）和第三产业占比（terindustry）分别用各城市第二产业增加值和第三产业增加值占地区生产总值的比值表示，反映产业结构对碳排放强度和碳减排效率的影响；外商投资实际使用资金（foreign），使用外商投资实际使用资金的对数值表示，反映外商投资对碳排放强度和碳减排效率的影响；全社会固定资产投资（fixedinv），以 2007 年为基期进行平减，消除通货膨胀因素的影响，反映各城市实体投资水平对碳排放强度和碳减排效率的影响；各城市常住人口（resident），反映城市常住人口对碳排放强度和碳减排效率的影响；年末专利授权总量（patent），使用年末专利授权总量的对数值表示，反映城市创新水平对碳排放强度和碳减排效率的影响；建成区面积（builtarea），反映城市建设用地范围对碳排放强度和碳减排效率的影响。

6.2.2 数据来源说明

本书以中国 282 个地级及以上城市 2008—2017 年的数据为研究样本，考虑到数据的可获取性，样本不包括河池、三沙、儋州、毕节、铜仁、拉萨、日喀则、昌都、林芝、山南、那曲、金昌、海东、吐鲁番和哈密 15 个地级市。

各城市的地区生产总值、第二产业增加值、第三产业增加值、从业人员人数、全社会用电量、工业二氧化硫排放量、外商投资实际使用资金、全社会固定资产投资、常住人口、专利授权数和城市建成区面积数据来源于历年《中国城市统计年鉴》。部分城市缺失的少量数据通过各城市统计年鉴、所在省（自治区、直辖市）统计年鉴和《国民经济和社会发展统计公报》进行补充。本节主要变量的描述性统计如表 6.1 所示。

———————————

① 齐绍洲，林屾，崔静波. 环境权益交易市场能否诱发绿色创新？基于我国上市公司绿色专利数据的证据 [J]. 经济研究, 2018 (12): 129-143.

② ZHANG D, ZHAO R, QIANG J. Green Innovation and Firm Performance: Evidence from Listed Companies in China [J]. Resources, Conservation & Recycling. 2019, 144 (1): 48-55.

③ 方先明，那晋领. 创业板上市公司绿色创新溢酬研究 [J]. 经济研究, 2020 (10): 106-123.

表 6.1 主要变量的描述性统计

变量名称	观测值	平均值	标准差	最小值	最大值
碳减排效率分析数据描述性统计					
资本存量（k）/亿元	2 820	7 670.940 0	8 910.046 0	430.000 0	95 000.000 0
就业人数（labor）/万人	2 820	54.858 9	81.181 0	4.210 0	986.870 0
电力消费（electricity）/亿千瓦时	2 820	98.329 9	155.840 1	0.805 5	1 500.000 0
地区生产总值（gdp）/亿元	2 820	2 058.115 0	2 864.631 0	75.792 9	31 000.000 0
碳排放量（carbon）/百万吨	2 820	28.754 0	24.543 7	2.264 9	230.712 0
回归分析数据描述性统计					
碳排放强度（intensity）	2 820	2.034 9	1.272 8	0.155 8	8.999 6
碳减排效率（efficiency）	2 820	0.632 2	0.124 9	0.260 6	1.320 5
常住人口城镇化率（urban）	2 820	0.513 3	0.159 8	0.146 6	1.000 0
碳排放量与就业人数的比值（carbonlab）	2 820	0.698 1	0.438 5	0.062 8	4.909 5
二氧化硫排放总量与就业人数的比值（sulfurlab）/吨·万人$^{-1}$	2 770	0.154 0	0.176 9	0.000 3	1.944 7
绿色发明专利授权量占专利授权总量的比例（grnpatent）	2 820	0.011 9	0.031 0	0.000 0	1.000 0
人均地区生产总值（gdpper）/万元	2 820	4.393 5	2.942 8	0.351 3	22.274 7
第二产业增加值占地区生产总值的比重（secindustry）	2 820	0.489 2	0.105 4	0.135 7	0.909 7
第三产业增加值占地区生产总值的比重（terindustry）	2 820	0.381 6	0.093 4	0.085 8	0.806 1
外商投资实际使用资金的对数值（foreign）	2 820	7.070 1	2.004 5	0.000 0	12.206 1
全社会固定资产投资（fixedinv）/亿元	2 820	1 392.599 0	1 576.392 0	36.278 3	18 000
常住人口数量（resident）/百万人	2 820	4.449 5	3.315 7	0.209 80	30.751 6
年末专利授权总量的对数值（patent）	2 820	6.706 0	1.725 2	0.693 1	11.575 9
建成区面积（builtarea）/平方千米	2 820	131.071 2	177.034 4	6.590 0	1 445.540 0

6.3 实证结果分析

6.3.1 基准回归结果

表 6.2 报告了模型（6-20）和模型（6-21）的估计结果，第（1）列和第（2）列是使用碳排放强度作为被解释变量的估计结果，第（3）列和第（4）列是使用碳减排效率作为被解释变量的估计结果。其中，第（2）列和第（4）列加入了年份固定效应和城市固定效应。从第（1）列和第（2）列的回归结果可以看出，样本期间内常住人口城镇化对碳排放强度存在显著的负向影响。样本期间内，中国各个城市的常住人口城镇化进程显著降低了城市碳排放强度。从第（3）列和第（4）列的回归结果可以看出，样本期间内常住人口城镇化对各个城市的碳减排效率存在显著的正向影响。由第（4）列可知，样本期间内，常住人口城镇化率每升高 1%，将使得各个城市碳减排效率平均提升 0.104 8%，表 6.2 的估计结果和前文理论模型中的假设 1 的结论是一致的。

表 6.2　固定效应模型的回归结果

变量	intensity		efficiency	
	（1）	（2）	（3）	（4）
urban	−1.349 3 *** (0.477 5)	−0.645 4 * (0.356 1)	0.080 3 * (0.046 7)	0.104 8 * (0.056 2)
控制变量	是	是	是	是
年份固定效应	否	是	否	是
城市固定效应	否	是	否	是
观测值	2 820	2 820	2 820	2 820
R^2	0.563 3	0.639 8	0.315 1	0.366 7

注：表中括号内报告的是聚类稳健标准误。

6.3.2 稳健性检验

为了验证基准估计结果中常住人口城镇化对碳排放强度和碳减排效率的影

响是否稳健，本节采取去掉重点城市、使用 Driscoll 和 Kraay 标准差[①]、改变被解释变量测度等方式对估计结果进行验证。

（1）去掉重点城市

这里去掉 282 个城市样本中的 35 个重点城市（包括直辖市、省会城市和计划单列市）样本，对剩余的 247 个地级市样本进行回归估计。估计结果如表 6.3 的第（1）列和第（2）列所示，估计过程控制了年份和城市固定效应，并使用城市层面的聚类稳健标准误。结果显示，常住人口城镇化对城市碳排放强度的影响显著为负，对城市碳减排效率的影响显著为正，这表明基准模型的估计结果是稳健的。

（2）使用 Driscoll-Kraay 标准差

当面板数据模型存在异方差和序列相关的问题时，Driscoll 和 Kraay 标准差能够得到更加稳健的估计结果。从表 6.3 的第（3）列和第（4）列可看出，常住人口城镇化对城市碳排放强度和碳减排效率的影响依然是显著的，这也说明基准模型的估计结果是稳健的。

表 6.3　稳健性检验

变量	去掉重点城市		使用Driscoll-Kraay标准差		改变被解释变量测度	
	（1）	（2）	（3）	（4）	（5）	（6）
	intensity	efficiency	intensity	efficiency	carbonlab	sulfurlab
urban	-1.026 5***	0.137 3**	-1.674 9***	0.105 3***	-0.322 6**	-0.148 3**
	（0.303 2）	（0.067 2）	（0.393 2）	（0.034 3）	（0.138 9）	（0.073 5）
控制变量	是	是	是	是	是	是
年份固定效应	是	是	否	否	是	是
城市固定效应	是	是	是	是	是	是
观测值	2 470	2 470	2 820	2 820	2 820	2 770
R^2	0.649 4	0.343 9	0.565 7	0.321 1	0.140 7	0.297 2

注：表中第（1）列、第（2）列、第（5）列和第（6）列括号内报告的是聚类稳健标准误。

（3）改变被解释变量测度

碳排放强度较好地反映了理论模型中单位工业品对环境的污染程度，本书进一步使用各城市劳均碳排放（各城市碳排放总量与就业人数的比值）和劳

---

① DRISCOLL J C, KRAAY A C. Consistent Covariance Matrix Estimation with Spatially Dependent Panel Data [J]. The Review of Economics and Statistics. 1998, 80 (4): 549-560.

均工业二氧化硫排放（各城市工业二氧化硫排放量与就业人数的比值）作为被解释变量。回归控制了年份和城市固定效应，使用了城市层面的聚类稳健标准误。从表6.3的第（5）列和第（6）列可以看出，常住人口城镇化显著降低了各城市劳均碳排放和劳均工业二氧化硫排放，估计结果和碳排放强度作为被解释变量的结果是一致的，表明本书估计结果是稳健的。

6.3.3 异质性分析

参考一般的空间划分标准，本书将城市样本划分为东部地区、中部地区、西部地区和东北地区四个区域。同时，本书还考察35个重点城市（包括直辖市、省会城市和计划单列市）常住人口城镇化与碳排放强度和碳减排效率的关系。本书分别构建常住人口城镇化率与东部地区（east）、中部地区（central）、西部地区（west）、东北地区（northeast）和重点城市（keycity）虚拟变量的交互项，采用模型（6-20）和模型（6-21）对常住人口城镇化和碳排放强度以及碳减排效率的异质性进行分析。回归均控制了年份和城市固定效应，并使用聚类稳健标准误。表6.4反映了碳排放强度作为被解释变量的区域和重点城市异质性分析结果。表中的估计结果控制了年份和城市固定效应，使用了城市层面的聚类稳健标准误。从表6.4可以看出，东部地区虚拟变量与常住人口城镇化率交互项的估计结果显著为负，这说明相比于其他区域城市，东部地区的常住人口城镇化对碳排放强度的抑制作用更强。常住人口城镇化率和重点城市虚拟变量交互项的估计系数也显著为负，这说明重点城市的城镇化对碳排放强度的抑制作用更强。中部地区虚拟变量与常住人口城镇化率交互项的估计结果显著为正，这说明相比于其他区域城市，中部地区的常住人口城镇化对碳排放强度的抑制作用偏弱。可能的原因是中国不同区域城镇化发展阶段的差异性，相比于东部地区，在样本期间内，中部地区城市主要追求城市建成区面积的扩张和城市产业增长，城市产业绿色发展水平和人力资本生产要素弱于东部地区城市。表6.5反映了碳减排效率作为被解释变量的区域和重点城市异质性分析结果。从表6.5可以看出，只有东部地区虚拟变量与常住人口城镇化率交互项的估计结果显著为正，这说明相比于其他区域城市，东部地区城市的常住人口城镇化对碳减排效率的促进作用更加显著。城镇化率和重点城市虚拟变量交互项也显著为正，这说明相比于其他城市，重点城市城镇化率对碳减排效率的促进效应更明显。潜在的原因是，东部地区城市和35个重点城市整体城镇化水平较高，城市绿色发展水平、工业绿色生产和人力资本生产要素水平更高。

表 6.4 区域和重点城市的异质性分析（碳排放强度）

被解释变量：intensity	（1）	（2）	（3）	（4）	（5）
urban	−0.651 4* (0.357 1)	−1.036 6*** (0.353 6)	−0.647 2* (0.355 5)	−0.667 9* (0.363 7)	−0.573 0 (0.357 1)
urban×east	−0.449 6*** (0.091 1)				
urban×central		0.511 7*** (0.137 1)			
urban×west			0.167 4 (0.128 4)		
urban×northeast				0.094 8 (0.125 8)	
urban×keycity					−0.409 9** (0.158 5)
控制变量	是	是	是	是	是
年份固定效应	是	是	是	是	是
城市固定效应	是	是	是	是	是
观测值	2 820	2 820	2 820	2 820	2 820
R^2	0.649 3	0.647 2	0.640 6	0.640 0	0.644 4

注：表中括号内报告的是聚类稳健标准误。

表 6.5 区域和重点城市的异质性分析（碳排放效率）

被解释变量：efficiency	（1）	（2）	（3）	（4）	（5）
urban	0.105 3* (0.056 2)	0.118 0** (0.056 6)	0.105 1* (0.056 2)	0.109 5* (0.057 3)	0.100 3* (0.056 6)
urban×east	0.037 5*** (0.013 5)				
urban×central		−0.017 3 (0.011 8)			
urban×west			−0.030 1 (0.022 3)		

被解释变量：efficiency	（1）	（2）	（3）	（4）	（5）
urban×northeast				−0.019 7 (0.016 8)	
urban×keycity					0.025 5** (0.011 3)
控制变量	是	是	是	是	是
年份固定效应	是	是	是	是	是
城市固定效应	是	是	是	是	是
观测值	2 820	2 820	2 820	2 820	2 820
R^2	0.371 5	0.367 3	0.368 5	0.367 3	0.368 0

注：表中括号内报告的是聚类稳健标准误。

6.3.4 影响机制检验

理论模型结论表明技术进步是促进城镇化过程中单位工业品污染程度降低的传导因素，前文计量估计结果也表明，各城市工业绿色生产转型也是碳排放强度降低和碳减排效率增加的潜在原因。这里使用各城市绿色发明专利授权量占专利授权总量的比例（grnpatent）表示各城市绿色技术创新程度，将各城市绿色发明专利授权量占比作为中介变量，依据温忠麟等的研究[①]，构建如下的中介效应模型，检验各城市常住人口城镇化对碳排放强度和碳减排效率的影响渠道：

$$\text{intensity}_{it} = b_0 + b_1 \text{urban}_{it} + b_2 Z_{it} + v_i + \mu_t + e_{it} \qquad (6-22)$$

$$\text{efficiency}_{it} = b_0 + b_1 \text{urban}_{it} + b_2 Z_{it} + v_i + \mu_t + e_{it} \qquad (6-23)$$

$$\text{grnpatent}_{it} = c_0 + c_1 \text{urban}_{it} + c_2 Z_{it} + v_i + \mu_t + h_{it} \qquad (6-24)$$

$$\text{intensity}_{it} = d_0 + d_1 \text{urban}_{it} + d_2 \text{grnpatent}_{it} + d_3 Z_{it} + v_i + \mu_t + k_{it} \quad (6-25)$$

$$\text{efficiency}_{it} = d_0 + d_1 \text{urban}_{it} + d_2 \text{grnpatent}_{it} + d_3 Z_{it} + v_i + \mu_t + k_{it} \quad (6-26)$$

其中，Z 是一系列控制变量的集合，v_i 表示城市固定效应，μ_t 表示年份固定效应，e_{it}、h_{it}、k_{it} 表示随机误差项。表 6.6 反映了中介效应检验的结果。第（1）列是模型（6-22）的估计结果，常住人口城镇化对碳排放强度的影响显著为

---

① 温忠麟，张雷，侯杰泰，等. 中介效应检验程序及其应用 [J]. 心理学报，2004，36（5）：614-620.

负。第（2）列和第（3）列是模型（6-24）和模型（6-25）的估计结果，常住人口城镇化显著提高了各城市绿色发明专利授权量占比并显著降低了碳排放强度，且各城市绿色发明专利授权量占比对碳排放强度的影响也显著为负。与第（1）列中城镇化率的估计系数（-0.645 4）的绝对值相比，第（3）列中城镇化率的估计系数（-0.559 1）的绝对值略有下降，这表明绿色技术创新是城镇化促进碳排放强度降低的影响渠道，部分中介效应是成立的。考虑到专利授权的时滞性，中介效应检验使用滞后一期的绿色发明专利授权量占年末专利授权总量的比例（l.grnpatent）进行检验，表6.6的第（4）列和第（5）列的结果显示中介效应显著成立。

表6.7中的第（1）列、第（2）列和第（3）列分别对应模型（6-23）、模型（6-24）和模型（6-26）的估计结果。使用碳减排效率作为被解释变量进行中介效应检验时，各变量的估计系数均显著，第（3）列中碳减排效率估计系数（0.093 9）小于第（1）列中碳减排效率估计系数（0.104 8），这也说明绿色技术创新是城镇化提升碳减排效率的影响渠道，部分中介效应成立。表6.7的第（4）列和第（5）列显示的是采用滞后一期的绿色发明专利授权量占专利授权总量的比例进行检验的结果，中介效应也是显著成立的。中介效应的估计结果和前文理论模型中的假设2的结论是一致的。

表6.6　绿色技术创新程度的机制检验（碳排放强度）

变量	（1）	（2）	（3）	（4）	（5）
	intensity	grnpatent	intensity	l. grnpatent	intensity
urban	-0.645 4 * (0.356 1)	0.056 9 ** (0.026 4)	-0.559 1 * (0.337 9)	0.022 0 * (0.010 4)	-0.631 4 * (0.350 9)
grnpatent			-1.525 1 *** (0.305 9)		
l.grnpatent					-0.637 5 ** (0.321 6)
控制变量	是	是	是	是	是
城市固定效应	是	是	是	是	是
年份固定效应	是	是	是	是	是
观测值	2 820	2 820	2 820	2 820	2 820
R^2	0.639 8	0.126 1	0.645 2	0.082 9	0.640 5

注：表中括号内报告的是聚类稳健标准误。

表 6.7 绿色技术创新程度的机制检验（碳排放效率）

变量	(1) efficiency	(2) grnpatent	(3) efficiency	(4) l. grnpatent	(5) efficiency
urban	0.104 8[*] (0.056 2)	0.056 9[**] (0.026 4)	0.093 9[*] (0.052 8)	0.022 0[*] (0.010 4)	0.102 2[*] (0.055 0)
grnpatent			0.192 3[***] (0.042 7)		
l.grnpatent					0.120 8[***] (0.040 2)
控制变量	是	是	是	是	是
城市固定效应	是	是	是	是	是
年份固定效应	是	是	是	是	是
观测值	2 820	2 820	2 820	2 820	2 820
R^2	0.366 7	0.126 1	0.373 0	0.082 9	0.368 5

注：表中括号内报告的是聚类稳健标准误。

6.4　本章小结

中国的城镇化发展正在由量的增长转向质的提升，绿色城镇化是中国城市高质量发展的必由之路。本节从中国地级及以上城市的城镇化与碳排放的经济现实出发，构建城镇化、绿色技术创新和污染强度之间的作用机制，并提出文章的研究假设。本节使用 2008—2017 年中国 282 个地级及以上城市的面板数据，检验了常住人口城镇化对中国城市碳排放强度和碳减排效率的影响，并考察了区域和重点城市的异质性；运用中介效应检验方法，验证了绿色技术创新对城镇化与碳减排关系的作用机制。主要结论如下：①中国各城市常住人口城镇化显著降低了城市碳排放强度并提升了城市碳减排效率，在去掉重点城市样本、改变回归估计方法和更换被解释变量测度后，均能得到和基准回归一致的结果，这说明结果是稳健的。②相比于其他区域城市，常住人口城镇化的碳减排效应在东部地区城市和重点城市更加显著，中部地区城市的常住人口城镇化对碳排放强度的抑制作用弱于其他区域城市，不同地区城市的城镇化发展阶段差异是区域和重点城市异质性的潜在原因。③使用各城市绿色发明专利授权量占比作为绿色技术创新的代理变量，验证了绿色技术创新是中国城市常住人口城镇化与碳减排相互影响的作用机制。

7 中国城市绿色发展的财税政策效应评价

7.1 绿色发展绩效的环境保护财政支出效应评价

新时代中国经济发展的特征就是由高速增长阶段转向高质量发展阶段，推动质量变革、效率变革是高质量发展的要求，加快推进生态文明建设是高质量发展的重点工作，推进绿色发展是生态文明体制改革的关键内容。推动绿色发展亟待构建多方参与的新机制，绿色发展需形成政府、企业和公众三方参与的环境治理体系。政府是推动绿色发展多元激励与监管机制的主导者。为了更好地履行政府的环境治理职能，在 2007 年政府收支分类改革中，政府收支分类体系单独设置了"环境保护"支出科目（2011 年，财政部将该条目修改为"节能环保"支出），用以反映国家财政履行环保职能的财政运行状况。环境保护财政支出在国家财政体系中有了单独科目，结束了依附其他支出科目的历史。

环境保护财政支出通过推动工业企业绿色生产转型、培育公众绿色生活方式和促进城市绿色发展，提升工业品绿色生产效率、公众绿色消费效率，最终推动中国经济绿色发展绩效水平。政府在工业企业绿色生产转型中起到主导作用，环境保护财政支出以推动工业企业清洁生产、污染防治、环境监测与监督等形式推动工业企业绿色转型。公众是经济绿色发展的重要参与者，既是受益者也是推动者，环境保护财政支出以推动公众宣传与教育、自然生态保护等形式培育公众绿色消费和绿色生活方式。同时，环境保护财政支出通过推动城市大气环境与水环境治理、建设城市生态文明示范区等形式提升城市绿色发展水平。环境保护财政支出通过影响政府、企业和公众等参与主体行为，提升中国经济绿色发展绩效，最终推动中国经济发展向高质量发展阶段迈进。

政府通过环境保护财政支出影响环境管制行为，进而促进经济增长，环境保护财政支出通过促进工业企业绿色生产转型和公众绿色生活方式转变而改变经济系统中生产和消费的效率，提升经济绿色发展绩效水平。以某典型城市环境保护财政支出为例，除去政府预算基本支出，环境保护财政专项支出通过专项类项目、运转类项目、大气污染防治专项基金、"戴帽"下达等多种类别，用于环境保护管理事务、大气污染防治、减排、环境监测与监察、水体污染防治、环境保护宣传、建设项目环评审查与监督等支出项目，这些支出项目可促进工业企业绿色生产、培育公众绿色生活方式、提升城市大气环境，改善经济绿色发展水平。

在政府主导下，环境保护财政支出通过影响工业企业绿色生产转型、公众绿色生活方式和城市绿色发展，最终提升经济绿色发展绩效。这里从全面贯彻新发展理念要求出发，科学合理测算中国经济绿色发展绩效并阐述其变化特征，评估中国经济绿色发展绩效的环境保护财政支出效应，提出促进经济绿色发展绩效提升的匹配政策，促进中国经济向更高质量、更有效率、更加公平、更可持续的方向迈进。

7.1.1 绿色发展绩效测算与变化特征

党的十九大报告强调推进绿色发展。加快建立绿色生产和消费的法律制度和政策导向，构建绿色创新体系，壮大节能环保产业和清洁生产产业，倡导绿色低碳的生活方式。工业企业绿色生产方式和公众绿色生活消费方式能够降低经济系统运行中的污染物排放，产出导向模式下，污染物排放减少和国内生产总值增加意味着绿色经济发展绩效的提升。

7.1.1.1 绩效测算

这里采取数据包络分析（DEA）窗口分析和超效率分析方法测算中国经济绿色发展绩效，将二氧化碳排放作为生产过程中的非期望产出纳入生产集合，客观评估中国绿色发展绩效。设定劳动（L）和资本（K）是投入变量，地区生产总值（Y）和二氧化碳排放（C）分别是期望产出变量和非期望产出变量。

普通的 DEA 模型不能满足面板数据绩效评价，Charnes 和 Cooper 引入 DEA 窗口分析方法（DEA Windows Analysis），目的在于测量截面和时期变化数据的效率值[1]。DEA 窗口分析采用移动平均法来测算决策单元效率随时间变动的趋势，决策单元的重复利用增加了样本量，同一决策单元在不同的窗口被多次利

---

① CHARNES A, COOPER W W. Preface to Topics in Data Envelopment Analysis [J]. Annals of Operation Research, 1985 (2): 59-94.

用，窗口分析的好处是通过决策单元参考集的变化进行多次效率测度，获得的平均效率值更加接近真实的效率评价。这里使用中国 30 省（自治区、直辖市）2007—2015 年的数据测算绿色发展绩效①，将每个窗口的宽度定义为三年，除 2007 年、2015 年的数据被利用一次，2008 年、2014 年的数据被利用两次，其他各年的数据均被利用了三次，平均得到各决策单元每年绿色发展绩效值。

对各投入变量和产出变量数据作如下处理：地区生产总值（Y）采用各地区生产总值表示，并以 2007 年为基期进行平减来消除价格影响。劳动（L）采用各省份 2007—2015 年年末的就业人员数。物质资本存量（K）的测算采用永续盘存法，以各省份固定资产投资价格指数平减各年投资，并折算为以基准年不变价格表示的实际值来计算各省各年的资本存量。当年投资选择全社会固定资产投资，运用《中国统计年鉴》中固定资产价格指数，将 2007 年作为基年，经济折旧率的计算和基年资本存量的确定均采用张军等的计算方法，经济折旧率取为 9.6%，基年资本存量以各省份 2007 年的固定资产总额除以 10% 计算得到②。二氧化碳排放（C）的数据是基于 IPCC（2006）中的测算方法估算得到。表 7.1 对投入变量和产出变量做了描述性统计。

表 7.1　投入变量和产出变量的描述性统计③

		平均值	最大值	最小值	标准离差率	样本数
全国样本	地区生产总值（Y）	14 548.93	63 444.64	783.61	12 221.89	270
	碳排放（C）	30 199.22	92 372.4	2 133.25	19 944.64	270
	资本存量（K）	32 690.38	167 464.4	1 889.013	27 772.19	270
	劳动投入（L）	2 653.761	6 636	298.6	1 784.456	270
东部样本	地区生产总值（Y）	22 915.1	63 444.64	1 223.28	15 201.67	99
	碳排放（C）	35 703.62	92 372.4	2 133.25	24 005.85	99
	资本存量（K）	48 132.84	167 464.4	2 356.294	34 831.39	99
	劳动投入（L）	2 983.948	6 632.5	397.46	2 009.216	99

①　由于数据搜集的限制，本书研究样本不包括西藏自治区、中国香港、中国澳门和中国台湾。

②　张军，吴桂英，张吉鹏. 中国省际物质资本存量估算：1952—2000 [J]. 经济研究，2004（10）：35-44.

③　东部样本包括：北京、天津、河北、辽宁、上海、江苏、浙江、福建、山东、广东和海南；中部样本包括内蒙古、山西、吉林、黑龙江、安徽、江西、河南、湖北和湖南；西部样本包括广西、重庆、四川、贵州、云南、陕西、甘肃、青海、宁夏和新疆等省份。

		平均值	最大值	最小值	标准离差率	样本数
中部样本	地区生产总值（Y）	13 051.37	33 253.84	5 284.69	6 085.946	72
	碳排放（C）	33 221.4	73 293.83	11 335.3	16 016.58	72
	资本存量（K）	30 953.89	95 433.49	9 164.872	18 008.85	72
	劳动投入（L）	3 185.324	6 636	1 266.1	1 520.622	72
西部样本	地区生产总值（Y）	7 271.907	25 280.37	783.61	5 122.777	99
	碳排放（C）	22 496.88	72 890.9	2 724.9	15 248.1	99
	资本存量（K）	18 510.84	81 046.18	1 889.013	14 923.27	99
	劳动投入（L）	1 936.982	6 387	298.6	1 480.408	99

7.1.1.2 测算结果分析

样本期间内，北京市和重庆市绿色发展绩效测算结果分别如表 7.2 和表 7.3 所示，每一行表示一个窗口下不同时期的绿色发展绩效，每一年的绿色发展绩效是不同窗口下同一时期效率值的平均值。研究期间内北京市的绿色发展效率整体维持较高水平并呈现出上涨的趋势。北京市绿色发展绩效与其经济发展水平、产业结构、绿色发展和低碳发展的目标是一致的。重庆市绿色发展绩效显著低于北京市，且呈波段起伏变化，重庆市绿色发展绩效和同期固定资产投资增长率、产业政策是相关的。

表 7.2　2007—2015 年北京市经济绿色发展绩效窗口分析

时间	2007年	2008年	2009年	2010年	2011年	2012年	2013年	2014年	2015年
2007—2009 年	1.034	0.992	1.061						
2008—2010 年		0.996	0.997	1.052					
2009—2011 年			0.995	1.007	1.054				
2010—2012 年				1.006	1.008	1.034			
2011—2013 年					1.012	0.997	1.064		
2012—2014 年						1.003	1.007	1.051	
2013—2015 年							1.009	1.003	1.048
平均值	1.034	0.994	1.018	1.021	1.025	1.011	1.027	1.027	1.048

表 7.3 2007—2015 年重庆市经济绿色发展绩效窗口分析

时间	2007年	2008年	2009年	2010年	2011年	2012年	2013年	2014年	2015年
2007—2009 年	0.725	0.694	0.697						
2008—2010 年		0.688	0.688	0.692					
2009—2011 年			0.684	0.688	0.688				
2010—2012 年				0.685	0.687	0.705			
2011—2013 年					0.680	0.698	0.721		
2012—2014 年						0.695	0.721	0.716	
2013—2015 年							0.719	0.715	0.715
平均值	0.725	0.691	0.690	0.688	0.685	0.699	0.721	0.716	0.715

分省来看，样本期间内，北京、上海、广东、浙江等省份绿色发展绩效表现较好，山西、内蒙古、青海、宁夏、新疆等省（自治区、直辖市）绿色发展绩效相对较低，大部分处于 0.5～0.7①。近年来，随着"中国制造"向"中国智造"转变，发达地区省份产业逐渐向战略性新兴产业转变，传统的高耗能、高污染企业逐渐向中西部地区省份迁移，造成资源依赖型省份较低的绿色发展绩效。

这里计算全国样本、东部样本、中部样本和西部样本的绿色发展绩效，结果如表 7.4 所示。东部样本、中部样本的绿色发展绩效高于全国平均水平，西部样本的绿色发展绩效低于全国平均水平，较多的西部地区省份拥有较高比重的资源依赖型企业，同时，也承接了东部地区省份部分高污染、高能耗的产业。从时间跨度来看，2007 年，资源节约型和环境友好型社会的建设提升了全国经济绿色发展绩效。2008 年金融危机后中国推出的扩大内需、促进经济平稳较快增长的举措提升了全社会固定资产投资增长，绿色发展绩效表现出小幅下降趋势。党的十八大以来，绿色发展理念逐渐成为发展共识，经济绿色发展绩效变化较为平稳，且表现逐渐上升趋势。

---

① 文中没有列出各省级单位绿色发展绩效指数。

表 7.4　2007—2015 年中国区域绿色发展绩效平均值

	2007年	2008年	2009年	2010年	2011年	2012年	2013年	2014年	2015年
全国样本	0.808	0.774	0.765	0.761	0.753	0.748	0.746	0.739	0.738
东部样本	0.877	0.856	0.859	0.864	0.858	0.855	0.861	0.851	0.852
中部样本	0.817	0.769	0.746	0.735	0.722	0.718	0.710	0.701	0.693
西部样本	0.731	0.696	0.684	0.678	0.669	0.663	0.658	0.655	0.658

7.1.2　环境保护财政支出对中国绿色发展绩效的影响检验

本章实证检验绿色发展绩效的环境保护财政支出效应，并分析区域性差异。

7.1.2.1　模型构建与变量选择

这里构建如下计量模型，考察环境保护财政支出对中国绿色发展绩效的影响：

$$\text{Effic}_{it} = \beta_0 + \beta_1 \ln\text{FEN}_{it} + \beta_2 \ln\text{FEN}_{it}^2 + \alpha X_{it} + \varepsilon_{it}$$

i 和 t 分别表示省份和年份。被解释变量 Effic_{it} 表示各省级单位绿色发展绩效，使用上文依据 DEA 窗口分析和超效率分析测算得到的效率值表示。FEN_{it} 代表各省级单位环境保护财政支出，政府部门不同的环境保护财政支出类别影响工业企业绿色生产转型、公众绿色消费行为和城市绿色发展，进而对绿色生产绩效产生影响。为了检验环境保护财政支出和绿色发展绩效之间是否存在非线性关系，计量模型中引入环境保护财政支出的平方项进行估计。估计方法在使用固定效应和随机效应模型的同时，还使用了 Driscoll 和 Kraay 提出的消除异方差和序列相关因素的固定效应模型，以使模型估计结果更加稳健[①]。

X_{it} 表示一系列控制变量的集合，控制变量包括：各省级单位财政收入（FR_{it}）、人均地区生产总值（GDPper_{it}）、产业结构（IS_{it}）、外商直接投资（FDI_{it}）、环境规制（REG_{it}）、能源消费（EN_{it}）。各地财政支出和环境保护财政支出之间的增减关系对绿色生产绩效会产生一定影响。人均地区生产总值是采取以 2007 年为基期，剔除价格因素的实际人均地区生产总值来衡量。人均地区生产总值的提高，人均收入水平将得以提升，公众追求较高的生活质量和环境质量，进而影响经济绿色发展绩效。采用各地区第二产业增加值占地区生

---

①　DRISCOLL J C, KRAAY A C. Consistent Covariance Matrix Estimation with Spatially Dependent Panel Data [J]. The Review of Economics and Statistics, 1998, 80 (4): 549-560.

产总值的比重表示产业结构。外商直接投资采用外商投资总额占名义地区生产总值的比重来计算得到。环境规制采用各地区工业污染治理完成投资额指标，反映了环境规制强度对绿色发展绩效的影响。能源消费变量采用各地区能源消费总量与名义地区生产总值之比表示，反映各地区能源消费对绿色发展绩效的影响。实证检验变量的描述如表 7.5 所示。

表 7.5　变量描述性统计

	平均值	最大值	最小值	标准离差率	样本数
绿色发展绩效（Effic）	0.759	1.059	0.535	0.127	270
环境保护财政支出（FEN）	85.611	322.33	5.324	57.328	270
财政收入（FR）	1 727.2	9 366.78	56.708	1 532.28	270
人均国内生产总值（GDPper）	3.879	10.8	0.788	2.14	270
产业结构（IS）	0.406	0.536	0.131	0.08	270
外商直接投资（FDI）	0.37	5.702	0.048	0.552	270
环境规制（REG）	20.175	141.646	0.356	18.49	270
能源消费（EN）	1.011	3.348	0.298	0.508	270

这里选择除西藏自治区、中国香港、中国澳门、中国台湾之外中国 30 个省（自治区、直辖市）为研究对象；由于 2007 年起环境保护财政支出才以单独支出科目列出，故以 2007—2015 年的数据作为研究样本。数据主要来源于《中国统计年鉴》《中国环境统计年鉴》《中国能源统计年鉴》《新中国六十年统计资料汇编》《中国固定资产投资统计年鉴》《中国人口与就业统计年鉴》《中国区域经济统计年鉴》、EPS 数据库、各地统计年鉴和各地国民经济和社会发展统计公报等。

7.1.2.2　面板单位根和协整检验

如果面板数据的时间序列维度数据是非平稳的，"伪回归"问题将不可避免。在使用固定效应模型分析之前，本节对回归数据进行面板单位根检验和协整检验。面板单位根检验采用 LLC 检验、IPS 检验、Fisher-ADF 检验和 Fisher-PP 检验四种方法，结果如表 7.6 所示。当使用初始数据时，大部分的检验都拒绝了存在面板单位根的原假设，当使用变量的一阶差分数据时，所有检验都拒绝了存在面板单位根的原假设。本节进一步使用 Kao 协整检验、Pedroni 协整检验和 Westerlund 协整检验分析变量之间的长期协整关系，结果如表 7.7 所示，面板协整检验的四个统计量都显著拒绝了不存在协整关系的原假设，这表明本节回归变量之间存在长期协整关系。

表 7.6　面板单位根检验

变量	初始水平				一阶差分			
	LLC	IPS	Fisher–ADF	Fisher–PP	LLC	IPS	Fisher–ADF	Fisher–PP
绿色发展绩效（Effic）	-23.359***	-2.942***	5.351***	44.012***	-33.799***	-3.907***	25.255***	45.974***
环境保护财政支出（FEN）	-11.328***	-1.783**	-3.680	-2.714	-5.984***	-2.779**	9.721***	17.136***
财政收入（FR）	-38.765***	1.930	-3.485	-4.975	-35.106***	-1.409*	25.813***	1.675*
人均国内生产总值（GDPper）	-16.003***	0.726	-4.236***	-4.069	-23.900***	-1.534*	11.958***	3.561***
产业结构（IS）	-6.912***	2.793	-0.383	-3.323	-35.550***	-4.884***	1.372*	12.026***
外商直接投资（FDI）	8.053	5.046	-2.024	23.879***	-7.730***	-3.318***	1.924**	13.105***
环境规制（REG）	-8.905***	-3.279***	2.377***	0.188	-7.580***	-4.215***	3.011***	15.042***
能源消费（EN）	1.804	-0.923	8.106***	16.604	-84.923***	-7.182***	21.607***	22.539***

注："***""**"和"*"分别表示1%、5%和10%的显著性水平。

表 7.7　面板协整检验

协整检验方法	绿色发展绩效（Effic）↔环境保护财政支出（FEN）		
	Kao 协整检验	Pedroni 协整检验		Westerlund 协整检验
协整统计量	ADF 统计量	ADF 统计量	PP 统计量	方差比
检验结果	1.956**	15.862***	8.449***	684.555***

注：（1）绿色发展绩效（Effic）↔环境保护财政支出（FEN）表示绿色发展绩效变量、环境保护财政支出变量和其他控制变量之间的协整关系；（2）"***""**"和"*"分别表示1%、5%和10%的显著性水平。

7.1.2.3　全样本估计结果分析

表 7.8 显示的是全国样本环境保护财政支出对绿色发展绩效估计结果。两种固定效应模型的估计结果均显示环境保护财政支出的系数为正，且在1%的水平上通过了显著性检验，说明环境保护财政支出对绿色发展绩效具有促进作用；环境保护财政支出平方项系数为负，且通过了1%的显著性检验，显示出环境保护财政支出对绿色发展绩效存在非线性影响，呈现出倒"U"形关系。环境保护财政支出投入初始阶段，政府加大对工业企业绿色生产转型的扶持力度，鼓励发展清洁能源、研发清洁生产技术，加强对公众的绿色消费和绿色生活方式的宣传，大力整治城市绿色发展过程中的大气污染、水污染问题，绿色发展绩效就会得以提升。随着环境保护财政支出达到一定程度时，政府单方面环境保护财政支出对绿色发展绩效的推动作用出现边际效应递减，环境保护财政支出不足以持续维持绿色发展绩效的改善，绿色发展绩效的持续改善需多方主体共同参与，政府在维持环境保护财政支出稳步增长的同时，需拓宽环境保护多元主体参与机制，创新利用社会化融资方式补充政府环保财政投入缺口。对工业企业绿色生产方式转变设计多重激励和监管机制，设计政府、企业和公众三方参与的绿色发展绩效监管和激励机制。

表 7.8　全国样本环境保护财政支出对绿色发展绩效估计结果

解释变量：绿色发展绩效	随机效应模型（RE）	固定效应模型（FE）	Driscoll 和 Kraay（1998）固定效应模型（DK）
环境保护财政支出（FEN）	0.059* （1.88）	0.078*** （3.09）	0.078*** （3.28）
环境保护财政支出平方项（FEN^2）	−0.01** （−2.59）	−0.009*** （−2.98）	−0.009*** （−2.83）

表7.8(续)

解释变量：绿色发展绩效	随机效应模型（RE）	固定效应模型（FE）	Driscoll 和 Kraay（1998）固定效应模型（DK）
财政收入（FR）	-0.026* （-1.77）	-0.048*** （-3.64）	-0.048*** （-5.45）
人均地区生产总值（GDPper）	0.019*** （4.12）	0.018*** （3.97）	0.018*** （4.22）
产业结构（IS）	-0.137** （-1.97）	-0.167*** （-2.76）	-0.167*** （-3.20）
外商直接投资（FDI）	0.017 8** （2.51）	0.011* （1.89）	0.011*** （3.00）
环境规制（REG）	-0.000 3 （-1.31）	-0.000 1* （-0.53）	-0.000 1 （-1.01）
能源消费（EN）	0.042** （2.26）	0.065*** （3.91）	0.065*** （4.41）
常数项	0.699*** （6.04）	0.731*** （7.05）	0.731*** （15.81）
Within R^2	0.368	0.42	0.42
Hausman 值		97.18***	
样本量	270	270	270

注：固定效应模型系数括号内为 t 值，随机效应模型系数括号内为 z 值。

财政收入的系数为负，主要的原因在于财政收入和环境保护财政支出结构错配，环境保护财政支出增长低于财政收入增长。同时，部分地方政府迫于财政收入增长的压力，当地污染性企业在税收征收过程中提高了自身议价能力，财政收入增长也带来了污染物排放增加，降低了绿色发展绩效。人均地区生产总值的系数为正，且在1%的水平下显著，人均国内生产总值增长会促进绿色发展绩效改善，公众收入水平的提升对环境质量的要求会进一步提高，会增加环境友好型产品的需求，也会促使企业进行绿色产品的研发设计。产业结构回归系数为负，说明中国多地产业结构依然处于传统重化工业向战略性新兴产业转变过程中，随着中国产业结构的转型升级，其负向影响将会逐渐减弱。

外商直接投资的系数为正，说明外商直接投资对绿色发展绩效具有一定的促进作用，外商直接投资对于绿色发展绩效的正向影响高于其负向影响。具备先进知识和技术的外商投资企业通过企业间关联作用、企业示范作用、人力资本示范作用带动国内产业升级，提高了绿色发展绩效；同时，外商投资企业的大量涌入在初期会对国内市场产生冲击，国内企业只能处于产业链、价值链低端水平。环境影响上，外商投资企业拥有领先的绿色生产理念和技术，但也存在满足"污染避难所"假设的外商投资企业的迁移，降低绿色发展绩效。

环境规制的系数为负但处于较低显著水平，这表明环境规制并没有改变"高能耗、高污染"的重化工业结构，当前中国的环境规制政策以"命令—控制型"为主，碳排放权交易市场等市场主导的机制作用仍不突出。能源消费的系数为正，可能的原因在于中国能源消费结构持续向低碳化和清洁化方向转变，能源综合利用效率提高，单位 GDP 能耗持续降低，从而促进绿色发展绩效改善。

7.1.2.4 地区差异分析

不同地区环境保护财政支出规模相差较大，其对绿色发展绩效的影响可能是不同的，有必要对东部、中部、西部样本分别考察。表7.9 为分地区样本环境保护财政支出对绿色发展绩效的估计结果。东部和中部样本的环境保护财政支出变量的估计结果较为一致，东部地区样本在1%水平上显著。东部和中部样本的环境保护财政支出和绿色发展绩效都存在显著的非线性关系，呈现出倒"U"形变化趋势，但东部样本这种非线性关系更为显著。东部地区样本市场机制较为完善，环境保护多元化融资渠道更为完善，工业企业绿色生产转型效果较好，产业结构转型升级领先于中西部地区省份，环境保护财政支出在促进绿色发展绩效改善的过程中的主导地位减弱。中西部地区省（自治区、直辖市）环境保护财政支出促进绿色生产绩效改善的效果较弱，环境保护财政支出投入水平相对较低，工业企业中高污染高耗能企业占比较高，企业绿色生产转型效果较差，公众绿色生活方式的培养还需加强，城市绿色发展监管机制有待完善，这些都是中西部地区省份环境保护财政支出对绿色发展绩效影响较弱的原因。同时，中国于2007年才设立环境保护支出科目，投入环保专项资金促进环境治理改善的长期效应具有滞后性，环境保护财政支出的投入规模和增长率有待提升。

表 7.9　分地区样本环境保护财政支出对绿色发展绩效估计结果

解释变量： 绿色发展绩效	东部样本		中部样本		西部样本	
	FE	DK	FE	DK	FE	DK
环境保护财政支出 （FEN）	0.072*** (3.41)	0.072*** (6.17)	0.18 (1.71)	0.18 (1.37)	−0.028 (−0.44)	−0.028 (−0.37)

表7.9(续)

解释变量：绿色发展绩效	东部样本		中部样本		西部样本	
	FE	DK	FE	DK	FE	DK
环境保护财政支出平方项（FEN^2）	-0.007*** (-3.05)	-0.007*** (-4.40)	-0.028** (-2.06)	-0.028 (-1.59)	0.002 (0.19)	0.002 (0.16)
财政收入（FR）	-0.019 (-0.81)	-0.019 (-1.01)	-0.128*** (-3.56)	-0.128*** (-3.49)	-0.009 (-0.44)	-0.009 (-0.61)
人均地区生产总值（GDPper）	0.016*** (2.99)	0.016*** (3.64)	0.112*** (5.09)	0.112*** (4.43)	-0.011 (-1.15)	-0.011 (-1.30)
产业结构（IS）	-0.2 (-1.61)	-0.2 (-1.31)	-0.365*** (-4.29)	-0.365*** (-9.87)	-0.038 (-0.42)	-0.038 (-0.55)
外商直接投资（FDI）	0.015*** (2.78)	0.015*** (2.52)	0.08 (0.9)	0.08* (2.32)	0.002 (0.02)	0.002 (0.05)
环境规制（REG）	0.000 1 (0.81)	0.000 1 (1.20)	0.000 4 (1.09)	0.000 4 (1.08)	-0.001 2*** (-3.27)	-0.001 2*** (-3.93)
能源消费（EN）	0.132*** (4.24)	0.132*** (4.55)	0.229*** (6.43)	0.229*** (13.95)	-0.015 (-0.79)	-0.015 (-0.78)
常数项	0.558*** (3.38)	0.558*** (4.97)	0.655*** (3.10)	0.655*** (8.94)	0.911*** (4.80)	0.911*** (5.27)
Within R^2	0.457	0.457	0.801	0.801	0.549	0.549
Hausman 值	29.65***		55.28***		14.69*	
样本量	99		72		99	

注：固定效应模型系数括号内为 t 值。

　　财政收入在中部样本回归系数为负，这说明中部样本财政收入和环境保护财政支出的结构错配更为显著，中部样本财政激励和污染企业税收征收议价相对较为显著。东部和中部样本人均地区生产总值对于绿色发展绩效影响都为正，这说明随着人均收入的增长，东部和中部样本对环境友好型、低碳化产品需求显著高于西部样本，企业绿色生产转型相对更为显著，绿色发展绩效改善更为显著。中部样本产业结构对绿色发展绩效的负向影响更为显著，东部样本并没有表现出显著的正向影响。潜在的原因在于企业在省际迁移成本和营商环境的改变，东部发达地区省份的污染型企业倾向于向距离较近地区迁移，也更加倾向于向省内经济发展水平相对较低的地区迁移。

　　外商直接投资对东部绿色发展绩效的影响为正，且系数显著，但对中部的绿色发展效率影响为负，但不显著。长期以来，东部沿海省市吸引外商直接投资的能力更强，外商直接投资对东部样本的绿色发展绩效综合影响更为显著。环境规制对西部样本的负向影响更强且显著，可能的原因在于西部样本中高污染、高耗能产业比例较高。能源消费的系数在东部和中部样本均为正，这说明东部和中部样本能源消费结构、能源利用效率、单位 GDP 能耗等指标表现优于西部样本。

本节从贯彻新发展理念出发，运用 DEA 窗口分析和超效率方法测算了中国省际绿色发展绩效，分析环境保护财政支出对绿色发展绩效的影响，得出以下结论：首先，由于滞后效应的存在，2007—2015 年的全国绿色发展绩效平均值表现出先下降再稳中有升的趋势；绿色发展绩效高的省份主要集中在东部地区，西部地区省（自治区、直辖市）绿色发展绩效相对较低。其次，环境保护财政支出对绿色发展绩效具有显著的正效应，但两者之间也存在非线性的倒"U"形关系。最后，不同区域环境保护财政支出对绿色发展绩效存在显著差异，东部样本具有显著的正效应，环境保护财政支出对东部样本具有一定激励作用；环境保护财政支出对不同区域绿色发展绩效的非线性倒"U"形关系差异明显，东部样本最为显著，中部样本显著性降低，西部样本不显著。

7.2 环境保护税的实施对城市空气质量的影响评价

环境治理问题已成为国际社会重大关切的议题，世界卫生组织在 2018 年联合国气候变化大会上发布的《健康与气候变化》报告指出，人类每年因空气污染带来的福利损失达到 5.11 万亿美元。环境保护税起源于庇古在 1920 年出版的《福利经济学》中提出的"庇古税方案"，目标是实现经济福利的最大化，而考虑到最小安全基准的鲍莫尔-奥茨税具有成本效率性和信息效率性的特征，社会可以按照最小成本实现环境基准。中国在环境保护税法开征之前，已实行接近 40 年的排污收费制度，相继开征了资源税、消费税、耕地占用税等具有保护环境作用的税种，实现了较为显著的污染治理效果。《中华人民共和国环境保护税法》立法于 2016 年 12 月 25 日，并于 2018 年 1 月 1 日正式在全国范围内实施，环境保护税是中国第一部专门体现绿色税制的单行税种。环境保护"费改税"实现了税负平移，环境保护税相较于排污费执行力度更大，能有效抑制企业偷税漏税行为。环境保护税立法时间与实施时间的间隔时期为企业进行绿色生产转型提供了时间窗口，企业在环境保护税开征之前更新生产经营战略，比如购买绿色生产设备、开发绿色生产技术、重构企业绿色发展规划。企业绿色生产转型措施预期会显著降低污染物排放，从而显著改善城市空气质量，环境保护税的开征对中国城市空气质量的影响有待检验。

本节运用中国 166 个城市日均空气质量指数数据（AQI）和气象数据，基于断点回归设计，实证检验中国环境保护税的开征是否显著提升城市空气质量，环境保护税的开征对城市空气质量的影响是否具有稳健性和异质性？本节在进行断点回归估计时控制了城市每日气象数据、节假日变量以及时间和城市固定效应，使用图像分析和回归估计检验了环境保护税的减排效应。同时，本节从城市群、"蓝天保卫战"重点区域和空气污染程度三个角度对估计结果进行异质性分析，并提出针对性的对策建议。

7.2.1 制度背景

庇古税理论在 20 世纪 70 年代逐渐被欧美发达国家应用于环境治理，政府积极推行污染者付费制度。20 世纪 80 年代开始，环境保护税逐渐由污染者付费制度发展到绿色税阶段，排污税、产品税、能源税、二氧化碳税和二氧化硫税等税种相继出现。中国的排污收费制度也产生于该历史阶段，其在中国环境治理进程中发挥了关键作用，环境保护费改税将保护生态环境责任进行了法制化，对高质量推进生态文明建设具有重要意义。1978 年 12 月 31 日，中共中央批准了国务院环境保护领导小组的《环境保护工作汇报要点》文件，这是中国首次正式提出实施排污收费制度。1979 年 9 月，第五届全国人大常委会第十一次会议通过了《中华人民共和国环境保护法（试行）》，该法的颁布为排污收费制度提供了法律依据。1982 年 2 月 5 日，国务院批准并发布了《征收排污费暂行办法》，自当年 7 月 1 日起在全国执行，这标志着排污收费制度在中国正式建立。1988 年，国务院发布《污染源治理专项基金有偿使用暂行办法》，1991 年，国家环境保护局出台《环境监理工作暂行办法》，这些法律和规章提高了分散使用的环境保护补助资金的使用效益，进一步强化了排污收费制度的环境保护和污染减排功能。1991 年 6 月，财政部出台了超标污水收费标准和噪音收费标准，随后环保、财政等多部门联合出台了二氧化硫收费试点等政策，进一步完善了污染物收费标准。为加强对排污费征收使用的管理，国务院于 2002 年 1 月 30 日通过了《排污费征收使用管理条例》，并自 2003 年 7 月 1 日起实行。国务院于 1982 年 2 月 5 日发布的《征收排污费暂行办法》和 1988 年 7 月 28 日发布的《污染源治理专项基金有偿使用暂行办法》就此废止。《排污费征收使用管理条例》成为中国开展排污收费工作的基本、核心指导办法，中国排污收费制度进入不断改进与完善的阶段。

　　绿色发展是中国经济发展模式转变的必然选择，能够解决人与自然的和谐问题。经济发展水平和环境质量之间的关系通常用环境库兹涅茨曲线进行描述，环境质量的改善依靠政府环境政策、企业绿色生产方式转变和公众环保意识培育的共同作用。国务院于 2011 年 10 月发布了《国务院关于加强环境保护重点工作的意见》，该文件指出要积极推进环境税费改革，研究开征环境保护税，逐步扩大征收范围。财政部、环保部和国家税务总局随即研究起草环境保护税法草案。2016 年 12 月 25 号，《环境保护税法》由第十二届全国人大常委会第二十五次会议通过并颁布，2018 年 1 月 1 日，《环境保护税法》开始施行，《排污费征收使用管理条例》同时废止。表 7.10 列出了 1978—2018 年我国颁布的环境保护税相关的主要法律和行政法规，总结了 40 年来中国完善环境保护、推进环境保护费改税的立法进程。

表 7.10　1978—2018 年我国颁布的环境保护税相关的主要法律和行政法规

	执行时间	公布/通过机关	法律/行政法规
酝酿阶段	1978 年 12 月	国务院	《环境保护工作汇报要点》
	1979 年 9 月	全国人大常委会	《中华人民共和国环境保护法（试行)》
实施阶段	1982 年 7 月	国务院	《征收排污费暂行办法》
	1988 年 7 月	国务院	《污染源治理专项基金有偿使用暂行办法》
	1991 年 6 月	国家环保局 国家物价局 财政部	《关于调整超标污水和统一超标噪声排污费征收标准的通知》
完善阶段	2003 年 7 月	国务院	《排污费征收使用管理条例》
	2011 年 10 月	国务院	《国务院关于加强环境保护重点工作的意见》
法律阶段	2018 年 1 月	全国人大常委会	《中华人民共和国环境保护税法》

　　注：根据政府网站信息整理。

　　中国排污费征收和环境保护税实施的具体实践方面。根据《排污费征收使用管理条例》，中央政府对排污费的基本准则、污染物核定、排污费征收及使用作统一的规定，地方政府享有的税收权利有限。地方政府享有的权限主要包括：第一，装机容量 30 万千瓦以上的电力企业排放二氧化硫的数量，由各省（自治区、直辖市）人民政府环境保护行政主管部门核定。第二，国家排污费征收标准中未作规定的，各省（自治区、直辖市）人民政府可以制定地方排污费征收标准，并报国务院价格主管部门、财政部门、环境保护行政主管部门和经济贸易主管部门备案。《环境保护税法》是在排污费的基础上制定的法律，环境保护费改税坚持税负平移，执法刚性增强，税收征管更加规范。《环境保护税法》严格制定了环境保护税计税依据和应纳税额、税收减免、征收管理等法律条文。地方政府在统筹考虑本地区资源环境承载能力、污染物排放和生态文明建设目标下，在规定的税额幅度内可以自行确定应税大气污染物和水污染物的具体适用税额。地方政府根据本地区污染物减排的特殊需要，可以增加同一排放口征收环境保护税的应税污染物项目数。由于地方政府享有的税收权利有限，各省（自治区、直辖市）的环境保护税实施的主要差别在于征收标准。本节主要关注大气污染物适用税额标准的差异，表 7.11 显示了各省（自治区、直辖市）排污费和环境保护税大气污染物适用税额标准。北京、河北、天津等 18 个地区在排污费的基础上提高了环境保护税的单位税额，部分省（自治区、直辖市）采取分区域、分年度、分污染物种类的方式进行阶梯式定价。北京按照最高征收标准 12 元/污染当量征收环境保护税，天津、河北、河南、上海、江苏、重庆和四川税额提高幅度较大。总体来看，环境保护税的单位税额比排污费征收标准有明显的提高。

《环境保护税法》是中国绿色税制体系的重要组成部分，目的是引导企业绿色生产转型，促进经济绿色发展。与排污收费制度相比，《环境保护税法》的规定更加统一，制度设计更加完善，税收征管强调部门协作。排污费属于行政收费，由行政部门征收；环境保护税法属于法律范畴，由税务机关依法征收，执行力度相较于排污费更大，市场主体逃避缴纳环境保护税的空间更小，对企业行为的影响也就更大。环境保护费改税是中国进一步完善绿色税制的重要步骤，在法律规范性、征收标准和执法力度等方面都有显著的不同，环境保护税是以推动企业节能减排、促进生态文明建设为目标征收的税种。环境保护税的开征将规范企业纳税行为，推动企业进行绿色生产流程改造，促进企业产业结构调整和产品转型升级。对政府而言，《环境保护税法》进一步完善了绿色税制体系内容，增加了政府进行环境治理的管制工具，有力增强了环境治理的政策协同效应。环境保护税开征也普及了社会公众的环境保护意识，有利于培育公众绿色消费和绿色生活方式。环境保护税开征对政府、企业和公众三方主体的共同影响，将促进经济绿色发展和环境质量改善，从而改善中国城市空气质量。

表 7.11　各省（自治区、直辖市）排污费和环境保护税大气污染物适用税额标准

计税单位：元/污染当量

省（自治区、直辖市）	大气污染物	
	排污费	环境保护税
北京	二氧化硫和氮氧化物 10	12
天津	二氧化硫 6.3，氮氧化物 8.5，烟尘 2.75，一般性粉尘 1.5，其他 0.6	10
河北	二氧化硫和氮氧化物 4.8	一档：主要污染物 9.6，其他 4.8；二档：主要污染物 6，其他 4.8；三档：4.8
山东	二氧化硫和氮氧化物 6，其他 1.2	二氧化硫和氮氧化物 6，其他 1.2
山西	1.2	1.8
河南	1.2	4.8
上海	二氧化硫和氮氧化物 4	2018 年，二氧化硫 6.65，氮氧化物 7.6，其他 1.2；2019 年，二氧化硫 7.6，氮氧化物 8.55
江苏	3.6	南京，8.4；无锡市、常州市、苏州市、镇江市，6.0；其他地区，4.8
浙江	1.2	四类重金属污染物项目、铬酸雾、汞及其化合物、铅及其化合物、镉及其化合物 1.8，其他 1.2
湖北	2.4	二氧化硫和氮氧化物 2.4，其他 1.2
湖南	1.2	2.4
广东	1.2	1.8
广西	1.2	1.8
海南	1.2	2.4
重庆	1.2	2018—2020 年，2.4；2021 年起，3.5
四川	1.2	3.9
云南	1.2	2018 年，1.2；2019 年，2.8
贵州	1.2	2.4

注：黑龙江、吉林、辽宁、内蒙古、安徽、福建、江西、陕西、甘肃、宁夏、青海、新疆、西藏 13 个省和自治区排污费和环境保护税大气污染物适用税额标准是 1.2 元/污染当量；数据来源于各政府网站公开资料。

7.2.2 计量模型与数据说明

（1）计量模型

本书梳理了排污费和环境保护税的制度变迁和实施现状，分析了二者污染治理效力的差异。中国于 2018 年 1 月 1 日之前在全国范围内实行排污收费制度，2018 年 1 月 1 日之后全面开征环境保护税。在 2018 年 1 月 1 日前后，同等条件下，企业面临的税收负担是不同的，对大气污染物的排放有潜在影响。环境保护税法开征前后，企业面临的排放污染物的执法力度是不同的，表 7.11 中所示的 18 个省（自治区、直辖市）面临的应税污染物单位税额也是不同的，因此企业承担的单位环保成本在 2018 年 1 月 1 日产生了一个断点（cut-off）。相比于排污费由环保部门征收管理，环境保护税由税务机关征收，具有严格的征收管理程序，执法更加规范，具有一般税收的无偿性、强制性和固定性特征，环境保护税在全部的省（自治区、直辖市）同步开征，对企业的环保成本和绿色生产决策会产生影响。本书的识别策略类似于 Viard 和 Fu、Davis 及曹静等的研究设计，他们利用城市交通限行政策准自然实验研究其对空气质量的影响[1][2][3]。

断点回归设计是最接近自然实验的方法，能有效避免模型中的内生性。时间断点回归方法的一个好处是控制组和处理组是相同的样本，短期内其他条件基本相同时，能够较为精准地测算出短期的因果效应。本书建立精确断点回归模型分析环境保护税的开征对中国城市空气质量的影响，预计环境保护税的开征能够直接反映出对空气质量的影响，空气质量的变化对污染物排放量的变化不存在滞后影响。曹静等研究了北京奥运会之后限行政策对空气质量的影响，发现空气质量对交通流量的变化是敏感的，限行对污染物排放和空气质量是直接反应的。本书直接使用当期空气质量的数据，研究环境保护税开征对中国城市空气质量的影响。本节断点回归设计的估计方程如下：

$$Y_{it} = \beta_0 + \beta_1 D_{it} + \beta_2 f(x_{it} - x_0) + \beta_3 D_{it} \times g(x_{it} - x_0) + Z\gamma + \theta_t + \rho_i + \varepsilon_{it}$$

$$(7-1)$$

---

① VIARD V B, FU S. The Effect of Beijing's Driving Restrictions on Pollution and Economic Activity [J]. Journal of Public Economics, 2015（125）：98-115.

② DAVIS L W. The Effect of Driving Restrictions on Air Quality in Mexico City [J]. Journal of Political Economy, 2008, 116（1）：38-81.

③ 曹静，王鑫，钟笑寒. 限行政策是否改善了北京市的空气质量？[J]. 经济学（季刊），2014, 13（3）：1091-1126.

$$Z\gamma = \lambda_1 \text{maxtem}_{it} + \lambda_2 \text{mintem}_{it} + \lambda_3 \text{windfrc}_{it} + \lambda_4 \text{HO}_{it} + \sum_{j=1}^{4} \gamma^j w_{it}^j \quad (7-2)$$

式中：Y_{it} 表示测量空气质量的被解释变量，本节选取空气质量指数（Air Quality Index，AQI）、细颗粒物（PM2.5）、可吸入颗粒物（PM10）、二氧化硫（SO_2）、二氧化氮（NO_2）、臭氧（O_3）和一氧化碳（CO）进行测量；i 表示城市，t 表示时间；D_{it} 为干预变量，D_{it} 取值依赖于使动变量（forcing variable），即环境保护税开征的时间，当 t 处于 2018 年 1 月 1 日及其之后，D_{it} 取值为 1，t 处于 2018 年 1 月 1 日之前，D_{it} 取值为 0；β_1 测度环境保护税开征对空气质量影响的因果效应，β_1 显著为负值，表示实施环境保护税在短期内改善了空气质量，反之则加剧了城市空气污染；$D_{it} \times g(x_{it} - x_0)$ 表示断点两端的多项式函数阶数可以是不同的；HO_{it} 是假日虚拟变量，包括国家法定节假日和双休日（此处考虑了调休因素）；maxtem_{it} 表示每日最高温度，mintem_{it} 表示每日最低温度，windfrc_{it} 表示风力，w_{it} 表示天气虚拟变量（包括晴、雨、雪、雾霾、阴），ε_{it} 表示随机扰动项。考虑到数据的可获取性，本节采用风力和天气虚拟变量控制气候因素，风力强度和污染物扩散速度显著相关，雾导致空气污染物不易扩散，恶化空气质量，本书将雾、霾天气统称为雾霾天气。空气湿度增加使得硫化物、烟尘等污染物浓度升高，颗粒物与水汽凝结并沉于大气底层，最终形成雾霾，雨天也会冲洗掉一部分颗粒物[①]。晴天太阳辐射导致空气中氮氧化物、挥发性有机物的光化学反应，产生臭氧污染。空气质量易受季节性因素的影响，模型中加入了多层次时间固定效应。θ_t 包含月份固定效应、周固定效应、星期固定效应，以此消除不同季节、生产生活方式变化对空气污染的异质性影响；ρ_i 是城市固定效应，用于控制城市的特征。

（2）数据说明

本节使用中国 166 个城市 2017—2018 年日度空气质量指数和每日气象数据研究环境保护税的开征对城市空气质量的影响。这 166 个城市包括 35 个直辖市、省会城市和计划单列市，余下的 131 个城市是中国八大综合经济区中每个经济区在 2017 年地区生产总值排名靠前的城市，分经济区选择城市样本的方法兼顾了各区域城市数量均衡。环境保护税的直接作用对象是污染型企业，以污染物排放量作为征税对象，将企业排污成本内部化，从而影响企业排污行为。最理想化的城市样本是工业大气污染物排放量排名靠前的城市，实际上精确的大气污染物排放量的计量较为困难。一方面，现实情况下存在很多小规模

---

① 梅鹏蔚. 稳定气象条件对天津市环境空气质量的影响 [J]. 城市环境与城市生态, 2006, 19 (4)：37-39.

工业企业还未安装污染物排放量监测器，只能通过环境监测机构出具的监测数据，或者依据排污系数、物料衡算和抽样测算方法计算排污量；另一方面，由于客观条件的限制，不能收集到完整的城市工业大气污染物排放量监测数据。基于此，本书选取与污染物排放量具有相关关系的地区生产总值作为选择城市样本的标准，以增强样本的代表性。日度空气质量指数来源于中国生态环境部官方网站，每日气象数据来源于中国研究数据服务平台（CNRDS）。休假日数据根据 2017 年和 2018 年国务院法定节假日放假安排时间表整理，休假日包括双休日、法定节日和调休日。

本节使用的 166 个城市样本在 2017—2018 年日度空气质量指数及各单项指标、每日气象数据的描述性统计分析结果如表 7.12 所示。除去少量的缺失值，样本量为 117 609 个，AQI 的均值为 83.47，对应的空气质量等级为良，最小值为 15，最大值为 500，标准差为 47.47。结合图 7.1 显示的 AQI 的频次分布图，AQI 主要集中在 40~100 区间，多数情况下空气质量处于优良状态，但也有部分天数 AQI 超过 200，空气质量处于重度污染以上。AQI 各单项指标中 CO 的平均浓度最高，NO_2、SO_2 和 PM2.5 的浓度相对较低。每日气象数据中平均有 45% 的天数多云，有 0.4% 的天数存在雾霾，25% 的天数下雨，1% 的天数下雪，28% 的天数晴天。

表 7.12　变量的描述性统计

变量	单位	样本数	均值	标准差	最小值	中位数	最大值
AQI	–	117 609	83.47	47.47	15	73	500
CO	mg/m³	117 609	0.94	0.47	0	0.8	10.4
NO_2	μg/m³	117 609	33.86	17.70	3	30	178
O_3	μg/m³	117 609	97.15	46.91	0	90	300
PM10	μg/m³	117 570	81.95	63.40	2	66	2 819
PM2.5	μg/m³	117 608	45.27	36.12	2	35	682
SO_2	μg/m³	117 609	16.39	14.27	1	12	359
最高气温（maxtem）	℃	117 612	20.21	11.12	−26	22	41
最低气温（mintem）	℃	117 612	11.13	11.55	−36	13	32
风力（windfrc）	级	117 612	1.91	1.04	0	2	10

表7.12(续)

变量	单位	样本数	均值	标准差	最小值	中位数	最大值
是否多云（w_1）	哑变量	117 612	0.45	0.50	0	0	1
是否雾霾（w_2）	哑变量	117 612	0.004	0.06	0	0	1
是否下雨（w_3）	哑变量	117 612	0.25	0.44	0	0	1
是否下雪（w_4）	哑变量	117 612	0.01	0.11	0	0	1
是否晴天（w_5）	哑变量	117 612	0.28	0.45	0	0	1

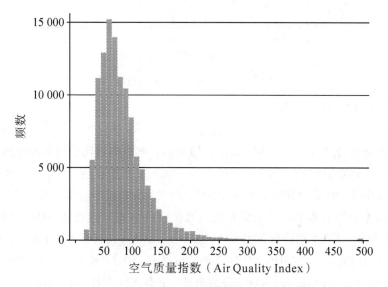

图 7.1　空气质量指数频次分布图

7.2.3 环境保护税的实施对空气质量影响的实证分析

7.2.3.1　函数拟合图像分析

图 7.2 是利用 166 个城市样本在断点前后 60 天的空气质量指数绘制的拟合曲线，图示曲线使用二阶多项式拟合，AQI 在断点处存在一个明显的跳跃，断点右侧的 AQI 显著低于左侧的 AQI。这为分析环境保护税是否改善城市空气质量提供了直观的图形证据，接下来的断点回归估计将更加准确地估算环境保护税对空气质量的影响。

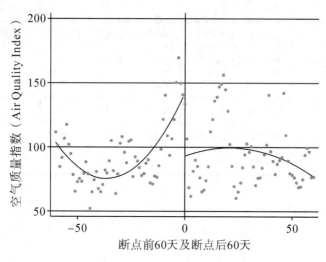

图7.2 AQI 回归函数拟合曲线

7.2.3.2 实证结果分析

在不控制天气变化、节假日因素的条件下，本节对 AQI 及六个单项空气污染指标进行回归估计，结果如表 7.13 所示。各个空气污染指标的干预变量的估计值均在 1% 的水平下显著为负值，这表明环境保护税开征后，样本期间内空气中各个污染物的浓度均显著下降，空气质量得到一定程度的改善。在其他条件不变的情形下，环境保护税的开征在样本期间内使得 AQI 平均降低 21.00 单位，CO 平均降低 $0.16mg/m^3$ 的水平，NO_2 平均降低 $6.96\mu g/m^3$，O_3 平均下降 $10.98\mu g/m^3$，PM10 平均降低 $39.13\mu g/m^3$，PM2.5 平均降低 $18.70\mu g/m^3$，SO_2 平均降低 $6.65\mu g/m^3$。CO 下降的绝对值最高，但 PM10 对 AQI 降低的贡献最高，这是由 AQI 的计算公式所决定的，当 AQI 大于 50 时，AQI 数值是主要污染物的污染程度的定量表征[1]。工业生产过程中的化石燃料的燃烧和工业粉尘是 PM10 的主要形成途径，环境保护税的实施促使污染型工业企业进行绿色生产流程改造，降低了污染物的排放。

---

① 生态环境部发布的《环境空气质量指数（AQI）技术规定（试行）》描述了 AQI 的计算方法。

表 7.13　不加天气控制变量、节假日虚拟变量各空气污染指标估计结果

	(1)	(2)	(3)	(4)	(5)	(6)	(7)
	AQI	CO	NO$_2$	O$_3$	PM10	PM2.5	SO$_2$
D	-21.00^{***} (-5.58)	-0.16^{***} (-4.81)	-6.96^{***} (-6.32)	-10.98^{***} (-6.20)	-39.13^{***} (-9.57)	-18.70^{***} (-5.89)	-6.65^{***} (-5.67)
常数项	137.12^{***} (38.43)	1.53^{***} (47.05)	54.72^{***} (53.00)	67.20^{***} (32.08)	166.85^{***} (37.85)	99.93^{***} (32.44)	29.71^{***} (26.46)
样本量	117 609	117 609	117 609	117 609	117 570	117 608	117 609
R^2	0.13	0.29	0.34	0.37	0.21	0.29	0.26

注：模型中加入月份固定效应、周固定效应、星期固定效应、城市固定效应控制季节性因素和城市特征的影响。运用 166 个城市 2017—2018 年日度空气质量数据、天气变量数据和节假日数据。使用 AIC 和 BIC 信息准则确定多项式回归的阶次，并使用稳健标准差进行回归。$***$、$**$、$*$ 分别表示在 1%、5% 和 10% 的水平下显著，括号内为 t 值。

　　为了更有效地拟合回归系数，本书在基准模型的基础上加入最高气温、最低气温、风力等级、天气虚拟变量、节假日虚拟变量，估计空气污染变量的系数，结果如表 7.14 所示。AQI 的系数在 1% 水平下显著为负，在控制其他变量的前提下，环境保护税的开征使得 AQI 平均降低 24.73 单位。PM10 和 PM2.5 的系数也在 1% 水平下显著为负，环境保护税的开征使得 PM10 和 PM2.5 分别降低 47.77 μg/m^3 和 21.03 μg/m^3，PM10 和 PM2.5 是促使 AQI 降低的主要污染物指标。环境保护税显著降低了 0.19 mg/m^3 的 CO 排放量、8.82 μg/m^3 的 NO$_2$ 排放量、3.95 μg/m^3 的 O$_3$ 排放量和 4.87 μg/m^3 的 SO$_2$ 排放量。环境保护税的主要作用对象是发电、冶金、石油等重化污染型工业企业，这些企业在工业生产过程中的化石燃料燃烧、工业粉尘和工业废弃物焚烧都是 PM10 和 PM2.5 形成的重要途径。环境保护税的开征促使企业优化工业绿色生产流程，增加环境工程资本化支出，降低工业生产过程中的污染物排放。

　　表 7.14 显示了其他控制变量与空气污染指标之间的关系。最高气温（Maxtem）的估计系数全部显著为正值，这表明气温过高会恶化空气质量，最高气温变量对 O$_3$ 排放和 PM10 的正向作用更加明显，高温天气会加剧大气臭氧污染，不利于污染物的扩散。最低气温（Mintem）和风力等级（Windfrc）显著降低了各类别污染物排放，低温天气和大风天气有利于改善大气扩散条件，提升空气质量。雾霾天气（w_2）相比于多云天气（w_1）显著提升了 110.47 单位的 AQI，相比于下雨天气（w_3）显著提升了 122.59 单位的 AQI，相比于下

雪天气（w_4）显著提升了 110.54 单位的 AQI，相比于晴天（w_5）显著提升了 116.18 单位的 AQI。雾霾天气是导致空气质量恶化的主要天气现象，PM10 和 PM2.5 是雾霾天气的主要污染物来源，工业排放、化石燃料燃烧和废弃物焚烧等工业生产过程是 PM10 和 PM2.5 的主要形成来源。这也说明环境保护税开征的必要性，环境保护税促使工业企业提高燃料清洁化利用、调整绿色生产工艺流程、加强自我环境考核监管，从而促进污染物减排和改善空气质量。假日虚拟变量（HO）估计结果显示，相比于工作日，节假日使得 AQI 平均下降 2.44 单位，HO 显著降低了 3.80$\mu g/m^3$ 的 NO_2 排放量。NO_2 主要来源于高温燃烧的过程，机动车尾气排放是其产生的重要来源渠道，节假日通勤人数降低和污染型工业企业生产量降低都是 AQI 降低的可能原因。

表 7.14　加天气控制变量、节假日虚拟变量各空气质量指标估计结果

	(1)	(2)	(3)	(4)	(5)	(6)	(7)
	AQI	CO	NO_2	O_3	PM10	PM2.5	SO_2
D	−24.73 *** (−6.38)	−0.19 *** (−5.82)	−8.82 *** (−8.57)	−3.95 * (−1.90)	−47.77 *** (−11.17)	−21.03 *** (−6.28)	−4.87 *** (−4.38)
最高气温 (maxtem)	3.14 *** (15.97)	0.01 *** (7.29)	1.18 *** (20.81)	3.90 *** (21.94)	3.90 *** (18.27)	1.67 *** (10.85)	0.60 *** (11.95)
最低气温 (mintem)	−1.69 *** (−9.83)	−0.01 *** (−7.23)	−0.93 *** (−15.18)	−1.55 *** (−7.34)	−2.79 *** (−14.44)	−1.05 *** (−7.96)	−0.93 *** (−13.65)
风力 (windfrc)	−1.33 *** (−3.55)	−0.05 *** (−16.15)	−3.30 *** (−30.78)	1.18 *** (4.57)	−0.86 (−1.54)	−2.47 *** (−11.74)	−0.83 *** (−11.68)
是否多云 (w_1)	−110.47 *** (−9.01)	−0.72 *** (−7.04)	−12.08 *** (−6.26)	15.69 *** (7.63)	−155.19 *** (−6.65)	−67.56 *** (−12.52)	−3.95 ** (−2.53)
是否下雨 (w_3)	−122.59 *** (−10.00)	−0.69 *** (−6.65)	−11.49 *** (−5.88)	−5.63 *** (−2.70)	−162.49 *** (−6.95)	−70.57 *** (−13.08)	−5.06 *** (−3.19)
是否下雪 (w_4)	−110.54 *** (−8.78)	−0.78 *** (−7.53)	−15.00 *** (−7.76)	26.03 *** (10.80)	−162.64 *** (−6.74)	−70.71 *** (−12.60)	−4.50 ** (−2.80)
是否晴天 (w_5)	−116.18 *** (−9.33)	−0.77 *** (−7.23)	−11.98 *** (−5.98)	22.65 *** (10.40)	−166.21 (−7.05)	−75.31 *** (−13.65)	−3.41 ** (−2.19)
假日 (HO)	−2.44 *** (−4.25)	−0.01 *** (−2.98)	−3.80 *** (−17.24)	0.16 (0.35)	−5.97 *** (−9.46)	0.36 (0.79)	0.46 *** (3.15)
常数项	227.60 *** (17.70)	2.26 *** (20.23)	67.79 *** (27.70)	12.11 *** (3.14)	304.08 *** (12.74)	159.54 *** (23.85)	28.48 *** (15.37)
样本量	117 609	117 609	117 609	117 609	117 570	117 608	117 609
R^2	0.23	0.32	0.43	0.55	0.28	0.34	0.31

7.2.3.3　稳健性检验

（1）协变量在断点处的连续性

协变量在断点处的连续性是断点回归设计估计值有效性的重要前提假设之一，本书估计模型中涉及最高气温（Maxtem）、最低气温（Mintem）和风力等级（Windfrc）三个连续控制变量。为保证实证结果的稳健性，此处对这三个变量进行断点回归估计检验。模型设计与（7-1）式相同，使用 166 个城市 2017—2018 年日度数据，将最高气温（Maxtem）、最低气温（Mintem）和风力等级（Windfrc）分别作为被解释变量进行回归估计，结果如表 7.15 所示。解释变量 D 的估计值都接近于零值，且都不显著，表 7.14 中的结果显示环境保护税政策的实施降低了 24.73 单位的 AQI。显著的断点回归模型要求只有被解释变量（空气污染指标）和解释变量（D），是否实施环境保护税是不连续的，其余变量应满足连续性假设。模型中三个协变量在断点处均具有连续性，不会影响估计环境保护税开征对空气质量的平均因果效应，从而证明模型设计满足内部有效性，实证结果具有稳健性。

表 7.15　协变量连续性检验估计结果

	（1）	（2）	（3）
	Maxtem/℃	Mintem/℃	Windfrc/级
D	−0.34 （−1.48）	0.24 （1.55）	0.01 （0.18）
常数项	8.65 *** （33.05）	−6.99 *** （−21.66）	1.45 （19.27）
样本量	117 612	117 612	117 612
R^2	0.95	0.95	0.21

注：连续性检验加入了天气控制变量、节假日虚拟变量、时间固定效应和城市固定效应。

（2）带宽敏感性

为了检验估计结果对带宽选择是否敏感，本书设置了断点前后 45 天、断点前后 60 天和断点前后 90 天三个不同时间长度的样本，估计结果如表 7.16 所示。当带宽分别选择 45 天、60 天和 90 天时，环境保护税开征会使得 AQI 分别平均降低 54.73 单位、26.04 单位和 18.53 单位。带宽的变化并不能改变环境保护税开征显著降低 AQI 的结论，这表明基准分析的结果是稳健的。

表 7.16　带宽敏感性检验估计结果

	AQI	AQI	AQI
	(−45, +45)	(−60, +60)	(−90, +90)
D	−54.73 *** (−6.09)	−26.04 *** (−3.45)	−18.53 *** (−3.13)
常数项	198.55 *** (10.10)	129.63 *** (25.04)	186.77 *** (9.09)
样本量	15 060	20 025	29 913
R^2	0.28	0.25	0.26

注：模型估计加入了天气控制变量、节假日虚拟变量、时间固定效应和城市固定效应。

（3）多项式阶次敏感性

本书采用多项式回归法对模型进行估计，运用 AIC 和 BIC 信息准则选择多项式的最优阶数。为了验证估计结果是否受多项式阶次的影响，本部分对不同阶次多项式进行回归估计，结果如表 7.17 所示。在一阶多项式到六阶多项式估计模型中，解释变量 D 的估计值均在 1% 水平下显著为负值，且估计系数比较稳定，支持了基准模型的估计结果的稳健性，环境保护税开征改善了城市空气质量。

表 7.17　多项式阶次敏感性检验估计结果

	一阶	二阶	三阶	四阶	五阶	六阶
	AQI	AQI	AQI	AQI	AQI	AQI
D	−18.16 *** (−4.81)	−19.74 *** (−5.28)	−22.12 *** (−6.34)	−23.36 *** (−6.64)	−24.25 *** (−6.98)	−31.16 *** (−8.20)
常数项	231.99 *** (18.43)	231.01 *** (18.23)	230.15 *** (18.02)	229.44 *** (17.94)	116.41 *** (29.04)	227.20 *** (17.65)
样本量	117 609	117 609	117 609	117 609	117 609	117 609
R^2	0.22	0.22	0.22	0.23	0.23	0.23

注：模型估计加入了天气控制变量、节假日虚拟变量、时间固定效应和城市固定效应。

7.2.3.4　异质性分析

（1）城市群异质性分析

区域协调发展是贯彻新发展理念的重要组成部分，城市群是带动区域协调发展的重要途径。城市群之间存在经济总量、产业结构、人口规模、社会融资等方面的差异，环境保护税的开征对不同城市群空气质量的差异性有待检验。本部分以中共中央和国务院颁布的《关于建立更加有效的区域协调发展新机制的意见》为依据，将城市样本按照京津冀城市群、长三角城市群、粤港澳大湾区、成渝城市群、长江中游城市群、中原城市群和关中平原城市群七个子样本进行分组。由表7.18可知，环境保护税的开征使长三角城市群和粤港澳大湾区的AQI显著降低86.58单位和29.12单位，但对其他城市群的AQI的影响不显著，这说明环境保护税的开征对长三角城市群和粤港澳大湾区空气质量的改善效应较强。环境保护税的开征使京津冀城市群SO_2排放量显著降低了15.63$\mu g/m^3$，但是O_3排放量却升高了19.00$\mu g/m^3$，京津冀城市群O_3的防控监督应列入重点管控范围。环境保护税的开征对长三角城市群和粤港澳大湾区的空气质量改善效果显著，潜在的原因在于长三角城市群和粤港澳大湾区处于中国经济高质量发展的前沿，能源结构和产业结构优化调整效率较高，工业企业绿色生产转型和环保改造力度较大，区域经济创新发展和绿色发展成效显著。环境保护税对成渝城市群和长江中游城市群的AQI影响不显著，但是显著降低了NO_2和PM10单项空气质量指标的排放量；中原城市群O_3排放量显著升高了32.51$\mu g/m^3$，需要进一步强化O_3污染防治。

表7.18　七大城市群AQI及各单项指标的估计结果

	（1）	（2）	（3）	（4）	（5）	（6）	（7）
	AQI	CO	NO_2	O_3	PM10	PM2.5	SO_2
京津冀城市群	−10.38 (−0.72)	0.09 (0.51)	−8.31 (−1.53)	19.00** (2.99)	−28.80 (−1.72)	−12.17 (−1.01)	−15.63** (−2.92)
长三角城市群	−86.58*** (−8.87)	−0.58*** (−9.33)	−17.11*** (−7.37)	−16.18*** (−3.99)	−116.65*** (−11.25)	−82.81*** (−9.82)	−3.81*** (−4.95)
粤港澳大湾区	−29.12** (−3.48)	−0.16* (−1.97)	−1.46 (−0.46)	19.48 (1.86)	−34.19*** (−4.91)	−33.71*** (−5.11)	−0.52 (−0.89)
成渝城市群	−9.57 (−1.54)	0.02 (0.21)	−14.90*** (−7.73)	−8.12 (−1.15)	−49.89*** (−3.94)	−4.19* (−1.40)	−4.64** (−2.38)
长江中游城市群	7.25 (1.13)	0.13** (2.21)	−9.69*** (−5.84)	−17.92*** (−3.51)	−20.02*** (−3.99)	8.53 (1.61)	−3.08 (−0.83)
中原城市群	24.36 (1.57)	0.09 (0.98)	−15.67*** (−4.29)	32.51*** (6.49)	−5.43 (−0.42)	15.35 (1.18)	−7.22** (−2.27)

表7.18(续)

	(1)	(2)	(3)	(4)	(5)	(6)	(7)
	AQI	CO	NO$_2$	O$_3$	PM10	PM2.5	SO$_2$
关中平原 城市群	47.10 (2.05)	0.14 (0.80)	-15.44*** (-6.84)	14.98 (2.10)	-40.77 (-1.82)	42.37* (2.17)	-3.13 (-0.90)

注：模型估计加入了天气控制变量、节假日虚拟变量、时间固定效应和城市固定效应。

（2）"蓝天保卫战"重点区域异质性分析

国务院在2018年7月出台的《打赢蓝天保卫战三年行动计划》明确了京津冀及周边、长三角地区和汾渭平原三个重点区域。本部分选取三个重点区域内的城市样本，实证检验"蓝天保卫战"重点区域环境保护税的空气污染治理效应。由表7.19可以看出，环境保护税的开征使长三角地区和京津冀及周边地区的AQI分别显著降低了78.48单位和26.15单位，但是汾渭平原的AQI却提升了68.84单位。环境保护税对长三角地区的空气质量改善效应最为显著，除了SO$_2$，长三角地区其余单项空气质量指标均表现出显著降低的状态。O$_3$污染防治是京津冀及周边地区相对薄弱环节，应强化PM10、PM2.5、O$_3$和挥发性有机物（VOCs）等污染物的协同治理。汾渭平原是"蓝天保卫战"的关键区域，环境保护税并没有降低汾渭平原的AQI、O$_3$和PM2.5的污染物浓度，这和汾渭平原以煤炭为主的能源消费结构密切相关，资本密集型和污染密集型工业企业较为集中，污染治理难度较大。从环境保护税征收强度来看，地处汾渭平原的陕西省并没有提高环境保护税大气污染物适用税额标准，山西省的环境保护税大气污染物适用税额标准从1.2元每污染当量提高到了1.8元每污染当量，但是征收强度依然弱于京津冀及周边地区和长三角地区的省市。

表7.19　生态环境治理重点区域AQI及单项指标的估计结果

	(1)	(2)	(3)	(4)	(5)	(6)	(7)
	AQI	CO	NO$_2$	O$_3$	PM10	PM2.5	SO$_2$
京津冀及 周边地区	-26.15** (-2.36)	-0.16 (-1.64)	-17.80*** (-5.34)	24.32*** (6.28)	-53.51*** (-4.32)	-23.68** (-2.46)	-6.84 (-1.52)
长三角地区	-78.48*** (-8.45)	-0.51*** (-7.61)	-14.04*** (-6.24)	-15.41*** (-3.62)	-107.07*** (-10.95)	-73.94*** (-8.87)	-2.52 (-1.66)
汾渭平原	68.84*** (5.05)	0.14 (0.78)	-14.21*** (-7.47)	25.34** (3.48)	-12.07 (-0.58)	57.08** (4.39)	-0.28 (-0.11)

注：模型估计加入了天气控制变量、节假日虚拟变量、时间固定效应和城市固定效应。

（3）空气污染程度异质性分析

为了验证环境保护税对空气质量的影响在不同空气污染程度的城市中的异质性，本部分以2017年166个城市样本日度AQI的均值作为城市空气污染程度的判定依据，分组得到优良（AQI均值小于等于100）和轻度污染（AQI均值大于100且小于等于150）两个等级，优良和轻度污染等级的城市样本数量分别是124个和40个。由表7.20可知，环境保护税的开征使空气质量为优良的城市的AQI显著降低了27.3单位，对空气质量为轻度污染的城市AQI的影响不显著。空气质量优良的城市的空气污染单项指标均显著降低，潜在的原因在于空气质量优良的城市高质量发展效率更高，其城市绿色发展和创新发展水平高于污染严重地区城市，工业企业绿色生产转型实施成效更高；而空气轻度污染的城市在短期内难以完全摆脱对重污染工业企业的依赖。空气质量为轻度污染的城市的O_3浓度显著升高，O_3污染防治有待进一步加强。

表7.20 不同空气污染程度下AQI及各单项指标的估计结果

	（1）	（2）	（3）	（4）	（5）	（6）	（7）
	AQI	CO	NO_2	O_3	PM10	PM2.5	SO_2
优良	−27.30*** (−6.41)	−0.19*** (−5.62)	−6.71*** (−6.19)	−10.36*** (−4.66)	−46.24*** (−9.46)	−23.64*** (−6.45)	−3.97*** (−3.27)
轻度污染	−12.55 (−1.26)	−0.12 (−1.56)	−14.37*** (−6.57)	17.73*** (4.61)	−44.79*** (−4.44)	−9.53 (−1.18)	−5.11* (−1.77)

注：模型估计加入了天气控制变量、节假日虚拟变量、时间固定效应和城市固定效应。

7.2.4 本节结论

本节基于2017—2018年中国166个城市日度空气质量和气象数据，使用断点回归设计模型实证检验了环境保护税的开征对空气质量的影响，得到如下结论：①环境保护税的开征使中国城市的AQI显著降低24.73单位，PM10和PM2.5是促使AQI降低的主要污染物指标。协变量连续性、带宽敏感性和多阶次回归结果均验证了估计结果的稳健性。②环境保护税的开征使长三角城市群和粤港澳大湾区的AQI显著降低，但对其他城市群的AQI的影响不显著，京津冀城市群和中原城市群的O_3污染防治形势较为严峻。③汾渭平原是"蓝天保卫战"重点区域范围内的关键区域，环境保护税的污染减排效应在汾渭平原并没有实现。④环境保护税显著降低了空气质量为优良的城市样本的AQI和单项空气污染指标，对空气质量为轻度污染的城市AQI的影响不显著，轻

度污染城市样本的 O_3 浓度不降反升。环境保护税的立法是中国污染治理的核心法律支持政策，环境保护税的开征激励企业进行绿色生产转型和主动环保监管。本书的研究结论为完善区域环境保护税收体系、提升城市空气质量提供了经验数据佐证。

8 公众绿色信贷行为效应检验

党的十九大以来，在习近平生态文明思想的指引下，中国生态环境质量显著提升。2020 年中国 337 个城市空气质量优良天数占比为 87.0%[①]。经济绿色发展理念也加强了公众的环保意识，公众参与环保治理的意愿也在逐渐增强。2018 年，生态环境部制订《环境影响评价公众参与办法》，鼓励和规范公众参与环境影响评价。环保部门和社会组织依靠互联网技术，积极拓展公众参与环保治理的渠道，开展公众"微举报""随手拍"、环保网络直播等活动，创新环境监管模式。中国环保治理体系中的社会组织和公众参与地位在逐渐提升，改善了环境治理绩效。

环境治理体系中的公众参与形式包括法律保障、行政征询等由政府提供的"自上而下"的渠道和公益诉讼、环保投诉等由公众、社会组织发起的"自下而上"的渠道[②]。这些公众参与形式具有较强的行政行为特征，不能反映公众参与环境治理的市场化行为机制。公众绿色借贷行为是指作为投资者的公众对借贷机构提供的绿色借贷产品的投资表现。这些绿色借贷产品包括促进企业绿色生产的借贷和企业与个人的绿色消费借贷。公众绿色借贷行为是公众参与环境治理的市场化行为机制的一种表现形式，能够引导公众形成绿色投资理念，增强公众环保意识。

本节使用互联网借贷数据与城市空气质量日度数据，实证检验城市空气质量变动对公众绿色信贷行为的影响。结果显示，城市空气质量下降对绿色借贷产品的借款成功率存在显著的正向影响，也会促使借款人设定更低的借款利率。主要贡献在于：依托公开透明的互联网借贷数据，筛选与公众绿色借贷行为相关的借款标的，这些借款标的体现了公众对绿色借贷产品的真实偏好；部

---

① 生态环境部，2020 中国生态环境状况公报，https://www.mee.gov.cn/hjzl/sthjzk/zghjzkgb/.

② 涂正革，邓辉，甘天琦. 公众参与中国环境治理的逻辑：理论、实践和模式 [J]. 华中师范大学（人文社会科学版），2018（5）：49-61.

分文献关注天气因素对股票市场和企业投资决策的影响，本节使用互联网借贷实时数据和城市空气质量日度数据进行匹配，关注城市空气质量对公众绿色借贷行为的影响，拓展了环境治理公众参与方式的文献。

8.1　文献述评

随着信息可获取性的增强，公众对城市环境问题的关注度和参与热情正在逐渐提升①。公众参与的内容和渠道扩充加快了环境治理速度和成效，促进中国城市绿色社区的发展②。社会公众对环境问责和环境投诉的有效性进行判断，表现对环境治理是否满意③。公众参与可以解决信息不对称问题和完善社会舆论监督，对地方政府和企业生产行为起到监督、约束和纠偏作用，有效缓解公共价值冲突对环境治理效率的负面影响④。公众环境关注高的城市会更早跨越环境库兹涅茨曲线拐点⑤。政府、企业和居民的环保意识和行动内化的社会资本促进了经济增长与环境保护的共赢⑥。

空气质量、天气因素通过投资者情绪、风险感知等渠道影响股票市场投资行为和企业投资决策。天气等情绪代理变量可以使投资者从自己的情绪中获益，避免非理性决策⑦。在信息收集、信息解读与报告撰写阶段，天气会影响分析师决策，好天气会增加分析师盈余预测乐观偏差⑧。空气质量显著影响高空气污染行业股指收益率，较差的空气质量导致的不良情绪对股票市场存在负

---

① 郑思齐，万广华，孙伟增，等.公众诉求与城市环境治理 [J].管理世界，2013（6）：72-84.

② BOLAND A, ZHU J. Public Participation in China's Green Communities: Mobilizing Memories and Structuring Incentives [J]. Geoforum, 2012, 43（1）：147-157.

③ 史丹，汪崇金，姚学辉.环境问责与投诉对环境治理满意度的影响机制研究 [J].中国人口·资源与环境，2020，30（9）：21-30.

④ 关斌.地方政府环境治理中绩效压力是把双刃剑吗？基于公共价值冲突视角的实证分析 [J].公共管理学报，2020，17（2）：53-69.

⑤ 郑思齐，万广华，孙伟增，等.公众诉求与城市环境治理 [J].管理世界，2013（6）：72-84.

⑥ 万建香，梅国平.社会资本可否激励经济增长与环境保护的双赢？[J].数量经济技术经济研究，2012（7）：61-75.

⑦ 李爱梅，谭清方.情绪代理变量对投资者决策的影响 [J].心理科学进展，2009，17（1）：44-50.

⑧ 王成龙，冉明东.好天气会增加分析师盈余预测乐观偏差吗？以分析师企业调研为背景 [J].中南财经政法大学学报，2019（5）：64-74.

影响，会让投资者对本地股票估值降低，股票收益率也更低①②。雾霾风险感知水平越高，投资者进行绿色投资的意愿越强③。空气质量也会影响城市投资决策，对于空气污染治理压力大的城市，空气质量变差会减少固定资产投资，增加环境污染治理投资④。企业管理者和投资者的"悲观预期"会导致污染企业的资金成本上升和融资能力下降⑤。雾霾增加重污染企业的环境责任风险与声誉风险，抑制了企业融资能力和过度投资行为⑥。

已有研究显示公众参与环境治理的形式具有典型的行政行为特征，公众参与环境治理的市场化行为机制有待进一步探究。目前有关股票市场和企业投资决策的研究表明天气因素会影响投资者的投资决策。投资者对绿色借贷产品的支持度可以映衬其对环境治理的关注和参与程度，这也是公众参与环境治理的一种市场化行为机制。本书将要探讨这种行为机制是否会受到空气质量的影响，使用互联网借贷标的借款成功率和借款利率反映投资者对绿色借贷产品的支持度。本节采用文本筛选方法，将提取的互联网借贷标的数据与借款者所在城市空气质量日度数据进行匹配，检验空气质量对环境保护相关借贷项目的借款成功率和借款利率的影响，相关结论对完善公众参与环境治理和绿色投资的市场化机制具有一定的参考价值。

8.2 理论分析和研究假设

公众绿色借贷行为是指互联网借贷中作为投资者的公众对借款人绿色借款标的的参与度和支持度。绿色借款标的包括促进企业生产的借贷和企业与个人的绿色消费借贷，公众参与度和支持度通过借款成功率和借款利率进行衡量。本书使用的互联网借贷数据来源于人人贷平台，作为互联网借贷的信息中介，

① 郭永济，张谊浩. 空气质量会影响股票市场吗？[J]. 金融研究，2016（2）：71-85.

② 胡秋灵，郭帅. 有限关注下胡秋灵，郭帅. 有限关注下空气质量对股票投资收益率的影响：来自污染度和地理区的差异化验证 [J]. 陕西师范大学学报（哲学社会科学版），2020，49（4）：132-142.

③ 李爱梅，谭清方. 情绪代理变量对投资者决策的影响 [J]. 心理科学进展，2009，17（1）：44-50.

④ 王成龙，冉明东. 好天气会增加分析师盈余预测乐观偏差吗？以分析师企业调研为背景 [J]. 中南财经政法大学学报，2019（5）：64-74.

⑤ 郭永济，张谊浩. 空气质量会影响股票市场吗？[J]. 金融研究，2016（2）：71-85.

⑥ 盛明泉，汪顺，张春强. "雾霾"与企业融资：来自重污染类上市公司的经验证据 [J]. 经济评论，2017（5）：28-39.

该平台真实披露借款人借款信息、资金使用和借款标的实时状态，投资者依据借款人的借款描述进行投资决策。借款标的的数据中的借款目的描述性文字显示了借款人将如何使用这笔借款，这些描述性文字将借款目的分成了投资、消费、紧急缺钱等几类。通过文本筛选，本书得到公众绿色借贷相关标的。

公众绿色借贷行为是公众参与环境治理的一种市场化行为机制。城市空气质量变动会影响投资者和借款人的情绪波动，情绪变化进而影响投资者和借款人对绿色信贷产品的风险认知和风险偏好。在不同的风险情境下，投资者追求的是加权估价后所形成的期望效用最大化，互联网借贷中的投资者一般表现出风险厌恶或者风险中性特征[①]。风险厌恶投资者偏好确定性所得而厌恶财富的不确定性，城市空气质量对投资者带来一定程度的负面影响，进而增强投资者对绿色借贷标的的投资意愿。投资者的期望效用与其可获取的收益正相关，投资收益取决于借款利率和借款成功率。投资者最大化的期望效用对应一个理论利率水平（$i*$），当实际借款利率小于 $i*$，投资者的期望效用递增，借款成功率递增；当实际借款利率大于 $i*$，投资者的期望效用递减，借款成功率递减。

人人贷平台披露了借款人的城市信息，一个借款标的可以有多个投资人投标。借款人所在城市空气质量的变化会直接影响借款人对借款标的的描述，借款人预期空气质量下降会增加绿色借贷产品的借款成功率，将设置较低的借款利率。基于城市空气质量的变动，借款人和投资者对待绿色借贷产品的风险认知和偏好是类似的。社会环境因素的推动是导致借款人和投资者产生相似的风险认知和偏好的一个重要原因，内在的机理是信息和情绪的传递。借款人和投资者通过各种社会事件和渠道获得决策依据，个人决策行为会对其他主体产生影响，形成社会互动的信息传递方式。借款人和投资者对以媒介为载体的信息传递方式产生依赖，同时，媒介信息的开放性也为投资者决策行为提供信息平台。投资者对绿色借贷产品的关注与媒介对空气污染治理问题的传播具有关联性，空气质量问题已经扩大为全社会的共同关注问题。投资者也能够感受到城市空气质量下降的风险，对绿色借贷产品会给予更多关注。

本书选取了人人贷平台 2013 年 10 月—2016 年 11 月借款标的的数据，对各个标的的借款用途的描述性文字与环境保护关键词进行匹配，筛选出符合绿色借贷目的的样本，与借款人城市空气质量当日数据匹配，实证检验城市空气质量

---

① 胡金焱，宋唯实. P2P 借贷中投资者的理性意识与权衡行为：基于"人人贷"数据的实证分析［J］. 金融研究，2017（7）：86-104.

对公众绿色借贷行为的影响。考虑公众环保意识和公众对城市空气质量下降风险认知能力的提升，城市空气质量下降能够促使投资者对绿色借贷产品投标。城市空气质量变化对借款人和投资者都会产生潜在影响，借款人在感知到空气质量变差后会产生动机设定更低的借款利率。借款人认为空气质量变差，投资者会更加关注绿色环保的借款项目，并把资金更多地投资到这些项目上，从而更容易获得借款，借款成功率更高。投资人也会偏好绿色环保项目，而促成绿色借贷标的更容易实现满标。

借款人所在城市空气质量日度数据能够反映其对空气污染情况的判断，短时间的空气污染影响借款人对绿色借贷产品借款利率的设定，借款人偏向于设定更低的借款利率。绿色借贷产品在空气质量下降的外部环境因素影响下，其借款成功率也将显著提高。环保意识的提高使得公众对空气污染问题更为关注，投资人对于空气污染的信号也有较强的敏感性，对借款人的绿色借款标的有更多关注和参与。基于上述分析，本书提出如下假设：

假设 1：借款人所在城市空气质量下降会显著提高借款成功率；

假设 2：借款人所在城市空气质量越差，借款人主观设定的借款利率越低。

8.3 研究设计

8.3.1 数据来源与处理

本书从人人贷平台筛选借款标的数据，用以描述公众绿色借贷行为。人人贷成立于 2010 年 5 月，为了匹配城市空气质量日度数据，借款标的样本从 2013 年 10 月开始，该时期的人人贷平台借款标的较多，标的数据完整度高。由于 2016 年 11 月之后借款标的中借款标的信息不再是用户自己描述，无法判断是否属于本书关注的绿色借贷行为，所以本书样本选取时间范围是 2013 年 10 月—2016 年 11 月。

本书把公众绿色借贷行为分为两种情况：一是促进企业绿色生产的借贷，二是企业和个人的绿色消费。基于此，通过对借款标的标题（title）和借款用途描述（description）文字进行关键词匹配，本书筛选出符合公众绿色借贷行为的研究样本，所使用的环保相关关键词包括：环保、绿色、资源、污染、废气、污水、自来水、废水、生态、垃圾、土壤、生物质、脱硫、园林、电力、环评资质、有机、节能、电动、锅炉、太阳能、再生、治理。虽然部分借款标的标题（title）和借款用途描述（description）文字中包含环保相关关键词，用来表明自己从事环保相关行业，但借款目的是购房、购车和装修等个人消费，并不属于个人绿色消费范畴，本书剔除此类样本。

本书选择中国城市日均 PM2.5 浓度值作为城市空气质量的衡量指标，PM2.5 是形成雾霾的主要成分，公众可以根据雾霾污染程度而直观感受到空气质量状况。城市日均 PM2.5 数据来源于中国研究数据服务平台（CNRDS）。本书把筛选得到的含有环保关键词的借款标的样本与中国城市日均 PM2.5 浓度值进行匹配，剔除数据缺失和无法匹配的样本，最终得到 373 个研究样本[①]。

8.3.2 模型构建

根据上文的研究假设，本书采用二元选择（Logit）模型和普通最小二乘（OLS）估计，分别考察城市空气质量对公众绿色借贷的借款成功率和借款利率的影响。本书构建的回归模型如下：

$$\text{Logit}(\text{SUCCESS} = 1) = \alpha \text{PM}_i + \beta \text{CONTROL}_i + \text{year}_t + \text{province}_i + \varepsilon_i \quad (8-1)$$

$$\text{INTEREST}_i = \alpha \text{PM}_i + \beta \text{CONTROL}_i + \text{year}_t + \text{province}_i + \varepsilon_i \quad (8-2)$$

其中，SUCCESS 表示借款成功率，INTEREST_i 表示借款利率，PM_i 表示借款标的 i 的借款人所在城市日均 PM2.5 浓度值，CONTROL_i 代表个体控制变量的集合，year_t 表示年份固定效应，province_i 表示省份固定效应，ε_i 是随机误差项。

8.3.3 变量设定

本书选取借款成功率（SUCCESS）和借款利率（INTEREST）作为被解释变量。借款标的包括已结清、坏账、逾期、还款中和借款失败五种状态描述。除去借款失败，其余四种状态均表示借款成功，借款成功赋值为 1，借款失败赋值为 0。借款人自行决定发布订单的借款年利率，不超过银行基准利率的 4 倍。

本书的核心解释变量为城市空气质量指标，使用中国城市日均 PM2.5 浓

---

① 本书在公式筛选的基础上进行了人工复查，剔除不符合"促进企业绿色生产的借贷"与"企业和个人的绿色消费"这两个标准的样本。研究期间部分城市空气质量日度数据尚未公开，数据匹配过程中出现样本城市、日期不能匹配的情况，故将此类样本剔除。

度值衡量。本书整理了 2013 年 10 月 28 日—2016 年 11 月 30 日中国城市每日 PM2.5 浓度 24 小时均值数据。2013 年 10 月，中国共有 114 个城市公布日均 PM2.5 浓度值数据，2016 年 11 月，中国共有 364 个城市公布此数据。

本书的控制变量主要包括：借款金额、借款人年龄、借款人性别、借款人受教育程度、借款人婚姻状况、借款人收入、借款人房产和借款人车产。借款金额指借款人发布的借款金额的对数；借款人年龄取实际值；借款人性别设置男性为 1，女性为 0；借款人受教育程度分为高中或以下、大专、本科、研究生或以上四类；借款人婚姻状况包括已婚（有配偶）、离异、未婚、丧偶四类，借款人已婚为 1，其余为 0；借款人收入指借款人月收入水平，分为 2 000 元以下、2 000~5 000 元、5 000~10 000 元、10 000~20 000 元、20 000~50 000 元、50 000 元以上六类；借款人有房产为 1，无房产为 0；借款人有车产为 1，无车产为 0。这些变量描述了借款标的和借款人的客观信息，是投资者做出投资决策的信息参考。

8.3.4　变量描述性统计

本节主要变量的描述性统计如表 8.1 所示。研究样本中共有 42 个借款成功样本，借款成功率为 11.26%。借款利率的均值为 12.89%，高于同期商业银行贷款基准利率，借款人设置较高的借款利率以期提高借款成功率。最高借款金额为 500 000 元，是人人贷平台规定的最高借款金额，10 000 元以上的大额借款标的占比为 78.82%，平均借款金额为 110 993 元。借款用户平均年龄在 35.87 岁，由男性年轻用户主导，已婚人士居多，受教育水平偏低，65.15% 的借款人月收入水平集中在 2 000~10 000 元。

表 8.1　变量的描述性统计

变量名称		样本量	平均值	标准差	最小值	最大值
城市日均 PM2.5 浓度值（PM）		373	57.209 1	41.930 5	6	285
城市日均 PM10 浓度值（PM10）		373	95.857 9	64.791 7	8	387
订单特征变量	借款成功率（SUCCESS）	373	0.112 6	0.316 5	0	1
	借款利率（INTEREST）/%	373	12.888 2	2.019 7	10	21
	借款金额（AMOUNT）/元	373	110 993	142 912.5	3 000	500 000
	借款金额对数值（LNAMOUNT）	373	10.777 4	1.439 4	8.006 3	13.122 4

变量名称		样本量	平均值	标准差	最小值	最大值
借款人特征变量	借款人年龄（AGE）	373	35.871 3	7.935 2	24	58
	借款人性别（SEX）	373	0.895 4	0.306 4	0	1
	借款人受教育程度（EDUC）	373	0.914 2	0.850 8	0	3
	借款人婚姻状况（MARRIAGE）	373	0.801 6	0.571 1	0	1
	借款人收入（INCOME）	373	2.233 2	1.310 3	0	5
	借款人房产（HOUSE）	373	0.552 3	0.497 9	0	1
	借款人车产（CAR）	373	0.351 2	0.478 0	0	1

8.4 实证结果分析

8.4.1 城市空气质量与绿色借贷成功率

本书的基准回归采用 Logit 模型，表 8.2 显示的是城市空气质量对绿色借贷成功率影响的估计结果。被解释变量是借款成功率（SUCCESS），核心解释变量是城市日均 PM2.5 浓度值（PM），控制变量包括订单特征变量和借款人特征变量。借款金额、借款利率和借款人收入等变量会受到时间因素冲击，同时，考虑到投资人对借款标的可能的地域歧视现象，模型中加入年份和省份固定效应[①]。

表 8.2 报告了模型（8-1）的估计结果。其中列（1）显示被解释变量和核心解释变量单独进行回归的结果，列（2）在回归中加入了借款人特征变量，列（3）在回归中同时加入了订单特征变量和借款人特征变量。Logit 模型的回归系数仅能反映变量间的相关关系，不能体现出解释变量的实际影响大小，因此需要计算解释变量的边际效应，检验其对被解释变量的作用大小。Logit 模型中，变量的边际效应随着变量的大小而变化，本书使用平均边际效应表示变量的作用强度。表 8.2 中，α 表示回归方程的估计系数，ME 表示变量的平均边际效应。表 8.2 中，城市日均 PM2.5 浓度值（PM）的估计系数和

---

① 廖理，李梦然，王正位.中国互联网金融的地域歧视研究［J］.数量经济技术经济研究，2014（5）：54-70.

边际效应均为正且显著，这表明城市空气质量对绿色借贷成功率存在显著的正向影响。借款人所在城市的空气质量下降，由于信息和情绪的传递作用，借款人和投资人对绿色借贷产品的风险认知和风险偏好增强，提高了投资者对绿色借贷标的的投资意愿，进而显著提高绿色信贷成功率，这和假设 1 是一致的。借款金额和借款利率对绿色借贷成功率均存在显著负向影响，更高的借款利率对投资者而言意味着更高的风险。借款人年龄、借款人受教育程度对绿色借贷成功率存在显著正向影响，而借款人性别、婚姻状况、收入、房产和车产对绿色环保目的借款项目成功率不存在显著影响。

表 8.2　城市空气质量对绿色借贷成功率的影响

被解释变量：借款成功率（SUCCESS）	（1）核心解释变量		（2）借款人特征变量		（3）全部控制变量	
	α	ME	α	ME	α	ME
城市日均 PM2.5 浓度值（PM）	0.010 5 ** (0.005 0)	0.001 0 ** (0.000 5)	0.011 4 ** (0.005 6)	0.001 0 ** (0.000 5)	0.011 6 * (0.006 7)	0.000 9 * (0.000 5)
借款金额对数值（LNAMOUNT）					−0.488 4 ** (0.211 2)	−0.037 3 ** (0.016 1)
借款利率（INTEREST）					−0.554 5 *** (0.184 7)	−0.042 3 *** (0.014 7)
借款人年龄（AGE）			0.106 1 *** (0.037 7)	0.009 0 *** (0.003 1)	0.117 8 *** (0.039 5)	0.009 0 *** (0.002 9)
借款人性别（SEX）			−0.952 9 (0.689 4)	−0.080 9 (0.058 2)	−0.981 7 (0.673 2)	−0.074 9 (0.051 7)
借款人受教育程度（EDUC）			0.769 4 *** (0.232 2)	0.065 3 *** (0.018 9)	0.878 1 *** (0.259 0)	0.067 0 *** (0.019 0)
借款人婚姻状况（MARRIAGE）			0.109 2 (0.444 1)	0.009 3 (0.037 7)	0.179 3 (0.426 5)	0.013 7 (0.032 5)
借款人收入（INCOME）			−0.108 3 (0.204 3)	−0.009 2 (0.017 2)	0.289 5 (0.258 0)	0.022 1 (0.020 1)
借款人房产（HOUSE）			0.015 1 (0.622 7)	0.001 3 (0.052 8)	0.064 1 (0.612 3)	0.004 9 (0.046 7)
借款人车产（CAR）			0.173 0 (0.676 1)	0.014 7 (0.057 3)	0.022 7 (0.649 7)	0.001 7 (0.049 6)
年份效应	是	是	是	是	是	是

表8.2(续)

被解释变量:借款成功率(SUCCESS)	（1）核心解释变量		（2）借款人特征变量		（3）全部控制变量	
	α	ME	α	ME	α	ME
省份效应	是	是	是	是	是	是
观测值	271	271	271	271	271	271
Pseudo R^2	0.171 9		0.294 2		0.370 2	

注:α 为估计系数,ME 为边际效应。Logit 模型的参数估计使用稳健标准误,边际效应检验使用 Delta 方法标准误（Delta-method standard error）。***、** 和 * 分别表示变量在 1%、5% 和 10% 水平下显著。

8.4.2 城市空气质量与绿色借贷利率

本书使用 OLS 模型估计城市空气质量对绿色借贷利率的影响,结果如表 8.3 所示。列(1)显示的是城市日均 PM2.5 浓度值对借款利率的影响,回归控制了年份效应和省份效应。列(2)和列(3)逐步加入借款人特征变量和订单特征变量。α 表示回归方程的估计系数,可以看出,表 8.3 中城市日均 PM2.5 浓度值的估计系数均在 5% 水平上显著为负,这表明城市空气质量对绿色借贷利率存在显著的负向影响。借款人所在城市空气质量越差,由于信息和情绪的传递作用,借款人认为投资者会更多关注绿色借贷标的,借款人主观设定更低的借款利率,这和假设 2 是一致的。借款金额、借款人收入与借款利率存在正相关关系,借款利率反映借款人的资金成本大小,收入更高的借款人更加愿意提高借款成本获取借款,同样,借款金额越大,借款人偏向主观设定更高的借款利率以获取借款。

表 8.3 城市空气质量对绿色借贷利率的影响

被解释变量:借款利率（INTEREST）	（1）核心解释变量	（2）借款人特征变量	（3）全部控制变量
	α	α	α
城市日均 PM2.5 浓度值（PM）	-0.006 3** (0.002 3)	-0.005 1** (0.002 2)	-0.004 9** (0.002 2)
借款金额对数值（LNAMOUNT）			0.222 6** (0.100 6)

表8.3(续)

被解释变量： 借款利率（INTEREST）	（1） 核心解释变量	（2） 借款人特征变量	（3） 全部控制变量
	α	α	α
借款人年龄（AGE）		−0.009 7 (0.016 1)	−0.017 9 (0.016 0)
借款人性别（SEX）		0.200 7 (0.283 8)	0.240 7 (0.272 5)
借款人受教育程度（EDUC）		−0.041 2 (0.105 5)	−0.068 8 (0.104 4)
借款人婚姻状况（MARRIAGE）		−0.001 8 (0.184 2)	−0.016 3 (0.179 8)
借款人收入（INCOME）		0.272 0*** (0.089 4)	0.183 0* (0.101 8)
借款人房产（HOUSE）		0.071 2 (0.227 1)	0.011 3 (0.228 3)
借款人车产（CAR）		−0.417 8* (0.236 7)	−0.510 6** (0.224 8)
年份效应	是	是	是
省份效应	是	是	是
观测值	373	373	373
R^2	0.308 5	0.330 1	0.343 9

注：α 为估计系数，括号内为稳健标准误。***，** 和 * 分别表示在1%，5%和10%水平上显著。

8.4.3　城市空气质量对绿色借贷影响的差异性分析

如上文所述，本书把公众绿色借贷行为分为两种情况：一是促进企业绿色生产的借贷，二是企业和个人的绿色消费。城市空气质量对绿色借贷成功率和借款利率的影响在不同借款用途的样本中可能存在差异。表8.4显示的是分样本下城市空气质量与绿色借贷的差异性分析结果。可以看出，在"企业绿色生产借贷样本"中，城市日均PM2.5浓度值对借款成功率存在显著正向影响，对借款利率存在显著负向影响，这和前文的基准回归结果是一致的。然而，在"企业和个人绿色消费样本"中，城市日均PM2.5浓度值对借款成功率和借款利率的影响均不显著。这说明投资人更加偏好于企业绿色生产借贷标的，投资人预期这类项目的收益率更加稳定，而认为绿色消费项目的预期收益率具有较强的不确定性。

表8.4 城市空气质量与绿色借贷的差异性分析

被解释变量	企业绿色生产借贷样本			企业和个人绿色消费样本		
	借款成功率（SUCCESS）		借款利率（INTEREST）	借款成功率（SUCCESS）		借款利率（INTEREST）
	α	ME	α	α	ME	α
城市日均 PM2.5 浓度值（PM）	0.009 2** (0.004 6)	0.000 7** (0.000 4)	-0.004 5** (0.002 1)	-0.014 5 (0.014 1)	-0.000 3 (0.000 3)	-0.004 4 (0.004 4)
订单特征变量	控制	控制	控制	控制	控制	控制
借款人特征变量	控制	控制	控制	控制	控制	控制
年份效应	是	是	是	是	是	是
观测值	236	236	240	133	133	133
R^2	0.328 2		0.218 9	0.624 2		0.407 5

注：α 为估计系数，ME 为边际效应。Logit 模型的参数估计使用稳健标准误，边际效应检验使用 Delta 方法标准误（Delta-method standard error）。** 表示变量在5%水平下显著。

8.4.4 城市空气质量对绿色借贷影响的稳健性检验

为了验证城市空气质量对绿色借贷成功率和借款利率是否稳健，本书采取更换估计模型、改变解释变量测度等方式对估计结果进行验证，结果如表8.5所示。本书采用 Probit 模型对回归结果进行稳健性分析，Probit 模型与 Logit 模型的估计系数不具有可比性，因为两个模型的累积分布函数分别为 Logistic 分布和标准正态分布，具有可比性的是两个模型的边际效应。可以看出，城市日均 PM2.5 浓度值对绿色借贷成功率的影响仍然显著为正。接着，本书使用城市日均 PM10 浓度值作为核心解释变量进行估计，城市日均 PM10 浓度值对借款成功率存在显著的正向影响，对借款利率存在显著的负向影响，这和前文的研究假设和基准回归结果都是一致的，也表明本书估计结果是稳健的。

表 8.5　城市空气质量与绿色借贷的稳健性检验

被解释变量	Probit 模型		改变解释变量测度		
	借款成功率 （SUCCESS）		借款成功率 （SUCCESS）		借款利率 （INTEREST）
	α	ME	α	ME	α
城市日均 PM2.5 浓度值（PM）	0.006 2* (0.003 2)	0.000 9* (0.000 4)			
城市日均 PM10 浓度值			0.007 1* (0.004 1)	0.000 5* (0.000 3)	−0.002 4* (0.001 5)
订单特征变量	控制	控制	控制	控制	控制
借款人特征变量	控制	控制	控制	控制	控制
年份效应	是	是	是	是	是
省份效应	是	是	是	是	是
观测值	271	271	271	271	373
R^2	0.377 1		0.368 6		0.340 6

注：α 为估计系数，ME 为边际效应。Logit 模型的参数估计使用稳健标准误，边际效应检验使用 Delta 方法标准误（Delta-method standard error）。＊表示变量在 10% 水平下显著。

8.5　本章小节

公众参与是中国生态环境治理体系的关键组成。本节从公众参与环境治理的市场化行为机制入手，实证检验城市空气质量对公众绿色借贷行为的影响。研究发现，城市空气质量的变化会改变作为公众的借款人和投资者的风险认知和风险偏好。由于社会互动的信息传递和公众情绪波动，投资者对绿色借贷标的的投资意愿增强，借款人偏向于设定更低的借款利率，借款成功率也相应升高。本书把绿色借款标的样本与城市日均 PM2.5 浓度值进行匹配，实证检验城市空气质量对借款成功率和借款利率的影响。结果显示，城市空气质量下降会显著提高借款成功率，借款人主观设定的借款利率也更低，投资者对企业绿色生产借贷标的的偏好程度更高。

9 城市绿色发展政策体系研究

　　城市绿色发展已成为当前中国城市发展的重要导向之一，通过降低碳排放、提升碳排放效率、促进碳中和以实现可持续的城市绿色发展也成为中国城镇化发展的必由之路。本书从中国城市绿色发展的时代背景出发，对城市绿色发展的协调监管理论、绩效理论、财税理论、金融理论和公众参与等内容进行综述；剖析"政府—企业—公众"多元主体协调监管理论模式；计算了四川省各市州经济发展和绿色发展协调性指数；对中国城市绿色发展的案例进行总结分析；检验城镇化对绿色发展绩效的影响和作用机制，评估环境保护财政支出和环境保护税的绿色发展效应；基于行为金融理论，实证分析了城市空气质量变化对公众绿色借贷行为的影响；接着，本书从城市绿色发展的可持续性、城市绿色发展财税支撑体系、促进城市绿色发展的绿色生产和绿色消费政策、城市绿色发展协调监管体系运作流程和城市绿色发展科学评价与政府考核体系建设等方面提出本书的政策体系。

9.1　城市绿色发展可持续性的政策建议

　　第一，积极探索城市治理创新模式。根据城市人口、经济发展、产业结构、资源禀赋、交通与基础设施等条件，完善不同省（自治区、直辖市）的城市分类和功能定位，改进各地区城市产业投资效率。其他区域的城市可以借鉴城镇化发展阶段较高地区城市的污染防治治理机制以及生态绿色发展试验区建设经验，积极畅通公众参与城市环境污染监测的参与渠道，构建多领域环境风险预警与应急响应机制。加强城市绿色建设项目的前瞻性研究，以降低建设项目偏离生态与社会效益目标的纠正成本。

　　第二，实施差异化的城镇化发展战略。不同地区城市的城镇化发展阶段差异是城镇化发展的客观规律。城镇化发展阶段较高的城市需要进一步强化政府对城市绿色发展的指导作用、强化企业清洁生产技术创新与实践、注重人力资本积累和绿色消费生活方式的培育。城镇化发展阶段较低的城市应注重城市产业扩张和绿色发展目标的协调统一，在追求城市经济发展的同时，更加注重城市生态环境保护。

第三，构建企业主导的绿色技术创新体系。各城市可以通过产业政策渠道，鼓励产业所属企业进行绿色技术创新。通过金融机构贷款支持、产业引导基金、研发活动税收优惠和财政补贴的方式，支持企业研发活动。建议部分重点城市牵头建立制造业创新中心，解决企业绿色生产关键共性技术难题。建设生态资本服务价值评估体系，构建绿色产品和绿色生产技术的市场交易体系，完善工业企业绿色生产技术改造的国民经济效益分析框架。

第四，大力推进生态城市和智慧城市建设。推广绿色建筑技术，完善绿色基建产业链，推进城市生态修复和功能提升，建设高质量的城市生态系统。加大地方政府专项债、政府和社会资本合作（PPP）项目融资支持环保工程建设力度。进一步完善绿色节能减排技术标准，借鉴并推广全球绿色城市和绿色社区建设经验。使用大数据技术破解超大城市治理难题，推动城市智慧管理平台建设，完善智慧城市建设技术标准体系。

9.2 城市绿色发展财税金融支撑体系

为了实现节约资源、保护环境的目标，建设资源节约型、环境友好型社会，使城市的绿色发展和经济发展相辅相成，从而促进城市整体又好又快发展。立足于目前中国的初级阶段基本国情，按照公共财政管理的要求，借鉴先进的国际经验并考虑中国目前的财税政策现状，应该构建城市绿色发展财税支撑体系。

（1）持续提高环境保护财政支出比重，建立健全绿色财政制度体系

当前中国的环境保护财政支出虽然逐年增加，但占全部财政支出的比重依然较小，仍处于倒"U"形曲线的左侧。一方面，进一步加大环境保护财政支出力度、提高占比，加强对清洁生产技术未达标的"三高"企业的审批、督查和惩处，从追求经济增长速度向追求经济增长质量转变；另一方面，构建包括绿色税收、绿色采购和绿色预算等内容的绿色财政体系，强化资源税、增值税、所得税的"绿色化"设计，合理划分绿色税收征管分配，明确绿色采购

程序、采购标准、采购网络和采购政策，进一步完善绿色财政预算支出绩效评价制度。

财政支出应发挥调整产业结构的导向作用，转换第二产业低效率的生产方式，引导低附加值、高能耗、高污染的企业进行升级创新。一方面，引进节能环保、新一代信息技术、生物、高端装备制造、新能源、新材料、新能源汽车等战略性新兴产业项目；另一方面，适当增加科教文卫等社会服务的支出，发挥联动效应，通过社会服务支出促进科研发展，研发更多的节能环保和提高生产效率的低能耗技术，在提高绿色发展绩效的同时促进产业结构优化升级。

（2）充分发挥并逐步完善市场机制，拓宽环保投融资渠道

在环境治理、提高绿色发展绩效的过程中，不能一味盲目地增加环境保护财政支出，一是要发挥环境保护财政支出的间接效应和导向作用，建立企业绿色生产协调监管组织架构与合谋防范机制，完善碳排放权交易市场。二是加强PPP模式在环保产业中的应用，争取更多生态建设和环境保护项目进入全国PPP综合信息平台项目管理库；既减轻政府环境保护财政支出负担，又能发挥财政资金的杠杆作用，撬动更多的民营资本、参与到环境保护中来，带动企业投入环保领域的积极性。三是明晰市场职责，对企业要按照"谁破坏、谁受罚""谁投入、谁受益"的原则，从源头上降低污染，改变政府为排污企业买单的状况，逐步探索一套利益补偿机制，倒逼企业在追求利润的同时也为环保出力，也提高了地方政府环境治理的积极性。

中国绿色金融发展规模相对较小，各相关主体之间协调度有待进一步加强，绿色金融行业人才培养力度有待进一步提升。绿色金融政策推进需要强化各主体行为规范和驱动机制。政府部门需要做绿色金融体系规制、扶持、监督和调控体系建设，明确各体系主要工作内容。金融机构设计绿色金融体系建设核心力量，需做好绿色金融产品研发工作，切实履行环境保护的社会责任。企业需要积极利用政府部门政策体系争取金融机构信贷支持，社会公众需要对金融机构和企业绿色金融产品使用力度做好监督与信息反馈义务。加强绿色生产和绿色消费领域立法工作，对环境影响进行规制。对企业绿色生产行为和公众绿色消费行为提供低息贷款，为绿色转型企业提供风险保障、人才扶持、产品和服务采购等其他扶持政策。做好企业投融资过程中信息披露工作，定期发布企业环境审计报告，完善金融机构绿色投资报告披露制度。积极论证赤道原则在中国金融机构的实用性和可行性。探索建立生态银行或者绿色银行，该银行主要投资环保、节能、新能源和清洁交通项目，政府给予利息补贴、税收减免、管制放松等政策支持，允许绿色银行发行绿色债券融资和自主研发绿色金

融产品。银行内部成立环境风险管控机构，完善环境风险评估制度体系。资本市场上，对上市公司和发行绿色债券企业要求定期发布企业社会责任报告，披露企业环境影响信息。鼓励保险机构开发绿色保险产品，要求工业企业为员工和有环境负外部性影响的公众购买绿色保险产品。

（3）建立绿色财政预算监督体系

① 建立多形式的绿色财政预算监督体制

首先要建立绿色财政预算立法监督。确保法律本身的严肃性、稳定性和公平性在预算监督方面得以体现，充分发挥人民代表大会对绿色财政预算的监督作用；采取法律监督和工作监督两种形式对预算的编制、执行、调整和决算进行监督。其次要建立绿色财政预算行政监督。作为专门实施监督检查工作的行政职能部门，要设立行政职能部门专门监督机构对节能减排资金的预算单位预算编制、执行和调整情况进行直接监督，并且要通过行政职能部门专门监督机构对税务等税费征收管理部门筹集的节能减排资金进行间接监督。最后要建立绿色财政预算社会监督。应充分发挥群众的力量，通过社会监督确保预算的公平性和透明性；充分吸收各个层次的群众例如会计师事务所和注册会计师等社会中介机构，还有社会个人，壮大社会各个群体性组织的力量。在新建立的复合型绿色公共预算监督体系下，完善各个监督环节的法律法规并设立专门的预算审查机关，充分发挥各个监督主体的力量；通过把绿色公共预算的编制、调整和执行情况写进法律的形式，保证绿色财政预算过程制度的严肃性，保证城市绿色发展的每一笔收入和支出的合法性。通过相关规定，及时发现问题、反馈问题并处理问题，人民代表大会也能及时根据变化的情况调整相关预算，确保绿色财政预算符合各地实际情况，符合各地的绿色发展目标，从而促进各地的经济和环境协调发展。

② 建立分层次监督、分级负责的绿色公共预算监督体制

绿色公共预算监督机制与普通公共预算监督机制类似，要注意其层次性，人民代表大会作为国家最高权力机关，人大监督也应作为最高层次的预算监督形式；通过预审查机构审查批准财政预算和审计部门审计监督预算执行来达到财政预算监督的目的，各级部门从上至下协调工作，保证各层次的监督义务的落实，确保发现相关问题时有人负责；同时也要尤为关注基层的预算监督，确保每一个基层预算细节的严谨性，保证整个绿色财政预算监督系统呈现一个整体性①。

---

① 王彩华，梁捍东. 基于循环经济理论的绿色公共预算问题研究［J］. 财会通讯，2015（2）：90-93.

（4）构建绿色税收体系

① 扩大具有环保功能的税种的征收范围

目前中国已经开展了环保税的征收，应进一步建立健全绿色税制体系，推进其他相关税种对生态环境保护的支持力度和范围；中国已开征的具有环保功能的税种主要有消费税、资源税、城镇土地使用税、耕地占用税、车辆购置税，可以从以上这些税种着手构建中国绿色税系[①]。应根据各城市的实际情况逐步扩大这些税种的征收范围，由于消费税本身的消费引导功能，可以将大量排放二氧化碳和二氧化硫等有害物品、破坏臭氧层的消费品、白色污染塑料制品新增至征税范围以促进环保。资源税本身也有促进资源节约的功能，可以将水资源税改革试点地区从现有的10个省（自治区、直辖市）扩展至更多地区，将那些直接或间接严重破坏森林、草原、湿地、滩涂等自然资源的产品可以根据实际情况考虑将其纳入征收范围。

② 调整资源节约、环境保护相关的税收优惠措施

一是要调节税收优惠的范围和力度，引导城市生产和消费向绿色环保方向发展。例如可以加大对节能减排车辆减免税的优惠力度，引导消费者更倾向于消费节能减排车辆，从而减少汽车尾气的排放，鼓励城市低碳绿色经济的发展；还可以对节能减排的设备、产品和研究成果给予低税率或税收抵扣等优惠措施，并及时根据实际情况进行调整变更，从而促进当地企业树立节能减排、保护环境的意识，不断向创新驱动方向发展。二是要时刻创新税收优惠措施，制定更多的税收相关法律法规，给予企业更多的节能优惠选择，充分考虑到企业和消费者有利于城市绿色发展的行为，创造丰富的优惠条件鼓励企业和消费者的绿色低碳行为，从而更加激发企业和个人参与整个城市绿色发展进程的热情和积极性。

（5）建立相应配套政策推动绿色财税政策改革

要充分发挥当前环保税体系的作用，达到对企业和个人的长期激励作用，除了要改进目前的绿色财税政策，也要建立和完善企业创新的激励和约束机制。首先要降低企业的创新成本，避免因环保税的征收给企业造成的成本过高而没有多余成本用于提高自身技术水平；其次要引导重工业行业逐步实现技术和设备的更新换代，给各城市的重工业企业普及目前已有的先进技术和设备，使局限于一省一市的经验拓展于全国市场，用市场倒逼企业展开清洁生产、资

---

① 胡学龙，杨倩. 我国环境保护税制度改进及征收管理研究 [J]. 税务研究，2018（8）：119-122.

源节约等活动；最后要克服行业差异，企业产权差异等因素，对跨行业环境治理进行综合研究、综合治理，支持各大企业、高校展开合作创新，探索全新的城市绿色发展模式。

（6）加大科教投入，创新驱动发展

实证分析结果表明，科教投入对绿色经济效率的影响显著为正。地方政府应该一方面加大财政对科技的投入力度，推动技术创新，提高技术效率，促进经济发展方式的改变和产业结构的转型升级，减少资源消耗和生态破坏。另一方面要加大教育投入力度，增加对人力资本的投资，提高劳动力素质，增强公民的环保意识，培养和引进技术人才，实现经济发展从以资源禀赋为主要驱动到以知识积累、技术进步为重要驱动的转变。

（7）合理划分中央与地方财权与事权，增强地方政府财力

实证分析结果表明，财政收入分权对绿色经济效率的影响显著为正。因此适当增强地方政府财力，提高地方政府财政收入水平，培养地方政府提供公共服务的稳定财源，可以增强地方政府的公共服务能力，促进绿色经济效率增长。分税制改革之后，中国出现了地方政府财力与事权不匹配的现象，地方政府自主财力较少，无法满足支出需要，长期依赖于中央的转移支付和税收返还[1]。因此，需要通过完善地方税体系，建立地方主体税源，培养地方政府自主财力。合理划分中央与地方的事权和支出责任，根据财政支出责任重新划分中央和地方政府的税收归属，调整共享税的分配比例，增加地方政府财政收入。同时适当增加中央政府的事权和支出责任，加强中央政府对正外部性较强的公共物品的支出。

（8）完善转移支付制度，促进区域协调发展

中国各地区的经济社会发展水平不一，在绿色经济效率上，也呈现出较大差距，单纯依靠统一的财税制度可能会影响资源的配置效率和地区发展。因此，需要科学地设计转移支付制度，均衡区域间财力差距，提高各地区满足当地居民支出需求的能力[2]。目前，中国的转移支付结构不尽合理，一般性转移支付项目种类多、目标多元，均等化功能较弱；专项转移支付种类多，项目杂，分配使用不够科学，信息不够公开透明。因此，需要完善转移支付制度，规范转移支付资金的使用，加强监督管理，提高资金使用效率。中央需要加强

① 詹新宇，刘文彬. 中国式财政分权与地方经济增长目标管理：来自省、市政府工作报告的经验证据 [J]. 管理世界，2019，33（9）：10-16.
② 罗能生，王玉泽. 财政分权、环境规制与区域生态效率：基于动态空间杜宾模型的实证研究 [J]. 中国人口·资源与环境，2017，27（4）：110-118.

对财力薄弱地区的转移支付，通过设立专项资金，专门用于扶持落后地区基本公共服务和基础设施建设，以缩小地区间的差距，扶持落后地区发展经济，有了经济基础才能创新，才能更好地治理环境，实现区域间经济绿色协调发展。

9.3 促进城市绿色发展的绿色生产和绿色消费政策

（1）将绿色消费置于更加突出的地位

2020年10月出台的《中共中央关于制定国民经济和社会发展第十四个五年规划与二〇三五年远景目标的建议》中明确阐明应将推动绿色发展，促进人与自然和谐共生作为经济发展的一项重点任务。中国正处在全面建设社会主义国家新征程的发展机遇期，政府也着力于推进高质量发展和生态文明建设的相关内容，推进绿色发展的战略地位更加突出。随后，2021年两部委多次就推动绿色发展的问题提出了更为具体的目标任务与行动计划，强调将政府促进绿色发展的强烈政治意愿付诸于具体的实践活动，更加深入、全面、系统地就工业、农业、服务业以及社会公众等层面的绿色生产与消费行为提出倡议，并进一步就此做出更详尽的中长期行动方案，以此作为实现生产绿色化与终端消费绿色化，促进绿色发展的重要尺度与目标准则。

（2）制定绿色发展相关的法律法规、政策与标准体系

为了保障绿色发展的顺利行进，首先，中国先后推出了一系列法律法规来规范生产消费行为比如《清洁生产促进法》《循环经济法》等。以法律法规体系作为强制手段，形成推动绿色发展的制度安排。其次，就政策而言，国内出台了一系列财政类、税收类、价格类、投资类以及金融类的政策支持绿色发展。其中具有代表性的，比如早期的"限塑令""节能家电补贴""三绿工程"政策以及后期新出台的新能源汽车接入电网协调机制和公众绿色消费行为培育协调激励机制，等等。再次，建立绿色发展的标准体系亦是政府宏观推进绿色发展的重要途径。最后，政府制定了绿色产品的标准，并提出了绿色产品标识的概念。从产品的原料、生产、流通等层面入手进行评估提出绿色标准的具体含义，并依照一定环保标准确定相应的特定标志。

（3）优化共享经济消费模式

共享经济模式已经渗透到国民生活的方方面面，得到极大发展，通过支持共享经济，可以直接促进生产与消费的绿色化。共享经济对绿色发展的积极影响可从以下两点进行分析：一方面，就产品而言，共享汽车、共享单车以及分

时租赁等经济模式，极大限度地提高了资源利用率，与此同时明显地降低了对环境造成的不可逆影响，减少污染从而促进了绿色发展。另一方面，就服务角度进行分析，当前在共享经济与互联网的结合下，出现了一系列提供二手交易服务的平台，拥有者与使用者以此实现了资源共享，重复循环，例如借助已有的闲鱼、转转以及多爪鱼等二手交易平台，书籍、电子产品以及衣物等闲置资源得到有效利用，实现了大众的绿色共享。

（4）开展绿色发展的教育与宣传

以教育和宣传作为途径，引导绿色生产和消费成为社会时尚也是一项推进绿色发展的重要政策。具体分为以下两类：一方面，以某些群体的示范与带头作用，进行整个社会的绿色宣传教育。其一，号召影响力相对较大的明星、社会名流等积极参加绿色活动，并向其受众群体宣传绿色发展的相关知识与内容，从而推进绿色发展；其二，政府等公共机构和国有企业应率先发挥更多的示范引领作用，支持各类碳中和行动，支持绿色产品与服务。另一方面，借助主流媒体手段以及学校教育，以基础教育、专业教育、各类主题宣传教育活动以及社区科普等形式进行大范围的绿色发展理念的引导与激励。

（5）完善绿色发展社会监督体系

利用社会监督体系实现对绿色发展的实时了解与控制，对促进绿色发展体制的完善形成正向反馈，推动整个社会的绿色发展进程。就完善体系而言可从两个方面进行讨论：其一，就政府而言，进一步明晰政府机构的职能定位，制定各部门的责任清单，并建立跨部门的联动机制，加强绿色消费信息披露和公众参与形成推动合力。其二，就公众而言，积极发挥自身在社会监督中的重要作用，响应政府与社会的要求，对生活中的绿色生产消费行为进行监督，并进行反馈，完成监督体系闭环。其中，徐州市铜山区"污染防治综合监管平台"就是重要典型。居民反馈投诉后，涉污问题得到迅速处理。此过程之中，监管平台、执法人员的处置过程全部受到公众监控，其结果通过网络进行了对外公布，举报者、被举报者均可通过信息渠道掌握所反馈问题及线索的处理最新动态。此外，"互联网+督察"体系亦初具规模，政府以大数据监管平台作为途径，搜集公众意见与问题线索。公众可对生活中所见所闻的绿色发展中的一系列问题进行反馈从而完成社会监督。其中，以国务厅所开发相关线上反映平台及小程序作为主要载体的社会监督应用广泛，例如国务院"互联网+督察"平台，全国生态环境投诉举报平台，吉林省环境信访通道以及天府市民APP等。

（6）绿色发展的基础设施与能力建设

绿色生产与消费的发展一定程度地依赖于社会中的既有建设与设施。对社会中基础设施与能力建设的分析可从以下三点进行：建立相关的社会技术支持机构，实现高效率绿色发展，该类机构应以现有的大数据等新兴技术作为依托，负责绿色消费与产业的研究、收集数据、公开信息和评估监测等具体事务；充分发挥社会组织（诸如中国消费者协会等）的沟通与引导作用，带动企业与消费者积极参与绿色发展的相关行动，加强绿色生产与消费的能力建设和培训，促进多方利益相关者参与促进绿色发展；建立全国统一的绿色消费信息平台，发布绿色产品和服务信息情况，提供绿色产品查询和认证服务，提高绿色产品生产和消费的透明度，鼓励相关方采信绿色产品和服务认证。

（7）企业的绿色生产政策

企业是绿色发展中促进绿色生产的主要承担者与践行主体，就企业的绿色生产行为，可从以下三点进行分析：其一，企业可增加绿色产品的生产以促进绿色发展。一方面，绿色生活产品的实现应以引进科技人才和技术创新作为主要手段，实现生产、包装、运输、销售、回收等各个环节的绿色化，降低产品制作和运营成本，促进绿色消费与生产[①]。另一方面，企业可通过提供文化产品促进绿色发展。将绿色生活理念投入到各类文化产品中，潜移默化地给公众灌输绿色生活观念，实现绿色发展。其二，企业的选址行为也须考虑到绿色发展的需要。出于对环境的承载能力的考虑，重工业的企业一般要选在远离河流的源头，并避开生存有珍惜动植物的区域；空气污染较大的工厂，还应建在盛行风的下风向，以及人群比较稀疏的地方。其三，企业可通过产业结构调整响应绿色发展的需要。产业结构调整要坚持走可持续发展的道路，当前的产业结构调整体现出了加快利用先进技术改造高耗能、高污染企业，大力发展循环经济，坚决淘汰严重消耗能源资源和污染环境的落后生产能力。加快发展先进装备制造业和高新技术产业，广泛应用先进信息技术改造传统产业。同时，加快发展服务业，全面提高服务业的比重和水平，使产业结构更加适应中国的资源环境和人口状况[②]。

（8）公众参与环境治理的市场化机制政策

第一，构建公众参与环境治理的市场化机制。公众参与环境治理的行政机制（公众舆论和媒体报道、投诉举报平台等）正日趋完善，公众参与环境治理的市场化机制是政策创新的有力方向。绿色借贷产品、居民阶梯气价制度都是公众参与环境治理、践行绿色生活方式的有力举措。借助第三方平台试点公

---

① 赵雯砚，杨建新. 基于产品全生命周期视角的中国绿色消费政策体系初探 [J]. 中国人口·资源与环境，2016，26（S2）：95-98.

② 姜彦华. 绿色食品产业升级的消费驱动与政策引导 [J]. 宏观经济管理，2016（8）：68-70.

众动态环境信用评估，建立公众个人"环境信息—环境信用"联动体系。第二，强化对绿色投资项目的融资支持。本书研究结论显示，作为公众的投资人更加偏好企业绿色生产借贷项目。本书建议构建小微企业绿色信贷发展模式，强化小微企业绿色信贷的识别，探索绿色信贷抵押方式创新，建立企业绿色借贷平台。对于较为成熟的绿色投资项目，建议探索发行绿色债券、股权上市、境外融资等支持方案。第三，进一步提升公众参与环境治理层级。摒弃把公众参与仅作为行政举措补充的认知，实施公众生态环境意识调查，掌握公众环保行为特征，引导和规范公众生态环境行为，支持环保社会组织公益项目，强化政府、市场和公众共同参与、分工协作的多元共治模式。

9.4 城市绿色发展协调监管体系运作流程：信息化系统和大数据平台建设

城市绿色发展的监督体系，已经不能单纯依靠传统的监管体系。传统的监管系统仅仅强调政府的作用，而未考虑到政府、企业和公众三者之间的协调监管关系，这往往导致了监管效率的低下和监管实施困难。此外，在城市绿色发展中，监管的不到位对城市的绿色发展建设所起到的阻碍作用十分显著。贺晓宇和韩保江认为在绿色发展的过程中，要构建多元治理体系，充分发挥社会监督的作用，要充分发挥公众舆论的作用，使公众监督官员成为常态[1]。厉磊分析了政府、企业和社会公众在绿色发展监管中的作用[2]。政府是绿色发展中监管的直接主体也是关键主体，政府对经济运行过程中生产、流通、交换、消费等各个环节进行监督和管理，而公众参与监管可以有效弥补政府监管存在的人力、物力、财力的不足，实现时时监督，处处监督；企业对生产经营环节的自觉监管则是绿色发展监管实践的微观展开。推动绿色发展，不仅需要党和政府将绿色发展理念上升到国家战略层面予以高度重视，更需要公众的共同参与和支持，实现政府、市场、公众协同促进机制。面对当前错综复杂的环境管理对象以及绿色发展环境数据的孤岛问题，仅靠当前传统的城市绿色发展监管协调机制无法有效监管。许宪春和任雪认为，随着生态文明建设的持续推进，环境保护意识的不断增强，大数据、云计算、物联网等信息技术的不断发展和广泛

---

① 贺晓宇，韩保江.政绩诉求与长江经济带城市绿色发展的关联性［J］.南通大学学报（社会科学版），2018，34（4）：33-40.

② 厉磊.绿色发展监管体制的构建要素分析［J］.甘肃理论学刊，2017（1）：75-81.

应用，生态环境管理信息化也面临着前所未有的发展机遇[1]。王建民通过《生态环境大数据建设总体方案》政策解读，认为当前绿色发展的监管体系建设，迫切需要转变思维观念、创新监管手段，将物联网、大数据的技术方法作为创新环境管理的引擎，落实环境管理制度的工具，强化环境监管的利器，建设社会公众参与环境保护工作的平台[2]。大数据使碎片数据信息聚合化，对基于大数据的绿色发展资源环境效率进行评估，基于多元主体共同参与绿色发展数据资源库的创建与维护，能更好地助力绿色发展数据资源库建设有序推进并取得实效，为城市绿色发展监督体系的信息化发展提供基础条件。政府为广大企业和公民提供一个在政府监管下的监督和举报的交流平台，不仅可以督促政府监管不足，还能更有效地促进监管、治理等工作的进一步开展。因此，在大数据、云计算等信息技术不断发展的今天，建立生态环境大数据资源管理平台，为政府、企业和社会公众共同参与监督提供一体化信息公开平台，对于目前协调政府、企业和社会公众之间的监管显得尤为重要。

城市绿色发展协调监管体系需要政府、企业和公众三个治理主体共同参与、协调合作监督。同时面对当前数据化、信息化高速发展的现状，需要建立完善发展生态环境绿色发展大数据平台，为三方协同监管提供一个信息化的平台。根据对目前中国城市绿色发展的监管体系分析，结合中国具体情况，我们将从构建"政府—企业—社会公众合作"的双向监管体系、完善中央生态环保督察体系建设、稳步推进环保物联网和绿色发展数据资源库建设及信息公开平台建设四个方面给予体系构建方面的建议和探讨。

构建"政府—企业—社会公众合作"的双向监管体系，保障监管的可行性和有效性。在绿色城市建设监管体系中，加入中央的司法和行政监督机构、社会性监督机制、扩大公众等社会性监督团体的权力范围等方式，改变地方政府一元控制的局面，建立"政府—企业—社会公众合作"的监管体系。地方政府应当激励企业积极主动地开展清洁生产，通过积极的培训和环境教育提高企业的环境责任意识。此外，要加强对于环境执法进行的有效性监督，建立事前监督和事后惩戒机制。强化国家权力机关、司法机关对于行政权的监督，使公众等社会性监督团体能够对地方政府的环境监管行为进行监督，并将其中发现的监管渎职行为向纪委监察部门检举揭发，形成"社会性的监督团体—地方政府—中央司法行政监督部门"这一"自下而上"的监督系统。

---

① 许宪春，任雪，常子豪. 大数据与绿色发展 [J]. 中国工业经济，2019（4）：5–22.
② 王建民.《生态环境大数据建设总体方案》政策解读 [J]. 环境保护，2016，44（14）：12–14.

稳步推进中央生态环保督察体系建设，统筹做好经济发展与生态环境保护。从 2015 年年底河北试点起，3 年时间，中央生态环保督察完成全国 31 个省（自治区、直辖市）第一轮督察全覆盖，并分两批对督察整改情况开展回访。中央督导组在督察过程中，往往强化精准督察、科学督察、依法督察，能够把握督察方向和重点。这种高成效的督察模式，对于地方各级政府在实际监管过程中具有重要的参考建议。对于进一步督察工作的落实方面，需要加紧关注新发展理念落实情况、污染防治攻坚战任务完成情况以及聚焦环境基础设施建设、生态修复治理、环境风险防控等重点任务，推动经济社会秩序加快恢复。此外，还需要严格督查督办，建立分级督办机制；定期组织开展专项督查、明察暗访和"回头看"等，对工作推进有力、整改成效明显的，予以褒扬激励；对措施落实不到位、进度明显滞后的，进行通报、督办、约谈，压紧压实整改责任。

加快推动环保物联网的建设，推进城市环境管理升级发展。随着大数据、云计算的推广运用，物联网技术作为一项前沿技术逐步融合到环境治理中，环保物联网产生于环境监管体系中。不同于传统的环境治理模式，环保物联网带上了数据化、智能化的标签，成为环保产业的一种新业态。自 2005 年国家环保总局公布《污染源自动监控管理办法》起，促使物联网技术在环保领域取得小范围的应用，到 2011 年，很多省份便相继开始建设物联网环保项目。经过不断探索和实践，一个集信息感知、数据处理和综合管理于一体的环保物联网应用体系已初步形成。例如，作为环保物联网应用示范项目，无锡环境监控物联网应用示范工程于 2016 年启动，并受到环保部、发改委和工信部的一致支持。借助物联网产业优势，无锡已经建立起基于物联网的太湖蓝藻、雾霾治理项目，并逐步构建全天候的环境预警和污染防控体系。此外，在推进物联网环境监管的进程中，河北省的环境资源中心项目、山东省的环保物联网应用示范工程项目、江苏省生态环境监控系统、四川省重点污染源自动监控系统、山东省环境监察移动执法项目、成都市环境管理信息能力建设项目、安庆市大观区污染源综合智能监管平台等诸多项目的建设都取得显著成果。在推动环保物联网的建设中，需要整合各部门生态环境管理数据资源，汇集各类污染源生产经营、污染治理、执法监管等相关信息，完善污染源数字化档案库，提升污染源数字化监管能力。环保物联网的建设与应用成为推动环境管理升级的重要手段，无论是在污染源监测、现场治理还是后期数据分析，都发挥着重要作用。

推动基于多元主体共同参与绿色发展数据资源库的建设，完善发展生态环境绿色发展大数据平台。在推进城市的绿色发展中，城市绿色发展协调监管体系需要基于政府、企业和公众三个治理主体共同参与、协调合作监督。在多元主体数据库建设和完善进程中，需要推进完善整体智治、综合集成，迭代升级生态环境保护综合协同管理平台。对于环境信息的公开，不仅是公众参与的突破口，更是企业社会责任的催化剂和政府行为的指示牌。环保部门面向企业和社会公众提供政府新闻、统计资料、数据查询、政府公告等服务，政府、企业和社会公众能够通过这个平台对各种环境信息进行及时监测、实时监管。进一步优化生态环境治理应用服务系统，向政府、企业和公众提供环境数字化产品，提升生态环境监管和服务能力。建设环境信息资源服务与共享平台，通过以环境信息资源中心数据为共享平台，建立全面、立体化的环境综合监管。此外，在完善绿色发展数据库的基础上，还需建设和完善在政府监管下的监督和举报交流、各类信息公开平台。该平台不仅可供广大社会公众进行监管举报，还对举报的后续整改落实情况，及时公布进程，确保整改的落实。

9.5　城市绿色发展科学评价与政府考核体系建设

（1）绿色发展科学评价

第三次工业革命后，人类的物质文明得到飞速发展，同时，全球生态环境的恶化也日益严重，自然灾害的频繁发生、资源能源的日渐紧缺提醒着人类必须要重视生态环境保护，因此生态文明成为了继工业文明之后人类文明的新形态，发展模式也逐渐转向了"绿色发展模式"。绿色发展是一种环境友好型、资源节约型的发展模式，要求在资源环境承载力范围之内实现经济水平的提高和社会的和谐发展，其核心在于体现人与自然的和谐共生以及经济、社会和生态的协调发展。绿色发展符合当今全球经济发展的方向，符合保护生态安全、促进可持续发展的时代潮流。

绿色发展科学评价体系是监测和度量绿色发展的基础，也是推进绿色发展前进的目标，因此，为了更好地践行绿色发展理念、推动绿色发展实践、把握经济发展方式转型的动态趋势，必须要不断完善和发展绿色发展科学评价体系。对于绿色发展评价指标体系，有很多机构进行了相关研究，并建立了一些评价指标体系。北京师范大学等研究单位在 2010 年发布的《中国绿色发展指数年度报告》中阐述了绿色发展指标体系，并通过该体系测算了中国 30 个省（自治区、直辖市）和 34 个大中城市的绿色发展水平。该报告中的绿色发展指标体系由经济增长绿化度、资源环境承载潜力、政府支持度三个部分构成。

在经济增长绿化度指标下设绿色增长效率指标、第一产业指标、第二产业指标、第三产业指标四个二级指标，在资源环境承载力一级指标下设资源与生态保护指标和环境与气候变化指标两个二级指标，在政府政策支持度指标下设绿色投资指标、基础设施和城市管理指标三个二级指标，再将二级指标细化成人均地区生产总值、人均森林面积、城市污水处理率等指标，并按照不同的权重进行测算得到绿色发展指数。国务院发展研究中心资源与环境政策研究所2012年发布了《中国绿色转型发展报告》，该报告从环境保护、资源利用、竞争力提升三大维度出发，构建了绿色转型发展评价的层次体系。在环境保护一级指标下设减排能力和增绿能力两个二级指标，在资源利用一级指标下设资源集约能力和能源结构优化能力两个二级指标，在竞争力提升一级指标下设科技创新能力、劳动产出能力、资金投入能力、资源支撑能力和结构优化能力五个二级指标。第三级指标则细化成了人均二氧化碳排放量、森林覆盖率、人均能耗、天然气消费占化石能源消费的比重、研发投入占 GDP 比重等指标进行综合评价，由此得到绿色转型发展指数。

2017 年国家发展改革委、国家统计局、环境保护部、中央组织部研制了《绿色发展指标体系》和《绿色发展指数计算方法》并完成了 2016 年绿色发展指数测评工作，至此中国确定了绿色发展指数测算的标准化方法。绿色发展指标体系采用综合指数法进行测算，包括了各地区资源利用、环境治理、环境质量、生态保护、增长质量、绿色生活、公众满意程度 7 个方面，共 56 项评价指标，绿色发展指数由除"公众满意程度"之外的 55 个指标个体指数加权平均计算而成。《2016 年生态文明建设年度评价结果公报》中公布了各个地区的绿色发展指数、6 个分类指数、公众满意程度及其排名，反映出了各地区绿色发展推进情况，为各地区绿色发展政策实施效果提供了参考依据，也能够正确指出当前在绿色发展上需要改善的着力点。

（2）绿色发展政府考核体系建设

中国的绿色发展转型要由各级党委、政府来进行推动，因此必须要充分调动各级党委、政府加快绿色转型发展的积极性，那么以科学合理的考核指标体系来量化绿色发展成果并据此来考核政府是有必要的。目前，重经济发展而轻绿色发展的政府考核体系已经不能适应中国生态文明建设的需要，也无法满足"五位一体"总体布局的要求，因此要根据生态文明建设理论体系构建绿色发展政府考核体系，并以此推进绿色发展。

在涉及考核绿色发展的问题时，必然要讨论的是考核的主体、考核的客体、考核的依据、考核的内容。在中国现行法律体系和管理体制下，绿色发展考核的主体大致有六种：上一级政府、同级立法机构、上一级专业部门、独立第三方、社会、干部主管机构。绿色发展政府考核应当以政府为考核对象：首先，中央政府应当成为考核对象，应当加强全国人大常委会对中央政府在绿色发展方面的监督和问责；其次，既要注重对政府部门的考核，更要注重对政府整体的、系统的、综合的考核，不能片面地将绿色发展问题归结于环保部门或资源开发部门等；最后，不能只考核政府而不考核党委，因为中国各级政府都是由党委领导的，党委在各种重大问题、重大领域都有最终的决策权，因此在考核时需要对政府和党委提出同样的要求。对各级党委、政府主要领导干部进行考核，是及其严格且严肃的事情，必须有一定的依据：首先是要依法考核，依据《中华人民共和国土地管理法》《中华人民共和国水法》《环境保护法》《节约能源法》《循环经济促进法》《中华人民共和国公务员法》等相关法律进行考核，保证考核的合法性；其次，考核程序及考核体系管理以考核制度为依据，考核制度由考核主体制定并执行；最后，绿色发展指标体系评价结果直观展示了区域绿色发展指数以及6个分类指数及其排名顺序，可以作为行政考核的参考。根据绿色发展的内涵、绿色发展的重要领域、绿色发展工作部署以及目标等，对各级党委、政府绿色发展方面应当履行的职责，应该重点考核以下重点内容：产业结构调整、财政绿色化、金融绿色化、资源节约、生态保护与修复、环境保护治理、绿色社区和绿色机关建设等。

9.6 城市绿色发展的保障措施

完善绿色发展相关法律保障机制。建立完善的法制体系，加大环保执法力度。中国目前针对于绿色发展的法律法规较为分散，尚未形成完备的绿色经济发展法律体系，对于破坏生态环境和自然资源的行为，在经济发展过程中存在着执法不严现象，导致经济与生态环境发展在一段时期内存在不协调状态。在低碳经济、应对气候变化方面的立法就要进一步完善，在污染防治方面的法律法规要随着环保标准、机构建设、战略控制等因素的不断变化进行及时修订，有效保证环境治理法律依据。为有效保证环境法律法规的实施，建议加强环保部门垂直管理权限，减弱地方政府部门对地方环保部门的权力约束，建设地方政府与上级环保部门的"伙伴关系"，处理跨区域、跨部门的环境违法案件，完善包括企业环境守法扶持、守法激励、守法监测、违法惩戒等流程的动态、实时、全过程预防和惩戒机制。

进一步完善科技创新支撑体系。经济发展与生态环境保护协调必须依靠科技创新支撑。建立包括基础研究体系、应用研究体系、传播推广体系和中介服务体系一体化的绿色科技体系。重点发展绿色能源、绿色交通、绿色建筑、绿色制造业等绿色科技重点领域，大力培育和发展战略性新兴产业。完善绿色科技各项刺激政策体系，主要包括研发支持体系、技术认证体系、环境绩效标准和立法、融资支持体系、市场工具、采购支持、环保意识培育支持体系等方面。建立企业和绿色产品服务绿色标准和标识制度、绿色技术验证制度、绿色科技知识产权保护制度，完善绿色科技税收优惠政策体系和绿色技术创新投融资机制，建立绿色科技创新产业引导和投资基金，加大绿色科技成果和产品服务的政府采购力度。

　　完善中央和地方、跨区域环境治理的统筹协调机制。央地协调方面，中央可以为部门地方政府和重点企业制定明确的减排目标，要求地方政府和企业提供详尽的减排计划，对减排计划的实施进行评估和惩戒。上级政府对下级政府提供实际的经济和政策扶持，助力下级政府推行新能源项目和环保基础设施建设项目。上级政府部门具备信息采集、知识传播和成功经验推广的信息优势，上级政府部门可以建立完备的指导方案，将信息及时向下级政府部门推介，提高地方政府的环保治理能力。跨区域环境治理协调方面，建立区域性统筹治理机制，环境治理设施的建设需要统筹区域间、城市间、流域间不同环保部门的协调。对于长江流域生态保护带，完善区域一体化发展决策机制和咨询机制，加强跨区域河流湖泊水环境综合治理，建立区域大气污染预警应急及联防联控机制，建立跨区域水库水情信息共享平台，建立严格的水资源资产管理制度，在立法中明确跨行政区界断面水质考核和责任追究制度。

参考文献

［1］ BLACK D, HENDERSON V. A theory of urban growth ［J］. Journal of Political Economy, 1999, 107 （2）: 252-284.

［2］ BOLAND A, ZHU J. Public Participation in China's Green Communities: Mobilizing Memories and Structuring Incentives ［J］. Geoforum, 2012, 43 （1）: 147-157.

［3］ BOVENBERG A L, GOULDER L H. Optimal Environmental Taxation in the Presence of Other Taxes: General-Equilibrium Analyses ［J］. The American Economic Review, 1996, 86 （4）: 985-1000.

［4］ CHEN J, ZHAO R, Gao M, et al. County-level CO_2 Emissions and Sequestration in China during 1997—2017 ［J］. Scientific Data. 2020 （7）: 391.

［5］ CHEN W, ZHENG R, BAADE P D, et al. Cancer Statistics in China, 2015 ［J］. CA: Cancer Journal for Clinicians, 2016, 66 （2）: 115-132.

［6］ CHARNES A, COOPER W W. Preface to Topics in Data Envelopment Analysis ［J］. Annals of Operation Research, 1985 （2）: 59-94.

［7］ DAVIS L W. The Effect of Driving Restrictions on Air Quality in Mexico City ［J］. Journal of Political Economy, 2008, 116 （1）: 38-81.

［8］ DRISCOLL J C, KRAAY A C. Consistent Covariance Matrix Estimation with Spatially Dependent Panel Data ［J］. The Review of Economics and Statistics. 1998, 80 （4）: 549-560.

［9］ FUJITA M, KRUGMAN P. When is the Economy Monocentric?: Von Thünen and Chamberlin Unified ［J］. Regional Science and Urban Economics. 1995, 25: 505-528.

［10］ HWANG C, YOON K. Multiple Attribute Decision Making Methods and Applications: A State-of-the-art Survey ［M］. Multiple Attribute Decision Making.

Springer Berlin Heidelberg, 1981: 1-531.

[11] CHARNES A, COOPER W W. Preface to Topics in Data Envelopment Analysis [J]. Annals of Operation Research, 1985 (2): 59-94.

[12] JAFFE A B, PALMER K. Environmental Regulation and Innovation: A Panel Data Study [J]. Review of Economics and Statistics, 1997, 79 (4): 610-619.

[13] LIU W, TONG J, YUE X, et al. How Does Environmental Regulation Affect Industrial Transformation? A Study Based on the Methodology of Policy Simulation [J]. Mathematical Problems in Engineering: Theory, Methods and Applications, 2016, 2405624.

[14] MACIAS-FAURIA M. Satellite Images Show China going Green [J]. Nature, 2018, 553, 7689: 411-413.

[15] PORTER M E. America's Green Strategy [J]. Scientific American, 1991, 264: 168.

[16] PORTER M E, VAN DER LIND C. Toward a New Conception of the Environment-Competitiveness Relationship [J]. The Journal of Economic Perspectives, 1995, 9 (4): 97-118.

[17] POUMANYVONG P, KANEKO S. Does Urbanization Lead to Less Energy Use and Lower CO_2 Emissions? A Cross-country Analysis [J]. Ecological Economics, 2010, 70 (2): 434-444.

[18] VIARD V B, FU S. The Effect of Beijing's Driving Restrictions on Pollution and Economic Activity [J]. Journal of Public Economics, 2015, 125: 98-115.

[19] World Health Organization. Global Health Observatory Data Repository. http://apps.who.int/gho/data/.

[20] YANG X K, HEIJDRA B J. Monopolistic Competition and Optimum Product Diversity: Comment [J]. The American Economic Review. 1993, 83 (1): 295-301.

[21] ZHANG D, ZHAO R, QIANG J. Green Innovation and Firm Performance: Evidence from Listed Companies in China [J]. Resources, Conservation & Recycling. 2019, 144 (1): 48-55.

[22] ZHANG J. Urbanization, Population Transition, and Growth [J]. Oxford Economic Papers. 2002, 54: 91-117.

[23] 阿尔弗雷德·马歇尔. 经济学原理 [M]. 朱志泰, 译. 北京: 华夏

出版社, 2005.

[24] 阿瑟·塞西尔·庇古. 福利经济学 [M]. 金镝, 译. 北京: 华夏出版社, 2017.

[25] 安伟. 绿色金融的内涵、机理和实践初探 [J]. 经济经纬, 2008 (5): 156-156.

[26] 毕茜, 于连超. 环境税的企业绿色投资效应研究: 基于面板分位数回归的实证研究 [J]. 中国人口·资源与环境, 2016, 26 (3): 76-82.

[27] 曹静, 王鑫, 钟笑寒. 限行政策是否改善了北京市的空气质量? [J]. 经济学 (季刊), 2014, 13 (3): 1091-1126.

[28] 陈林, 万攀兵. 城镇化建设的乡镇发展和环境污染效应 [J]. 中国人口·资源与环境, 2021, 31 (4): 62-73.

[29] 陈启杰, 楼尊. 论绿色消费模式 [J]. 财经研究, 2001 (9): 25-31.

[30] 陈晓华, 张小林. 边缘化地区特征、形成机制与影响: 以安徽省池州市为例 [J]. 长江流域资源与环境, 2004, 13 (5): 413-418.

[31] 陈阵. 环境保护税征管中存在的问题及对策研究 [J]. 税务研究, 2019 (6): 115-117.

[32] 程云鹤, 程嘉雨. 长江经济带物流业 CO_2 减排效率测度与根源分解 [J]. 系统工程, 2021, 39 (4): 94-102.

[33] 崔如波. 绿色经济: 21 世纪持续经济的主导形态 [J]. 社会科学研究, 2002 (4): 47-50.

[34] 崔铁宁, 张继美. 中国绿色发展的空间网络结构研究 [J]. 区域经济评论, 2020 (2): 139-150.

[35] 戴宏伟, 回莹. 京津冀雾霾污染与产业结构、城镇化水平的空间效应研究 [J]. 经济理论与经济管理, 2019 (5): 4-19.

[36] 丁道兵, 许建国. 完善环境保护税征管制度的几点思考 [J]. 税务研究, 2019 (3): 104.

[37] 董战峰, 杨春玉, 吴琼, 等. 中国新型绿色城镇化战略框架研究 [J]. 生态经济, 2014, 30 (2): 79-82.

[38] 杜建国, 王玥, 赵爱武. 智慧城市建设对城市绿色发展的影响及作用机制研究 [J]. 软科学, 2020, 34 (9): 59-64.

[39] 杜俊涛, 陈雨, 宋马林. 财政分权、环境规制与绿色全要素生产率 [J]. 科学决策, 2017 (9): 65-92.

[40] 杜龙政, 赵云辉, 陶克涛, 林伟芬. 环境规制、治理转型对绿色竞争

力提升的复合效应：基于中国工业的经验证据［J］. 经济研究，2019，54
（10）：106-120.

［41］杜松华，徐嘉泓，张德鹏，等. 游戏化如何驱动电商用户绿色消费行
为：基于蚂蚁森林的网络民族志研究［J］. 南开管理评论，2021（10）：1-19.

［42］段帅. 基于拥堵大数据的后疫情时代深圳限行政策分析［C］. 中国
城市规划学会城市交通规划学术委员会，交通治理与空间重塑：2020 年中国城
市交通规划年会论文集. 中国城市规划学会城市交通规划学术委员会，2020，9.

［43］范永茂，殷玉敏. 跨界环境问题的合作治理模式选择：理论讨论和三
个案例［J］. 公共管理学报，2016，13（2）：63-75.

［44］方先明，那晋领. 创业板上市公司绿色创新溢酬研究［J］. 经济研究，
2020（10）：106-123.

［45］方杏村，田淑英，王晓玲. 财政分权、产业集聚与绿色经济效率：基
于 270 个地级及以上城市面板数据的实证分析［J］. 经济问题探索，2019
（11）：164-172.

［46］冯奎，贾璐宇. 我国绿色城镇化的发展方向与政策重点［J］. 经济纵
横，2016（7）：27-32.

［47］冯之浚，周荣. 低碳经济：中国实现绿色发展的根本途径［J］. 中国
人口·资源与环境，2010，20（4）：1-7.

［48］傅春，欧阳欢蕤，赵雪茹. 基于 DEA 及 Malmquist 指数模型的江西省
绿色发展效率测度与评价［J］. 生态经济，2020，36（6）：51-57.

［49］高桂林，姚银银. 大气污染联防联治中的立法协调机制研究［J］. 法
学杂志，2014，35（8）：26-35.

［50］高红贵，汪成. 生态文明绿色城镇化进程中的困境及对策思考［J］.
统计与决策，2014（24）：64-66.

［51］高赢.“一带一路”沿线国家低碳绿色发展绩效研究［J］. 软科学，
2019，33（8）：78-84.

［52］高赢. 中国八大综合经济区绿色发展绩效及其影响因素研究［J］. 数
量经济技术经济研究，2019，36（9）：3-23.

［53］葛察忠，高树婷，龙凤，等. 生态文明建设的环境财税架构［J］. 环
境保护，2012，23：26-28.

［54］葛察忠，龙凤，任雅娟，等. 基于绿色发展理念的《环境保护税法》
解析［J］. 环境保护，2017，45（Z1）：15-18.

［55］辜胜阻，李行，吴华君. 新时代推进绿色城镇化发展的战略思考

［J］. 北京工商大学学报（社会科学版），2018，33（4）：107-116.

　　［56］关斌. 地方政府环境治理中绩效压力是把双刃剑吗？基于公共价值冲突视角的实证分析［J］. 公共管理学报，2020，17（2）：53-69.

　　［57］国家统计局. 2016 年生态文明建设年度评价结果公报［EB/OL］.（2017-12-26）［2021-07-10］. http://www.stats.gov.cn/tjsj/zxfb/201712/t20171226_1566827.html.

　　［58］郭姣，李健. 中国三大城市群节能减排效率的变化及测度［J］. 城市问题，2018（12）：17-27.

　　［59］郭永济，张谊浩. 空气质量会影响股票市场吗？［J］. 金融研究，2016（2）：71-85.

　　［60］韩洁平，侯惠娜. 基于生态效率及生态承载力的区域绿色发展综合测度研究：以浙江和江苏二省为例［J］. 生态经济，2020，36（12）：57-63.

　　［61］贺晓宇，韩保江. 政绩诉求与长江经济带城市绿色发展的关联性［J］. 南通大学学报（社会科学版），2018，34（4）：33-40.

　　［62］胡鞍钢，周绍杰. 绿色发展：功能界定、机制分析与发展战略［J］. 中国人口·资源与环境，2014，24（1）：14-20.

　　［63］胡登峰，王丽萍. 论我国新能源汽车产业创新体系建设［J］. 软科学，2010，24（2）：14-18.

　　［64］胡剑波，闫烁，韩君. 中国产业部门隐含碳排放效率研究：基于三阶段 DEA 模型与非竞争型 I-O 模型的实证分析［J］. 统计研究，2021，38（6）：30-43.

　　［65］胡学龙，杨倩. 中国环境保护税制度改进及征收管理研究［J］. 税务研究，2018（8）：119-122.

　　［66］中华人民共和国生态环境部. 2016 中国环境状况公报［EB/OL］.（2017-06-05）［2021-07-12］. https://www.mee.gov.cn/hjzl/sthjzk/.

　　［67］黄菁. 环境污染、人力资本与内生经济增长：一个简单的模型［J］. 南方经济，2009（4）：3-11.

　　［68］黄珺，余朝晖. 环境治理投资与财政环保支出对环境污染的影响：基于面板模型的比较分析［J］. 生态经济，2018（7）：83-87.

　　［69］黄磊，吴传清. 长江经济带城市工业绿色发展效率及其空间驱动机制研究［J］. 中国人口·资源与环境，2019，29（8）：40-49.

　　［70］黄茂兴，叶琪. 马克思主义绿色发展观与当代中国的绿色发展：兼评环境与发展不相容论［J］. 经济研究，2017，52（6）：17-30.

［71］黄志斌，姚灿，王新.绿色发展理论基本概念及其相互关系辨析［J］.自然辩证法研究，2015，31（8）：108-113.

［72］蒋南平，向仁康.中国经济绿色发展的若干问题［J］.当代经济研究，2013（2）：50-54.

［73］姜彦华.绿色食品产业升级的消费驱动与政策引导［J］.宏观经济管理，2016（8）：68-70.

［74］井绍平.绿色营销及其对消费者心理与行为影响的分析［J］.管理世界，2004（5）：145-146.

［75］劳可夫，吴佳.基于Ajzen计划行为理论的绿色消费行为的影响机制［J］.财经科学，2013（2）：91-100.

［76］李爱梅，谭清方.情绪代理变量对投资者决策的影响［J］.心理科学进展，2009，17（1）：44-50.

［77］李光勤，刘莉.环境规制、财政分权与中国绿色经济效率［J］.华东经济管理，2018，32（1）：39-45.

［78］厉磊.绿色发展监管体制的构建要素分析［J］.甘肃理论学刊，2017（1）：75-81.

［79］李军军，周利梅.基于目标导向的区域节能减排效率评价［J］.福建论坛（人文社会科学版），2020（6）：125-135.

［80］李明生.试论绿色消费观［J］.经济学动态，2000（8）：9-13.

［81］李胜兰，初善冰，申晨.地方政府竞争、环境规制与区域生态效率［J］.世界经济，2014（4）：88-110.

［82］李树，陈刚.环境管制与生产率增长：以APPCL2000的修订为例［J］.经济研究，2013（1）：17-31.

［83］李香菊，贺娜.地区竞争下环境税对企业绿色技术创新的影响研究［J］.中国人口·资源与环境，2018，28（9）：73-81.

［84］李旭，熊勇清.新能源汽车"双积分"政策影响的阶段性特征：经营与环境双重绩效视角［J］.资源科学，2021，43（1）：1-11.

［85］李泽众，沈开艳.环境规制对中国新型城镇化水平的空间溢出效应研究［J］.上海经济研究，2019（2）：21-32.

［86］李稚，刘晓云，彭冉.考虑消费者接受度的制造业绿色生产与绿色消费博弈分析［J］.软科学，2021，35（6）：132-138.

［87］李志兰，马小娜，马勇.主观规范和公共媒体影响对绿色消费意向的影响机制：一个被调节的中介模型［J］.软科学，2019，33（11）：113-119.

[88] 李志美,雷良海.地方政府节能环保支出环境效应研究 [J].北京邮电大学学报:社会科学版,2018 (6):89-96.

[89] 镭射,迟成.共享汽车:汽车消费模式的变革 [J].上海汽车,2010 (12):1-3.

[90] 廖茂林,李芳.中国城镇化、工业化协同发展的金融支持路径研究 [J].福建论坛:人文社会科学版,2019 (2):34-39.

[91] 林春.财政分权与中国经济增长质量关系:基于全要素生产率视角 [J].财政研究,2017 (2):73-83.

[92] 林思宇,石磊,马中,等.环境税对高污染行业的影响研究:以湖南邵阳高 COD 排放行业为例 [J].长江流域资源与环境,2018,27 (3):632-637.

[93] 刘加林.环境约束视角下我国绿色经济增长区域差异性影响研究:基于省级动态面板数据分析 [J].湘潭大学学报(哲学社会科学版),2013 (2):69-73.

[94] 刘习平,管可.湖北长江经济带绿色发展效率测度与评价 [J].统计与决策,2018,34 (18):103-106.

[95] 刘阳,秦曼.中国东部沿海四大城市群绿色效率的综合测度与比较 [J].中国人口·资源与环境,2019,29 (3):11-20.

[96] 卢洪友,刘啟明,祁毓.中国环境保护税的污染减排效应再研究:基于排污费征收标准变化的视角 [J].中国地质大学学报(社会科学版),2018,18 (5):67-82.

[97] 陆铭,冯皓.集聚与减排:城市规模差距影响工业污染强度的经验研究 [J].世界经济,2014,37 (7):86-114.

[98] 卢新海,杨喜,陈泽秀.中国城市土地绿色利用效率测度及其时空演变特征 [J].中国人口·资源与环境,2020,30 (8):83-91.

[99] 罗能生,李佳佳,罗富政.中国城镇化进程与区域生态效率关系的实证研究 [J].中国人口·资源与环境,2013,23 (11):53-60.

[100] 罗能生,王玉泽.财政分权、环境规制与区域生态效率:基于动态空间杜宾模型的实证研究 [J].中国人口·资源与环境,2017,27 (4):110-118.

[101] 吕明晗,徐光华,沈弋.货币政策与企业环保投资行为:中国重污染行业上市公司的证据 [J].经济管理,2019,41 (11):55-71.

[102] 马骏.论构建中国绿色金融体系 [J].金融论坛,2015,20 (5):

18-27.

[103] 梅鹏蔚. 稳定气象条件对天津市环境空气质量的影响 [J]. 城市环境与城市生态, 2006, 19（4）: 37-39.

[104] 孟辉, 李琳, 萧小芬. 中国服务业绿色发展的结构性差异及影响因素研究: 基于 Bootstrap-DEA 模型的绿色技术效率测度 [J]. 经济纵横, 2021（6）: 100-110.

[105] 孟望生, 邵芳琴. 中国各省区绿色经济增长效率测度 [J]. 统计与决策, 2020, 36（16）: 105-109.

[106] 欧阳铭珂, 李坚飞, 张亚斌. 技术创新视角下中国汽车工业节能减排效率研究 [J]. 中国科技论坛, 2021（8）: 70-81.

[107] 欧阳慧, 李智. 适应未来发展需要的城镇化战略研究 [J]. 宏观经济研究, 2021（7）: 16-25.

[108] 平智毅, 吴学兵, 吴雪莲. 长江经济带碳排放效率的时空差异及其影响因素分析 [J]. 生态经济, 2020, 36（3）: 31-37.

[109] 钱浩祺, 吴力波, 任飞州. 从"鞭打快牛"到效率驱动: 中国区域间碳排放权分配机制研究 [J]. 经济研究, 2019, 54（3）: 86-102.

[110] 齐绍洲, 林屾, 崔静波. 环境权益交易市场能否诱发绿色创新? 基于我国上市公司绿色专利数据的证据 [J]. 经济研究, 2018（12）: 129-143.

[111] 秦昌波, 王金南, 葛察忠, 等. 征收环境税对经济和污染排放的影响 [J]. 中国人口·资源与环境, 2015, 25（1）: 17-23.

[112] 秦承敏. 绿色经济的财税政策思考 [J]. 会计之友, 2011（26）: 96-97.

[113] 单豪杰. 中国资本存量 K 的再估算: 1952—2006 年 [J]. 数量经济技术经济研究, 2008（10）: 17-31.

[114] 盛明泉, 汪顺, 张春强. "雾霾"与企业融资: 来自重污染类上市公司的经验证据 [J]. 经济评论, 2017（5）: 28-39.

[115] 盛鹏飞, 杨俊, 陈怡. 中国区域经济增长效率与碳减排技术效率的测度: 兼论其协调性 [J]. 江西财经大学学报, 2014（4）: 20-29.

[116] 史丹. 绿色发展与全球工业化的新阶段: 中国的进展与比较 [J]. 中国工业经济, 2018（10）: 5-18.

[117] 史锦华, 高博楠. 促进资源型地区绿色经济发展的财税对策 [J]. 税务研究, 2013（7）: 85-87.

[118] 施卓敏, 张彩云. 消费者为何会落入绿色消费陷阱? 绿色消费对过

度消费的影响研究 [J]. 南开管理评论, 2021 (4): 1-17.

[119] 束克东, 李影. 基于城镇化视角的收入不平等对 CO_2 排放的影响研究 [J]. 经济经纬, 2020, 37 (1): 25-31.

[120] 苏京春. 中国构建绿色财税制度体系的难点、障碍及破解之道 [J]. 经济研究参考, 2017 (8): 10-19.

[121] 苏明. 构建有利于减贫和绿色增长的财税政策 [J]. 国家行政学院学报, 2013 (3): 44-50.

[122] 孙少芹, 邢戬. 环保税开征下的政府补贴和企业行为再选择 [J]. 经济与管理, 2019, 33 (5): 87-92.

[123] 谭建立, 赵哲. 财政支出结构、新型城镇化与碳减排效应 [J]. 当代财经, 2021 (8): 28-40.

[124] 唐葆君, 刘江鹏. 中国新能源汽车产业发展展望 [J]. 北京理工大学学报 (社会科学版), 2015, 17 (2): 1-6.

[125] 唐晓灵, 曹倩. 节能减排效率与经济发展水平的耦合关系研究: 以陕西省为例 [J]. 环境污染与防治, 2020, 42 (2): 249-253.

[126] 田淑英, 董玮, 许文立. 环保财政支出、政府环境偏好与政策效应: 基于省际工业污染数据的实证分析 [J]. 经济问题探索, 2016, (7): 14-21.

[127] 田智宇, 杨宏伟. 完善绿色财税金融政策的建议 [J]. 宏观经济管理, 2013 (10): 24-26.

[128] 涂正革, 谌仁俊. 排污权交易机制在中国能否实现波特效应? [J]. 经济研究, 2015 (7): 160-173.

[129] 万建香, 梅国平. 社会资本可否激励经济增长与环境保护的双赢? [J]. 数量经济技术经济研究, 2012 (7): 61-75.

[130] 王兵, 唐文狮, 吴延瑞, 等. 城镇化提高中国绿色发展效率了吗? [J]. 经济评论, 2014 (4): 38-107.

[131] 王彩华, 梁捍东. 基于循环经济理论的绿色公共预算问题研究 [J]. 财会通讯, 2015 (2): 90-93.

[132] 王成龙, 冉明东. 好天气会增加分析师盈余预测乐观偏差吗? 以分析师企业调研为背景 [J]. 中南财经政法大学学报, 2019 (5): 64-74.

[133] 王海芹, 高世楫. 我国绿色发展萌芽、起步与政策演进: 若干阶段性特征观察 [J]. 改革, 2016 (3): 6-26.

[134] 王汉瑛, 邢红卫, 田虹. 定位绿色消费的"黄金象限": 基于刻板印象内容模型的响应面分析 [J]. 南开管理评论, 2018, 21 (3): 203-214.

[135] 王建民.《生态环境大数据建设总体方案》政策解读 [J]. 环境保护, 2016, 44 (14)：12-14.

[136] 王婧, 杜广杰. 中国城市绿色发展效率的空间分异及驱动因素 [J]. 经济与管理研究, 2020, 41 (12)：11-27.

[137] 王玲玲, 张艳国."绿色发展"内涵探微 [J]. 社会主义研究, 2012 (5)：143-146.

[138] 王树强, 耿明阳, 庞晶. 环境税制下污染行业竞争结构的动态演化分析 [J]. 工业技术经济, 2019, 38 (3)：95-103.

[139] 汪伟全. 空气污染的跨域合作治理研究：以北京地区为例 [J]. 公共管理学报, 2014 (1)：60-69.

[140] 王艳, 苏怡. 绿色发展视角下中国节能减排效率的影响因素：基于超效率 DEA 和 Tobit 模型的实证研究 [J]. 管理评论, 2020, 32 (10)：59-71.

[141] 王遥, 潘冬阳, 张笑. 绿色金融对中国经济发展的贡献研究 [J]. 经济社会体制比较, 2016 (6)：33-42.

[142] 王遥, 孙司宇, 唐一品. 绿色金融的国际发展现状及展望 [J]. 海外投资与出口信贷, 2016 (6)：14-16.

[143] 王巳. 当代汽车产品的主要发展趋势 [J]. 世界汽车, 1994 (3)：49-53.

[144] 王勇, 李海英, 俞海. 中国省域绿色发展的空间格局及其演变特征 [J]. 中国人口·资源与环境, 2018, 28：96-104.

[145] 王永芹. 中国城市绿色发展的路径选择 [J]. 河北经贸大学学报, 2014, 35 (3)：51-53.

[146] 王自力, 何小钢. 中国雾霾集聚的空间动态及经济诱因 [J]. 广东商学院学报, 2016, 31 (4)：31-41.

[147] 魏吉华, 蒋金法. 绿色财政支出：理论与实践：对党的十九大关于深化绿色发展的思考 [J]. 当代财经, 2018 (12)：26-36.

[148] 温湖炜, 周凤秀. 环境规制与中国省域绿色全要素生产率：兼论对《环境保护税法》实施的启示 [J]. 干旱区资源与环境, 2019, 33 (2)：9-15.

[149] 温孝卿, 王碧含. 绿色、协调发展理念下环境质量与经济增长质量协同研究 [J]. 理论探讨, 2018 (2)：84-90.

[150] 温忠麟, 张雷, 侯杰泰, 等. 中介效应检验程序及其应用 [J]. 心理学报, 2004, 36 (5)：614-620.

[151] 吴时舫. 城市绿色项目融资的运营模式探讨 [J]. 商业时代, 2019 (10)：88-89.

[152] 吴茵茵, 徐冲, 陈建东. 不完全竞争市场中差异化环保税影响效应研究 [J]. 中国工业经济, 2019 (5): 43-60.

[153] 肖挺, 戴伟. 财政分权体制下中国两类全要素生产率变化的比较研究 [J]. 现代财经 (天津财经大学学报), 2015, 35 (8): 44-56.

[154] 肖远飞, 吴允. 财政分权、环境规制与绿色全要素生产率: 基于动态空间杜宾模型的实证分析 [J]. 华东经济管理, 2019, 33 (11): 15-23.

[155] 谢秋皓, 杨高升. 新型城镇化背景下中国区域绿色发展效率测算 [J]. 统计与决策, 2019 (24): 132-136.

[156] 邢丽, 赵录. 财税制度绿色化思路 [J]. 中国金融, 2015 (10): 17-19.

[157] 熊湘辉, 徐璋勇. 中国新型城镇化进程中的金融支持影响研究 [J]. 数量经济技术经济研究, 2015 (6): 73-89.

[158] 许长新, 吴骁远. 水环境承载力约束下区域城镇化发展合理速度分析 [J]. 中国人口·资源与环境, 2020, 30 (3): 135-142.

[159] 徐盛国, 楚春礼, 鞠美庭, 等. "绿色消费" 研究综述 [J]. 生态经济, 2014, 30 (7): 65-69.

[160] 许宪春, 任雪, 常子豪. 大数据与绿色发展 [J]. 中国工业经济, 2019 (4): 5-22.

[161] 徐瑛, 仲艾芬, 郑景仁. 政府行为、企业投机与中国城市绿色发展: 基于 "高投入" 与 "强监管" 的比较研究 [J]. 中国人民大学学报, 2021, 35 (3): 69-82.

[162] 杨刚强, 李梦琴. 财政分权、政治晋升与能源生态效率提升: 基于中国 257 个城市的实证 [J]. 宏观经济研究, 2018 (8): 41-51.

[163] 杨妙梁. 新能源汽车的技术开发与市场动向 [J]. 汽车与配件, 2006, 01: 36-37.

[164] 杨志安, 王佳莹. 财政分权与绿色全要素生产率: 基于系统 GMM 及门槛效应的检验 [J]. 生态经济, 2018, 34 (11): 132-139.

[165] 姚昕, 刘希颖. 基于增长视角的中国最优碳税研究 [J]. 经济研究, 2010 (11): 48-58.

[166] 于连超, 张卫国, 毕茜. 环境税的创新效应研究 [J]. 云南财经大学学报, 2018, 34 (7): 78-90.

[167] 于连超, 张卫国, 毕茜. 环境税会倒逼企业绿色创新吗? [J]. 审计与经济研究, 2019, 34 (2): 79-90.

[168] 俞树毅, 田彦平. 黄河上游城市绿色高质量发展效率测度及对策研究: 基于超效率 SBM 模型 [J]. 青海民族研究, 2020, 31 (3): 44-52.

[169] 俞思静, 徐维祥. 金融产业集聚与新型城镇化耦合协调关系时空分异研究: 以江浙沪为例 [J]. 华东经济管理, 2016, 30 (2): 27-33.

[170] 岳立, 薛丹. 黄河流域沿线城市绿色发展效率时空演变及其影响因素 [J]. 资源科学, 2020, 42 (12): 2274-2284.

[171] 袁晓玲, 李浩, 杨万平. 机动车限行政策能否有效改善西安市的空气质量? [J]. 统计与信息论坛, 2018, 33 (6): 107-114.

[172] 詹新宇, 刘文彬. 中国式财政分权与地方经济增长目标管理: 来自省、市政府工作报告的经验证据 [J]. 管理世界, 2019, 33 (9): 10-16.

[173] 曾贤刚, 毕瑞亨. 绿色经济发展总体评价与区域差异分析 [J]. 环境科学研究, 2014, 27 (12): 1564-1570.

[174] 张帆. 金融发展影响绿色全要素生产率的理论和实证研究 [J]. 中国软科学, 2017, (9): 154-167.

[175] 张贡生. 中国绿色城镇化: 框架及路径选择 [J]. 哈尔滨工业大学学报 (社会科学版), 2018, 20 (3): 123-131.

[176] 张华. "绿色悖论" 之谜: 地方政府竞争视角的解读 [J]. 财经研究, 2014 (12): 115-128.

[177] 张军, 吴桂英, 张吉鹏. 中国省际物质资本存量估算: 1952—2000 [J]. 经济研究, 2004 (10): 35-44.

[178] 张腾飞. 城镇化对中国碳排放效率的影响 [D]. 重庆: 重庆大学, 2016.

[179] 张建伟. 财政分权对绿色全要素生产率的影响 [J]. 统计与决策, 2019, 35 (17): 170-172.

[180] 张晓. 中国环境政策的总体评价 [J]. 中国社会科学, 1999 (3): 88-99.

[181] 张永生. 基于生态文明推进中国绿色城镇化转型: 中国环境与发展国际合作委员会专题政策研究报告 [J]. 中国人口·资源与环境, 2020, 30 (10): 19-27.

[182] 张玉, 任建兰, 谷缙. 中国省域绿色发展水平空间分异特征及影响因素分析 [J]. 江苏农业科学. 2019, 47 (11): 339-346.

[183] 张泽义, 罗雪华. 中国城市绿色发展效率测度 [J]. 城市问题, 2019 (2): 12-20.

[184] 赵领娣, 袁田, 赵志博. 城镇化对绿色发展绩效的门槛效应研究: 以大西北、黄河中游两大经济区城市为例 [J]. 干旱区资源与环境, 2019, 33 (9): 10-16.

[185] 赵雯砚, 杨建新. 基于产品全生命周期视角的中国绿色消费政策体系初探 [J]. 中国人口·资源与环境, 2016, 26 (S2): 95-98.

[186] 赵晓光, 许振成, 王轩, 等. 北京机动车限行对空气质量的影响分析 [J]. 安全与环境学报, 2010, 10 (4): 82-87.

[187] 赵宵伟. 地方政府间环境规制竞争策略及其地区增长效应 [J]. 财贸经济, 2014 (10): 105-113.

[188] 臧传琴, 陈蒙. 财政环境保护支出效应分析: 基于 2007—2015 年中国 30 个省份的面板数据 [J]. 财经科学, 2018, (6): 68-79.

[189] 郑竟, 陈明柴, 伊琳, 等. "一带一路" 绿色投融资机制构建探讨 [J]. 环境保护, 2019, 35 (10): 42-45.

[190] 郑思齐, 万广华, 孙伟增, 等. 公众诉求与城市环境治理 [J]. 管理世界, 2013 (6): 72-84.

[191] 中华人民共和国国家发展和改革委员会. 关于印发《绿色发展指标体系》《生态文明建设考核目标体系》的通知 [EB/OL]. (2016-12-22) [2021-08-06]. https://www.ndrc.gov.cn/fggz/hjyzy/stwmjs/201612/t20161222_1161174.html? code=&state=12.

[192] 周迪, 吴泽文. 中国工业碳减排潜力与路径研究 [J]. 中国环境科学, 2019, 39 (3): 1306-1314.

[193] 周敏, 王腾, 严良, 等. 财政分权、经济竞争对中国能源生态效率影响异质性研究 [J]. 资源科学, 2019, 41 (3): 532-545.

[194] 周五七, 朱亚男. 金融发展对绿色全要素生产率增长的影响研究: 以长江经济带 11 省 (市) 为例 [J]. 宏观质量研究, 2018, 6 (3): 74-89.

[195] 周燕, 潘遥. 财政补贴与税收减免: 交易费用视角下的新能源汽车产业政策分析 [J]. 管理世界, 2019, 35 (10): 133-149.

[196] 朱富强. 共享经济的现代发展及其潜在问题: 以共享单车为例的分析 [J]. 南方经济, 2017 (7): 37-50.

[197] 朱广印, 王思敏. 绿色生产发展效率测度及时空演变分析 [J]. 金融与经济, 2020 (9): 68-77.

[198] 朱远. 城市发展的绿色转型: 关键要素识别与推进策略选择 [J]. 东南学术, 2011 (5): 40-50.